I0121707

Christoph Marx

REEDUCATION UND MACHTPOLITIK

Die Neuordnung der Berliner
Presselandschaft 1945-1947

Christoph Marx

REEDUCATION UND MACHTPOLITIK

Die Neuordnung der Berliner Presselandschaft 1945-1947

ibidem-Verlag
Stuttgart

Die Deutsche Bibliothek - CIP-Einheitsaufnahme:

Ein Titeldatensatz für diese Publikation ist bei
Der Deutschen Bibliothek erhältlich

∞

Gedruckt auf alterungsbeständigem, säurefreien Papier
Printed on acid-free paper

ISBN: 3-89821-085-5
© *ibidem*-Verlag
Stuttgart 2001
Alle Rechte vorbehalten

Printed in Germany

INHALTSVERZEICHNIS

"Das Verstehen geht dem Wissen voraus und folgt ihm nach. Das vorgängige Verstehen, welches allem Wissen zugrunde liegt, und das wahre Verstehen, welches es tranzendiert, haben folgendes gemeinsam: Sie verleihen dem Wissen Sinn. Die historische Beschreibung und die politische Analyse können niemals beweisen, daß es so etwas wie die Natur oder das Wesen der totalitären Herrschaft gibt, bloß weil es eine Natur der monarchischen, republikanischen, tyrannischen oder despotischen Herrschaft gibt. Diese spezifische Natur wird vom vorgängigen Verstehen, auf das sich die Wissenschaften gründen, als gegeben angesehen, und dieses Vorverständnis durchdringt deren Terminologie und Wortschatz nicht mit kritischer Einsicht, sondern als etwas Selbstverständliches. Wahres Verstehen kehrt immer zu den Urteilen und Vorurteilen zurück, welche der streng wissenschaftlichen Untersuchung vorausgingen und sie leiteten." (Hannah Arendt, Verstehen und Politik, in: dies., Zwischen Vergangenheit und Zukunft, München 1994, 113f.)

"Der Krieg ist der Vater von allem" (Heraklit)

8

Vorwort

Berlin steht wie keine andere Stadt für die Folgen der katastrophalen Irrungen und Wirrungen der deutschen Geschichte des 20. Jahrhunderts. Als Hauptstadt des verbrecherischen nationalsozialistischen Regimes von den alliierten Besatzungsmächten 'gevierteilt', wurde Berlin durch seine Spaltung in die 'Frontstadt der freien Welt' einerseits und die 'Hauptstadt der DDR' andererseits zum Sinnbild des Kalten Krieges zwischen den beiden Supermächten USA und Sowjetunion.

Seit der Implosion des kommunistischen Weltimperiums und der damit zusammenhängenden Selbstauflösung der DDR vor zehn Jahren sind nicht nur Deutschland und Berlin wieder-vereinigt, sondern auch der die gesamte Weltpolitik von 1945 bis 1990 prägende Kalte Krieg zwischen Ost und West ist selbst Geschichte und damit Forschungsobjekt der Historiker geworden. Jetzt nach dem Ende der Nachkriegsordnung, die Berlin bis 1990 unmittelbar verkörperte, ergibt sich die Möglichkeit, die politische Nachkriegsgeschichte Berlins in den größeren Zusammenhang der Ost-West-Konfrontation zu stellen und damit die jeweiligen weltanschaulichen Schwarz-Weiß-Muster zu überwinden, die nicht nur die parteiliche Geschichtsschreibung der DDR, sondern auch viele westliche Publikationen über die janusköpfige deutsche Nachkriegsgeschichte zumindest als moralischer Subtext prägten. Nicht nur aufgrund des aktuellen politischen Imperativs, eine angesichts unterschiedlicher Sozialisationen immer noch getrennte gesamtdeutsche Gesellschaft zusammenzuführen, sondern auch aufgrund der wissenschaftlichen Redlichkeit gilt es also, die Zeit nach 1945 zu entpolitisieren, indem man sie historisiert.

Der Machtkampf zwischen dem in geographischer Perspektive westlichen und östlichen Lager war wesentlich ein Kampf zwischen zwei sich feindlich gegenüberstehenden Glaubensbekenntnissen um die demokratischere, gerechtere, freiere usw. - kurz: um die 'bessere' Gesellschaftsordnung. Ein wichtiger Aspekt des Kalten Krieges, seine ideengeschichtliche Dimension, war demnach auch der beiderseitige Versuch, das Bewußtsein der Menschen durch die Propagierung der eigenen Wertmaßstäbe zu erobern. Der Kampf um die Macht in den 'Köpfen' war die Aufgabe der Medien. In der vorliegenden Arbeit soll versucht werden, die Entstehung und Entwicklung des Berliner Pressewesens in der unmittelbaren Nachkriegszeit aus dem größeren Kontext eines solchen 'Krieges der Ideologien' zu verstehen.

Der Begriff 'Ideologie' selbst wird 'unideologisch' definiert. Mit ihm wird im folgenden in seinem ursprünglichsten Wortsinn[1] als 'System von weltanschaulichen Grundüberzeugungen jeglicher Art', als die "Lehre der Ideen"[2], also wertneutral, gearbeitet werden.

---

[1] Etymologisch setzt sich der Begriff 'Ideologie' aus dem griechischen idea (=Idee, Begriff, Vorstellung) und logia (Wortbildungselement zu logos=Lehre, Kunde, Wissenschaft) zusammen. Der französische Philosoph Antoine Louis Claude Destutt de Tracy führte 1796 den Begriff 'Ideologie' erstmals in die wissenschaftliche Debatte ein, um für seine von ihm begründete "Wissenschaft der Ideen" einen Namen zu finden. Napoleon und die politische Publizistik des 19. Jahrhunderts haben aus dieser ursprünglich wertfreien Bedeutung ein polemisches Schlagwort im Sinne von wirklichkeitsfremder Schwärmerei und Doktrinarismus gemacht. Zur Begriffsgeschichte vgl. Ideologie, in: Michael Asendorf u.a., Geschichte - Lexikon der wissenschaftliche Grundbegriffe, Hamburg 1994, 331-335.

[2] Formale Anmerkungen: Nur wörtlich übernommene Begriffe, Zitate werden mit doppelten Anführungszeichen, alles andere einfach gekennzeichnet. Fremdsprachige Zitate werden in der Regel im Original wiedergegeben. Autoren von zitierten Zeitungsartikeln werden angegeben, wenn diese einerseits ausdrücklich genannt werden und andererseits ihre Nennung im Zusammenhang wichtig erscheint.

Einleitung

"Es ist doch erstaunlich, daß genauso viel in der Welt passiere, wie in eine Zeitung paßt." (Karl Valentin)

Die Zeitung ist immer mehr als nur eine reine Informationsquelle gewesen. Seit um 1609 erste Zeitungen erschienen[3], waren diese gleichzeitig auch immer ein gesellschaftskonstituierender Faktor, indem sie den Menschen den Zugang zu Geschehnissen außerhalb ihres persönlichen Wirkungsbereichs ermöglichten und damit auch ihre eigene Wahrnehmung der Außenwelt verändern und daraus resultierende persönliche Handlungen mitbestimmen konnten. Die Herrschenden entwickelten in diesem Sinne von Anfang an ein ambivalentes Verhältnis zum öffentlich-geschriebenen Wort. So ist die Geschichte der Presse untrennbar mit der Geschichte der Zensur verwoben, also dem Bestreben der Kritik fürchtenden Obrigkeit, unliebsame Stellungnahmen durch Verbote oder anderweitige Eingriffe zu unterbinden. Diese Eingriffe ermöglichten es den Machthabern aber gleichzeitig auch, die Weltsicht der Bevölkerung nach ihrem Willen zu formen und zu steuern. Auch im ökonomischen Bereich erkannte man schnell die potentiell herrschaftsstabilisierende Funktion des Mediums. So entsprach beispielsweise die Einführung staatlicher Anzeigenblätter, der sogenannten 'Intelligenzpresse', im absolutistischen Preußen des 18. Jahrhunderts primär seinem merkantilistischen Staatsinteresse.[4]

Zu einem wirklich bedeutenden Machtfaktor im Staat wurde die Presse als öffentlicher Meinungsmacher erst im Laufe des 19. Jahrhunderts in Folge der durch die Französische Revolution ausgelösten gesellschaftlichen und politischen Umbrüche. So hatte die im 18. Jahrhundert europaweit entstandene Geistesbewegung der Aufklärung mit ihrem Leitmotiv: 'Sapere aude' allgemein die emanzipatorischen Kräfte, insbesondere die des Bürgertums, gestärkt und damit einen stetigen Demokratisierungsprozeß eingeleitet, der schließlich 1848 zur Pressefreiheit, d.h. zur Aufhebung der staatlichen Vorzensur, führte. Durch den wachsenden Einfluß breiter Bevölkerungsschichten auf die politische Führungselite im Staat wuchs ihr Informationsbedürfnis und die Anzahl der verschiedensten Presseerzeugnisse

---

[3] Vgl. Otto Brunner/Werner Conze/Reinhardt Kosselleck (Hg.), Geschichtliche Grundbegriffe - Historisches Lexikon zur politisch-sozialen Sprache in Deutschland, Bd.4, Stuttgart 1978, 906.

[4] Vgl. Ebda, 911; Hans Bohrmann, Anmerkungen zur Mediengeschichte Berlins, in: Günter Bentele/ Otfried Jansen (Hg.), Medienstadt Berlin, Berlin 1988, 12-41. Hier: 17. (Im weiteren: Bohrmann, in: Bentele).

stieg - auch aufgrund der durch die industrielle Revolution entstandenen technischen Möglichkeiten - rasant an. Der Zeitungsboom erreichte ihren Höhepunkt während der Weimarer Republik, als deutschlandweit über 4000 Tages- und Wochenzeitungen erschienen. Allein in Berlin waren es 1928 147.[5] Da das Kommunikationsmedium Zeitung essentiell eine Mittlerfunktion zwischen der jeweiligen Regierungsmacht und der Bevölkerung übernimmt, trug sie gerade in pluralistisch verfassten Gesellschaften nun auch entscheidend zur politischen Orientierung und Meinungsbildung der Menschen bei. So wurde in der Weimarer Demokratie der Kampf der Parteien um die Mehrheiten und damit um die Macht im Staat nicht zuletzt auch in der Presse ausgetragen. In Berlin mit seiner breit gefächerten Presselandschaft standen dem liberal-bürgerlich orientierten Pressekonzern Rudolf Mosses mit seinem *Berliner Tageblatt* als publizistischer Speerspitze, dem ebenfalls eher liberalen *Ullsteinverlag* mit seiner *Berliner Morgenpost* und der *Vossischen Zeitung* die gegen die Weimarer Republik gerichteten kommunistischen Blätter aus dem Hause Münzenberg und insbesondere die nationalistischen Publikationen des Großindustriellen Alfred Hugenberg gegenüber. Die Macht Hugenbergs wuchs durch zahlreiche Übernahmen, u.a. des traditionsreichen Scherlverlags, stetig an.[6] Die Ursachen für den Aufstieg des Nationalsozialismus sind äußerst vielschichtig, doch ist es unbestritten, daß das vielverzweigte, von der Schwerindustrie finanziell großzügig unterstützte Zeitungsimperium Hugenbergs in der Weimarer Republik wesentlich ein Meinungsklima förderte, das einen fruchtbaren Nährboden für die nationalsozialistische Propaganda bot.

Die Geschichte der Presse kann also immer auch als ein politischer Kampf um die weltanschauliche Deutungsmacht im Staat gelesen werden, indem die Presse versuchte, durch Meinungen der Bevölkerung ein Wahrnehmungsmuster der öffentlichen Angelegenheiten vorzugeben und dabei das Ziel verfolgte, das öffentliche Bewußtsein der Menschen im gewünschten Sinne zu beeinflussen. Kurz formuliert: Die politische Publizistik ist immer auch als ein ideologisches Mittel zu machtpolitischen Zwecken zu verstehen.

In diesem Sinne bedeutete der völlige Zusammenbruch des Deutschen Reiches am Ende des Zweiten Weltkrieges und die Besetzung Deutschlands durch die alliierten Truppen einen bis heute wirksamen Einschnitt in der deutschen Pressegeschichte. Die alliierten Besatzungsmächte zerstörten nämlich nicht nur das nationalsozialistische Medienmonopol, sondern schufen im Rahmen der alliierten Umerziehungspolitik ein den jeweiligen weltanschaulichen Überzeugungen verpflichtetes, strukturell und personell völlig neues Pressewesen. Aufgrund der

---

[5] Zu den Zahlen vgl. Bohrmann, in: Bentele, 33
[6] Vgl. Ebda, 30-33.

grundsätzlichen Interessendivergenz zwischen der USA und der Sowjetunion als den entscheidenden ideologischen Gegnern der Anti-Hitler-Koalition wurde damit gleichzeitig die neu entstandene Presselandschaft zum interalliierten Kampffeld um die Meinungsführerschaft im besetzten Deutschland, die die spätere Spaltung Deutschlands in zwei sich feindlich gegenüberstehende Gesellschaftssysteme quasi ideologisch legitimierte. In Berlin, dem ehemaligen Machtzentrum des untergegangenen Deutschen Reiches, setzte diese Entwicklung bereits unmittelbar nach Kriegsende ein, weil hier die ideologischen Antagonismen der anglo-amerikanischen und der sowjetischen Besatzungsmacht direkt aufeinanderstießen.

Der direkte Konnex zwischen der Entwicklung der ersten Berliner Zeitungen in der Nachkriegszeit, von denen als einzige die sowjetisch lizenzierte *Berliner Zeitung* und der amerikanisch lizenzierte *(Der) Tagesspiegel* noch heute existieren, und dem beginnenden Ost-West-Konflikt ist in der Geschichtsschreibung an sich ein Gemeinplatz. Allerdings ist in der Regel die Literatur zur Pressegeschichte nach 1945 selbst Kind ihrer Zeit und in den ideologischen Fallstricken des Kalten Krieges gefangen geblieben. So wurde in den im Westteil Berlins erschienenen Publikationen der 'Propaganda' im Osten in der Regel das strahlende Bild einer unkontrollierten Freiheit der Presse in den amerikanischen und englischen Sektoren Berlins entgegengehalten[7]. Dagegen konnte die DDR-Pressegeschichtsschreibung im Gegensatz zur eigenen 'demokratischen' Presse im Westen nur die Entstehung einer 'imperialistischen' Presse erkennen.[8]

Die vorliegende Arbeit geht nun von der schon angedeuteten These aus, daß die Nachkriegszeitungen in Berlin für *alle* Alliierten nicht allein ein Mittel zur Demokratisierung der Bevölkerung in ihrem Sinne waren. Vielmehr wurden diese aufgrund der besonderen Berliner Vier-Mächte-Konstellation mit ihrem ideologischen Spannungsfeld zwischen der USA und der Sowjetunion von *allen* Alliierten von Anfang an auch als Instrument benutzt, sich eine möglichst starke ideologische Machtposition gegenüber dem ehemaligen Kriegspartner zu verschaffen. Die besondere Nachkriegsentwicklung der Berliner Presselandschaft soll also aus der ideologischen Abhängigkeit der Zeitungen von den Interessen der jeweiligen Besatzungsmacht und damit ihrem Wert als interalliiertes Kampfmittel erklärt werden. Eine vergleichende Studie über die Zeitungen der jeweiligen Besat-

---

[7] Vgl. z.B. Friedrich Medebach, Stellung und Aufgabe der Berliner Presse seit 1945, in: ZV+ZV (Jg.56/1959), H.10, 354-362.

[8] Vgl. z.B. Günter Raue, Geschichte des Journalismus in der DDR, Leipzig 1986. Im weiteren: Raue, Journalismus.

zungsmacht untermauert im folgenden diese These, wobei der Fokus des Interesses auf dem *Tagesspiegel* und der *Berliner Zeitung* liegt.

Die Untersuchung beschränkt sich hierbei auf die unmittelbare Nachkriegszeit 1945/6. In diesem Zeitraum sind fast alle Zeitungen der Nachkriegszeit erschienen und entgegen der sonst üblichen Festlegung des Beginns des Kalten Krieges auf 1947 war der Kalte Krieg auf dem Pressesektor in Berlin bereits 1946 im vollen Gange.

Formal ist die Arbeit triadisch aufgebaut.

Der erste Teil umfasst die notwendigen Voruntersuchungen zu den historischen Bedingungen für die spezielle Entwicklung der Berliner Presse. Neben der Darstellung der alliierten Machtfülle gegenüber der deutschen Bevölkerung stehen hier insbesondere die historischen Grundlagen der merkwürdigen Ambivalenz zwischen dem alliierten Eintrachtsgebot einerseits und der grundlegenden ideologischen Gegnerschaft der USA und der Sowjetunion als den beiden wichtigsten alliierten politischen Kräften andererseits im Blickpunkt, die das Berlin der ersten fünf Nachkriegsjahre und damit auch die Berliner Presselandschaft allgemein kennzeichnen. Eine kurze Skizze zeichnet hierfür die wichtigsten alliierten Kriegsvereinbarungen mit ihren allgemeinen politischen Maximen für die Behandlung Deutschland nach dem Krieg nach. Vor dem Hintergrund der prinzipiellen ideologisch antithetischen Zielsetzungen der USA und der Sowjetunion, die eine allgemeine Einführung anhand der Vorgeschichte der Anti-Hitler-Koalition in ihren wesentlichen Zügen verdeutlicht, werden dann in angemessener Ausführlichkeit die Nachkriegsplanungen der Amerikaner und der Sowjets zur Pressepolitik analysiert und abschließend gegenübergestellt werden.

Der zweite und dritte Teil als der eigentliche Hauptteil widmet sich vor dem Hintergrund der im ersten Teil gewonnenen Ergebnisse dann der konkreten Ausformung der Berliner Presselandschaft in den ersten beiden Nachkriegsjahren. Nach einer allgemeinen historischen Bestandsaufnahme Berlins im April/Mai 1945 stehen im zweiten Teil sowohl die Entstehungsgeschichte als auch das inhaltliche, formale und personelle Profil der ersten Berliner Nachkriegszeitungen im Mittelpunkt. Entsprechend dem chronologischen Ablauf werden hierfür zunächst das offizielle sowjetische Publikationsorgan *Tägliche Rundschau* und die *Berliner Zeitung* als die ersten pressepolitischen Maßnahmen der Sowjets während ihres dreimonatigen Machtmonopols in Berlin analysiert werden, um diesen dann spiegelbildlich das offizielle amerikanische Blatt *Allgemeine Zeitung* und die erste deutsche Lizenzzeitung der Amerikaner *Der Tagesspiegel* gegenüberzustellen. Die Entstehungsgeschichte und das Profil des *Tagesspiegel* verdienen hierbei besondere Aufmerksamkeit, in erster Linie - neben der für den *Tagesspiegel* wesentlich günstigeren Quellenlage - , um das Selbstverständnis des *Tagesspiegel*, die "erste freie Presse in Berlin"[9] gewesen zu sein, kritisch - sozusagen 'ideologiekritisch' - zu hinterfragen. Da desweiteren jede Zeitung nicht zuletzt auch ein Produkt handelnder Menschen ist, sollen exemplarisch die Chefredakteure des *Tagesspiegel* bzw. der *Berliner Zeitung*, Erik Reger und Rudolf Herrnstadt, als die beiden herausragenden deutschen Journalisten der jeweiligen Seite an unterschiedlichen Stellen gesondert vorgestellt werden.

Der dritte Teil beschreibt schließlich den beginnenden interalliierten Pressekampf auf quantitativer und qualitativer Ebene. So betrachtet ein erster Teilabschnitt den bis 1946 boomenden Berliner Zeitungsmarkt unter dem Blickwinkel der ideologischen Konflikte und geht hierbei vor allem der Frage nach, wie die alliierten Bündnispartner auf ihre jeweiligen Zeitungen reagierten. Abschließend verdeutlicht dann ein konkretes tagespolitisches Fallbeispiel, die Kontroverse um den Zusammenschluß der KPD und SPD in Berlin im Frühjahr 1946, die inhaltliche Dimension des ideologischen 'Zeitungskrieges'. Diese Auseinandersetzung, die den ersten offenen Konflikt zwischen den jeweiligen Zeitungen darstellte, war ein entscheidender Wendepunkt im politischen und publizistischen Bereich hin zu einer Konfrontation, die schließlich 1948 in der Spaltung Berlins endete.

Resümierende Zusammenfassungen zwischen den einzelnen großen Blöcken halten die wesentlichen Ergebnisse fest und stellen die notwendigen Zusammenhänge her.

Betrachtet man die Forschungslage zur Berliner Pressegeschichte der Nachkriegszeit, betritt die vorliegende Arbeit in gewisser Weise völliges Neuland. Der angestrebte 'zusammenschauende' Ansatz - erst seit zehn Jahren überhaupt möglich - ist bislang noch nicht in Angriff genommen worden, so daß kein Aufsatz oder keine Monographie in ihrer Gesamtheit als Leitlinie für eine solche Untersuchung dienen konnte. Stattdessen mußte mit den - vor allem in der DDR-Geschichtsschreibung extrem ideologiebelasteten - Veröffentlichungen, Erinnerungen und wissenschaftlichen Studien aus den Zeiten des Ost-West-Konflikts gearbeitet und diese auf ihren inhaltlichen Kern untersucht werden.

Die wichtigsten Primärquellen waren die ersten beiden Jahrgänge der ausgewählten Zeitungen. Die *Tägliche Rundschau* war ebenso wie die *Berliner Zeitung* und *Der Tagesspiegel* in den Berliner Bibliotheken komplett einzusehen. Bei der Analyse der nur kurzzeitig existierenden *Allgemeine(n) Zeitung* konnte auf die

---

[9] So der Tagesspiegel im Vorwort zu seiner Jubiläumsausgabe zum fünfzigjährigen Bestehen. Vgl. *Der Tagesspiegel* vom 27.9.1995 (Sonderbeilage).

ausführliche Studie von Gisela Frohner zurückgegriffen werden.[10] Einsicht in verlagsinterne Dokumente des *Tagesspiegel* und der *Berliner Zeitung* war dem Autor nicht möglich[11], stattdessen wurde in den am Anfang des Arbeitsprozesses noch getrennten, am Ende wieder-vereinigten Landesarchiven der Stadt Berlin[12] und der "Stiftung Archiv der Parteien und Massenorganisationen der DDR im Bundesarchiv" (im weiteren: SAPMO-BArch) nach verwendbarem Material recherchiert. Hierbei konnten einige für die Arbeit interessante Dokumente entdeckt werden. So konnten beispielsweise durch in den Berliner Landesarchiven und der SAPMO-BArch gefundene Materialien die politischen Hintergründe der Entstehung des *Berliner Verlag(s)* Ende 1945 genauer rekonstruiert werden. Ein in der SAPMO-BArch entdeckter Erinnerungsbericht Bernt von Küngelgens über das erste Jahr der *Berliner Zeitung*, der sich von einem späteren Abdruck in einem offiziösen Sammelband unterscheidet, erwies sich als wichtigste Quelle für die politische Einordnung der *Berliner Zeitung*.[13] Ebenso ermöglichten die im 'westlichen' Landesarchiv Berlins einzusehenden Akten der amerikanischen Militäradministration in Berlin (im weiteren: OMGBS) Einblicke in das politische Innenleben des *Tagesspiegel*.[14]

Da aber trotz allem primäres Quellenmaterial gerade für die ersten beiden Nachkriegsjahren Seltenheitswert hat, konnte in der Regel auf zeitgenössische Erinnerungen und wissenschaftliche Darstellungen nicht verzichtet werden. Angesichts der Vielzahl herangezogener Literatur sollen hier nur diejenigen genannt und

---

[10] Gisela Frohner, "Allgemeine Zeitung". Portrait einer Zeitung für die Berliner Bevölkerung, unveröffentlichte Magisterarbeit an der Philosophischen Fakultät der FU Berlin 1966. Die ersten beiden Ausgaben der *Allgemeine(n) Zeitung* sind der Arbeit beigefügt.

[11] Auf schriftliche Anfrage teilte die *Berliner Zeitung* mit, daß ein Archiv für die betreffenden Jahre nicht existiere. *Der Tagesspiegel* stellte freundlicherweise eigene Zeitungsausschnitte, die die Geschichte des *Tagesspiegel* thematisieren, zur Verfügung.

[12] Das ehemalige Stadtarchiv im Osten in der Breite(n) Strasse wird im folgenden LAB (STA), das im Westen Berlins gelegene Landesarchiv an der Kalckreuther Strasse LAB abgekürzt.

[13] Bernt von Küngelgen, Jahrgang 1945 - Die "Berliner Zeitung" - ein Instrument der Bündnispolitik der Arbeiterklasse, in: SAPMO-BArch, EA Sg Y 30/ 1828, Bl. 1-35. Im weiteren: Küngelgen, Bündnispolitik; Ders., "Berliner Zeitung" - Jahrgang 1945, in: ... einer neuen Zeit Beginn... - Erinnerungen an die Anfänge der Kulturrevolution, hg. von Institut für Marxismus-Leninismus beim ZK der SED und Kulturbund der SED, Berlin/Weimar 1980, 269-285. Im weiteren: Küngelgen, 1945. Vgl. auch: Anm. 240.

[14] Der in der LAB einzusehende OMGBS-Aktenbestand ist äußerst umfangreich und nach teilweise nicht ganz nachvollziehbaren Kriterien geordnet. Aus arbeitsökonomischen Gründen wurden nur die den *Tagesspiegel* unmittelbar betreffenden Akten der amerikanischen Informationskontrollabteilung in Betracht genommen, obwohl man davon ausgehen kann, daß in anderen Aktenbeständen sich allgemeinere Hinweise auf die pressepolitischen Absichten der Amerikaner finden lassen. Zu den eingesehenen Quellen insgesamt vgl. Quellen im Anhang.

vorgestellt werden, die der Untersuchung entweder durch ihre verwertbare Materialfülle oder durch ihre Gedankenführung wesentlich ihr Gesicht gaben. Unter den Erinnerungen muß in diesem Zusammenhang Peter de Mendelssohns journalistische Darstellung der "Zeitungsstadt Berlin"[15] erwähnt werden. Die aufgrund seiner Stellung als ehemaliger amerikanischer Presseoffizier notwendigerweise subjektive Schilderung der Entwicklung der Berliner Nachkriegspresse im allgemeinen und des *Tagesspiegel* im besonderen ist immer noch unverzichtbar. Oschilewskis knapper, aber sehr informativer Überblick über die Berliner Zeitungen war in erster Linie bei den nicht näher analysierten Zeitungen sehr nützlich.[16] Unter den wissenschaftlichen Untersuchungen zur Westberliner Pressegeschichte ragt zweifellos Harold Hurwitz' soziologisch orientiertes vierbändiges Werk epischen Ausmaßes über "Demokratie und Antikommunismus in Berlin nach 1945" heraus - Hurwitz selbst bezeichnete es einmal spöttisch als sein "Monster"[17]. Dessen dritter Teil, der sich detailbesessen und daher teilweise völlig unübersichtlich u.a. mit der Berliner Medienpolitik der Amerikaner befaßt, zusammen mit seiner früheren Studie über die "Stunde Null der deutschen Presse" boten einen schier unerschöpflichen Fundus an Quellen und Belegen.[18] Ebenso die von Klaus Jans 1986 am Institut für Publizistik der FU Berlin angefertigte Magisterarbeit über die "Anfänge des Tagesspiegel", die gründlichst und quellengestützt das erste Halbjahr des *Tagesspiegel* rekonstruiert.[19] Auf der anderen Seite kann auf die Dissertationsschrift von Peter Strunk über die "Pressekontrolle und Propagandapolitik der Sowjetischen Militäradministration in Deutschland" hingewiesen werden, die, später für ein breiteres Publikum graduell verändert, die Intentionen der sowjetischen Pressepolitik beleuchtet. Sie wurde darüberhinaus für die Analyse der *Tägliche(n) Rundschau* herangezogen.[20] Aber auch Günter Raues

---

[15] Peter de Mendelssohn, Zeitungsstadt Berlin, Frankfurt/ Berlin 1982.

[16] Walther G. Oschilewski, Zeitungen in Berlin - Im Spiegel der Jahrhunderte, Berlin 1975.

[17] So Harold Hurwitz, in: Ein Berliner aus Amerika, in: *Süddeutsche Zeitung* (Feuilletonbeilage) vom 29.5.1999. Sein Werk umfaßt insgesamt mehr als 2.000 Seiten.

[18] Harold Hurwitz, Die Eintracht der Siegermächte und die Orientierungsnot der Deutschen 1945-1946, Köln 1984. Im weiteren: Hurwitz, Eintracht; Ders., Die Stunde Null der deutschen Politik - Die amerikanische Pressepolitik in Deutschland 1945-1949, Köln 1972. Im weiteren: Hurwitz, Stunde Null.

[19] Klaus Jans, Die Anfänge des Tagesspiegel, unveröffentlichte Magisterarbeit am FB Kommunikationswissenschaften der FU Berlin 1986.

[20] Peter Strunk, Pressekontrolle und Propagandapolitik der sowjetischen Sowjetischen Militäradministration in Deutschland (SMAD) - Der politische Kontrollapparat der SMAD im sowjetischen Besatzungsgebiet (1945-1947), Diss. Frankfurt 1989. Im weiteren: Strunk, Pressekontrolle; Ders., Zensur und Zensoren - Medienkontrolle und Propagandapolitik unter sowjetischer Besatzungsherrschaft in Deutschland, Berlin 1996. Im weiteren: Strunk, Zensoren.

1966 verfaßte "Geschichte des Journalismus in der DDR" wurde des öfteren zu Rate gezogen.[21] Zuletzt sei noch auf die nicht nur stilistisch beeindruckende Studie von Wolfgang Schievelbusch über das "geistige Berlin 1945-1948" verwiesen. Seine Quellen und geistreichen Interpretationen waren der Ausgangspunkt für die folgenden Überlegungen und gaben ihnen wichtige Anregungen .[22]

---

[21] Vgl. Anm. 8.
[22] Wolfgang Schivelbusch, Vor dem Vorhang - Das geistige Berlin 1945-1948, Frankfurt 1997.

A. Historische Voraussetzungen und Bedingungen für die Presseentwicklung in Berlin nach 1945

I. Die Vorgeschichte der Anti-Hitler-Koalition: Der Weg der ungleichen Alliierten in den zweiten Weltkrieg

Die Regierungsübernahme Hitlers am 30. Januar 1933 erwies sich innenpolitisch schnell als eine starke Zäsur, doch die Staatenwelt nahm zunächst kaum Notiz von dem folgenschweren Machtwechsel in Deutschland. Die schnelle und rücksichtslose Gleichschaltung von Staat und Gesellschaft durch die Nationalsozialisten, die mit der Ausschaltung individueller Freiheitsrechte und der brutalen Verfolgung Andersdenkender einherging [23], machte zwar auch für die unmittelbar betroffenen europäischen Nachbarn den verbrecherischen Charakter des neuen Regimes sichtbar und führte in allen parlamentarisch-demokratisch regierten Ländern Europas zu heftigen Protesten gegen die innenpolitischen Ereignisse in Deutschland. Vor allem England und Frankreich sahen aber noch keine Gefahr für die Stabilität Europas.[24] Von dieser Haltung der europäischen Mächte gegenüber Deutschland ging man auch nicht grundsätzlich ab, als Hitler 1933 aus dem Völkerbund austrat, 1935 öffentlich erklärte, sich an die Rüstungsbeschränkungen des Versailler Vertrags nicht mehr gebunden zu fühlen und 1936, ohne auf nennenswerte Gegenwehr zu stoßen, das entmilitarisierte Rheinland besetzte.[25] Trotz der zahlreichen Vertragsbrüche Hitlers hielt vor allem die englische Regierung unter Premierminister Chamberlain Hitler weiter für einen, wenn auch radikalen, 'Revisionisten', also einen prinzipiell rationalen Politiker, dem man erfolg-

---

[23] Bekanntlich ebneten die zahlreichen, bereits im Laufe des Jahres 1933 erlassenen nationalsozialistischen Gesetze, wie - hier seien nur zwei genannt - die Aufhebung der Grundrechte durch die "Verordnung zum Schutz von Volk und Staat" vom 28.2.1933 und die Ausschaltung der Legislative durch das Ermächtigungsgesetz, den Weg in den totalitären Führerstaat, der am 2.8.1934 nach dem Tod Hindenburgs durch die Inthronisierung Hitlers zum "Führer und Reichskanzler des deutschen Reiches" institutionell abgeschlossen wurde. Bereits am 22.3.33 wurde in Dachau das erste staatliche Konzentrationslager (KZ) für politische Gegner und 'rassisch Minderwertige' eingerichtet. In der Regel gab es bis 1936 'nur' von der SA in Eigenregie geführte 'wilde' KZs, in denen Gegner des Nationalsozialismus völlig rechtlos der Willkür der NS-Schlägertruppen ausgeliefert waren. Vgl. insgesamt als Beispiel von vielen: Norbert Frei, Der Führerstaat - Nationalsozialistische Herrschaft 1933-1945, München 1989, 38-85.
[24] Vgl. Gordon Craig, Deutsche Geschichte 1933-1945, München 1989, 592ff; auch: Marie-Luise Becker, Die Außenpolitik des Dritten Reiches, München 1990,4.
[25] Zu den Daten vgl. Der große Plötz: Die Daten-Enzyklopädie der Weltgeschichte, Freiburg 1998, 746f.

reich durch Verhandlungen Zugeständnisse abringen konnte. Man unterschätzte damit den ideologisch begründeten, imperialistischen Expansionsdrang Hitlers.[26] Den Höhepunkt und gleichzeitigen Endpunkt dieser 'Appeasement-Politik' stellte das Münchner Abkommen vom 29. September 1938 dar, in dem die westlichen Demokratien Deutschland die sudetendeutschen Gebiete der Tschechoslowakei zugestanden. Der internationale Jubel über dieses 'Friedensabkommen' wich schnell, als Hitler erneut vertragsbrüchig wurde und am 15. März 1939 die Rest-Tschechei überfiel. Die europäischen Mächte führten in der Folgezeit einen konsequenteren Konfrontationskurs und erklärten Deutschland am 3. September den Krieg.

Die ambivalente Haltung der Europäer gegenüber dem nationalsozialistischen Deutschland in den Jahren vor dem Krieg - scharfe Verurteilung der Ideologie bei dem gleichzeitigen Versuch, Deutschland außenpolitisch diplomatisch einzubinden - entsprach nur teilweise der der USA..
Der Schwerpunkt der politischen Arbeit Franklin Roosevelts lag in den ersten Regierungsjahren eindeutig auf Fragen der Innenpolitik [27]. Die Geschehnisse im nationalsozialistischen Deutschland spielten vor allem in der politischen Öffentlichkeit anfangs nur eine untergeordnete Rolle. Die Empörung über die antijüdischen Maßnahmen war gerade unter der jüdischen Bevölkerung Amerikas groß und führte zu einem dramatischen Ansehensverlust Deutschlands. Dies änderte allerdings zunächst wenig an der isolationistischen Grundhaltung, die die amerikanische Außenpolitik seit Ende des ersten Weltkrieges kennzeichnete. Im Gegenteil: Die einheitliche Verurteilung der innenpolitischen Vorgänge in Deutschland - vor allem die Abschaffung der Grundfreiheiten- verstärkte nur die Tendenz, sich weiter von dem "moralisch offenbar hoffnungslos korrupten Europa zu isolieren".[28] In diesem Sinne verabschiedete der amerikanische Kongreß

---

[26] Vgl. insgesamt: Anm.24; zu den ideologischen Prämissen nationalsozialistischer Außenpolitik und zu den Einzelheiten des Folgenden: Bernd-Jürgen Wendt, Großdeutschland - Außenpolitik und Kriegsvorbereitung des Hitler-Regimes, München 1987, 62ff bzw. 134-185.
[27] Die immer noch großen ökonomischen Schwierigkeiten der Amerikaner als Folge der großen Wirtschaftskrise von 1929 versuchte Roosevelt mit umfangreichen sozialstaatlichen Reformen, dem sogenannten 'New Deal' zu überwinden, dessen Ziel sowohl die Verringerung der hohen Arbeitslosigkeit als auch "eine gerechte Neuverteilung der gesellschaftlichen Chancen" war. Die Reformen waren allerdings innenpolitisch sehr umstritten, sahen hierin doch viele konservative Amerikaner einen Verrat an der wirtschaftlichen Freiheit und damit an einem traditionellen amerikanischen Glaubensbekenntnis, und fürchteten - fast ein bißchen paranoid - 'einen Kommunismus à la USA'. Vgl. Brockhaus- Die Bibliothek - Weltgeschichte, Bd.5, Leipzig 1999, 434-444. Zitat: 435. Zu den einzelnen Maßnahmen: Plötz, 1292f.
[28] Zitiert nach: Detlef Junker, Kampf um die Weltmacht - Die USA und das Dritte Reich 1933-1945, Düsseldorf 1988, 21. (Im weiteren: Junker, Weltmacht).

zwischen 1935 und 1937 drei sogenannte 'Neutralitätsgesetze', nach denen es der amerikanischen Regierung untersagt wurde, im Fall eines Krieges Waffen und Munition jeder Art an kriegführende Nationen zu vertreiben. Roosevelt stimmte aus innenpolitischen Erwägungen[29] diesem Gesetz jedoch gegen seine Überzeugung zu.

Roosevelt nämlich glaubte früh, dem nationalsozialistischen Expansionsdrang aktiv entgegentreten zu müssen, weil er den Anspruch der Nationalsozialisten erkannt hatte, die gesamte Welt in ihrem Sinne militärisch wie auch ideologisch neu ordnen zu wollen.[30] Die Expansionsgelüste Hitlers in Europa waren für ihn demnach kein zu ignorierendes regionales Problem, sondern eine globale Bedrohung für alle freiheitlichen Demokratien. Die demokratischen Staaten sollten der menschenverachtenden, kriegslüsternen nationalsozialistischen Ideologie mit ihrem militärischen Machtapparat massiv entgegenwirken. In diesem Sinne äußerte sich Roosevelt bereits 1937 in der sogenannten 'Quarantäne-Rede' folgendermaßen:

> "Friede, Freiheit und Sicherheit für neunzig Prozent der Weltbevölkerung werden durch die restlichen zehn Prozent bedroht, die drauf und dran sind, die gesamte internationale Rechtsordnung zu zerschlagen. Die neunzig Prozent, die in Frieden leben wollen, im Einklang mit Gesetzen und moralischen Prinzipien, die im Laufe der Jahrhunderte fast allgemeine Geltung erlangt haben, können und müssen einen Weg finden, um ihren Willen durchzusetzen."[31]

Wurde 1937 Roosevelt ob einer solcher Rede noch teilweise als Kriegshetzer bezeichnet, der die USA ohne Grund einen Krieg führen lassen wollte, so änderte die politische Klasse Amerikas nach dem Kriegsbeginn 1939 und vor allem nach der schnellen desaströsen Niederlage Frankreichs 1940 zunehmend ihre Einschätzung der Kriegsereignisse in Europa. Die Isolationisten, die die nationale Sicherheit durch die Ereignisse in keiner Weise gefährdet sahen und deswegen

---

[29] Die Republikaner hatten dies zur Voraussetzung für ihre Zustimmung zum ersten Gesetzespaket des 'New Deal' gemacht.

[30] So sah Roosevelt bereits 1937 einen Existenzkampf zwischen Demokratie und Diktatur voraus, deren "Regime des Schreckens und der Gewalt die Welt" bedrohe. Zitiert nach: Hermann Kindler/Werner Hilgemann, dtv-Atlas zur Weltgeschichte, Bd.II, München 1996, 186 (im weiteren: dtv-Weltatlas). Insgesamt vgl. Detlef Junker, Roosevelt und die nationalsozialistische Bedrohung der USA, in: Frank Trommler (Hg.), Amerika und die Deutschen, Opladen 1986, 379-392. Hier: 386.

[31] Aus der sogenannten 'Quarantäne-Rede' des Präsidenten Roosevelt vom 5.10.1937. Zitiert nach: Geschichte in Quellen - Weltkriege und Revolutionen 1914-1945, hg. von Wolfgang Lautemann und Manfred Schlenke, München 1989, 365-367. Hier: 366.

ein direktes oder indirektes Eingreifen der USA strikt ablehnten[32], gerieten innenpolitisch in die Defensive. Roosevelts aktive Interventionspolitik setzte sich allmählich durch. Trotz der formellen Neutralität der USA bei Kriegsausbruch 1939 befand sich die USA spätestens seit 1940 einerseits durch innenpolitische Maßnahmen - Aufrüstung, Einführung der Wehrpflicht[33] -, andererseits durch militärische und ökonomische Unterstützung Englands als der letzten demokratischen Großmacht Europas bereits im "unerklärten Krieg"[34] mit Deutschland. Roosevelt hatte nie einen Hehl daraus gemacht, daß sein Insistieren auf dem Prinzip der Intervention auch handfesten ökonomischen Eigeninteressen der USA entsprach.[35] Doch das elementare Eigeninteresse der USA an einem liberalen Weltmarkt - der kapitalistischen Weltwirtschaftsordnung - war nur ein, wenn auch ein wesentlicher Bestandteil der sogenannten 'One World'-Konzeption, in der die Sicherung des freien Weltmarktes zugleich "untrennbar mit der unteilbaren Sicherheit und der unteilbaren Freiheit aller verbunden"[36] war. D.h. die freiheitliche Verfassung eines Landes, die sich nach amerikanischer Überzeugung prinzipiell durch die größtmögliche politische und ökonomische Freiheit jedes Individuums definierte, war nur zu sichern, wenn alle Länder in diesem Sinne freiheitlich regiert werden. Der von den Nationalsozialisten angestrebten neuen Weltordnung, die auf Rassismus, Gewalt und Freiheitsentzug baute, stellte Roosevelt in seiner berühmten 'Vier-Freiheiten'-Rede vom 6. Januar 1941 so auch die "moralische Ordnung"[37] der unteilbaren, individuellen Freiheitsrechte entgegen. Diese waren entsprechend den traditionellen amerikanischen Werten die Religionsfreiheit, die Freiheit von Furcht, die Freiheit von Not und die für diese Untersuchung besonders wichtige Freiheit der Rede und Meinungsäußerung.[38] Um den

---

[32] Vgl. Junker, Weltmacht, 383.

[33] Vgl. Hans R. Guggisberg, Die Geschichte der USA, Stuttgart 1988, 211f.

[34] Zitiert nach: Günter Moltmann, Die amerikanisch-sowjetische Partnerschaft im Zweiten Weltkrieg, in: GWU 3 (1964), 164-179. Hier: 166.

[35] Vgl. Werner Link, Das nationalsozialistische Deutschland und die USA 1933-1941, in: NPL 18 (1973), 225-233. Hier: 226f. Auch grundlegend: Detlef Junker, Der unteilbare Weltmarkt. Das ökonomische Interesse in der Außenpolitik der USA 1933-1941, Stuttgart 1975. (im weiteren: Junker, Weltmarkt).

[36] Zitiert: Junker, Weltmarkt, 283.

[37] Aus der 'Vier-Freiheiten'-Rede Franklin D. Roosevelts am 4.1.1941. Rede abgedruckt in: Dokumente zur Geschichte der Vereinigten Staaten von Amerika, eingeleitet von Herbert Schambeck und gemeinsam hg. mit Helmut Widder und Marcus Bergmann, Berlin 1993, 472-477. Zitat: 476.

[38] Die in dem Text benannten vier demokratischen Grundfreiheiten in: Ebda. Die Freiheit von Furcht und die Freiheit von Not sollten sowohl für den Einzelnen als auch für die Nationen gelten. Dem Begriff der 'unteilbaren Freiheitsrechte' liegt das emphatische amerikanische Freiheitsverständnis zugrunde, demzufolge das Recht der Völker auf Selbstbestimmung und die individuellen Freiheitsrechte auf der ganzen Welt gültig seien. Die unveräußerlichen, natur-

Frieden langfristig zu sichern, müssten diese weltweit durchgesetzt werden. Diese Vision der globalen Durchsetzung der unveräußerlichen Freiheitsrechte war also einerseits der "antagonistische Weltmachtsentwurf"[39] zum Nationalsozialismus, andererseits im positiven Sinne selbst programmatisches Ziel einer neu zu errichtenden Weltordnung. Da deren Grundpfeiler auf dem amerikanischen Freiheits- und Demokratieverständnis basieren sollte, mußte eine solche Friedensordnung notwendigerweise eine Art 'pax Americana' sein.

In der Entscheidung, aktiv und parteiisch in den zunächst rein europäischen Konflikt einzugreifen, verbanden sich also in direkter Kohärenz moralische, ökonomische und sicherheitspolitische Motive der Amerikaner zu der missionarischen Vorstellung, daß es um nicht weniger ging als "einen epochalen Kampf zweier unvereinbarer Grundprinzipien: auf der einen Seite der demokratisch-freiheitliche, rechtsstaatliche Gesellschaftsentwurf mit christlich-humanistisch fundiertem Menschenbild und privatkapitalistischer Wirtschaftsordnung, auf der Gegenseite die menschheitsfeindliche, rassistisch-totalitäre Willkürdoktrin der NS-Diktatur."[40] Oder schlichter in den Worten Roosevelts ausgedrückt: als ein Ringen "zwischen Gut und Böse"[41].

Aufgrund der immer noch starken Minderheit der Isolationisten bedurfte es des japanischen Angriffs auf Pearl Harbour und der Hybris Hitlers, Amerika am 11. Dezember 1941 den Krieg zu erklären, um auch offiziell in diesen 'gerechten Krieg' eintreten zu können.

Die Sowjetunion als die zweite politische Macht der späteren Anti-Hitler-Koalition stellt in ihrer Entstehungsgeschichte eine Besonderheit des 20. Jahrhunderts dar. Ihre Staatswerdung folgte nicht ethnischen oder kulturellen Kriterien, sondern war Produkt der Machtergreifung der Bolschewiki unter der Führung Lenins in der Oktoberrevolution des November 1917. In der 1922 gegründeten

---

rechtlich begründeten Freiheitsrechte des Individuums, die zum "transsakralen Motto der Vereinigten Staaten" wurden, lassen sich allgemein in der Tradition der Unabhängigkeitserklärung und der 'Bill of Rights' von 1776 als persönliche Schutzrechte gegenüber einer überindividuellen, staatlichen Instanz definieren. Der einzig legitime Zweck jeder Regierung oder sonstigen staatlichen Organisation sei es, diese Individualfreiheiten, zu denen als Unikum auch das Recht auf Streben nach Glück gehört, zu schützen. Werden diese Rechte verletzt, sei es Pflicht der USA, den Angegriffenen Unterstützung zu gewähren. Vgl. hierzu auch: Brockhaus -Die Bibliothek -Weltgeschichte, Bd.6, Leipzig 1999, 192ff; Rüdiger B. Wersich (Hg.), USA- Lexikon, Berlin 1995, 128f bzw. 218f. Zitat: 219.

[39] Zitiert nach: Junker, Weltmacht, 34.

[40] Zitiert nach: Klaus-Dietmar Henke, Die amerikanische Besetzung Deutschlands, München 1995, 44.

[41] So Roosevelt in seiner Jahresbotschaft an den Kongreß vom 6.1.1942; Zitiert nach: Ebda.

"Union der Sozialistischen Sowjet-Republiken" sollten erstmals die Lehren von Karl Marx und Friedrich Engels verwirklicht werden, die den historisch notwendigen Sturz des den Menschen von sich selbst entfremdenden kapitalistischen Herrschaftssystems und die Errichtung einer durch die Arbeiterklasse zu verwirklichenden herrschaftsfreien, kommunistischen Gesellschaftsordnung propagierten[42]. Im Namen der Lehren von Marx und Engels errichtete die Russische Kommunistische Partei (RKP) als die selbst ernannte revolutionäre 'Vorhut der Arbeiterklasse' ab 1920 ein diktatorisches Ein-Parteien-System. Gemäß dem Marxschen Diktum von der 'Diktatur des Proletariats' wurde diese parteiliche Monokratie ideologisch als eine notwendige, nur vorläufige Etappe des Übergangs vom Kapitalismus zum Kommunismus begründet. In der Sowjetunion setzte nun die kommunistische Staatspartei, die KPdSU, planmäßig die sogenannte sozialistische Umstrukturierung der Gesellschaft durch.[43] Seit dem Tod Lenins 1924 und dem gleichzeitigen Aufstieg Stalins war diese vor allem ab 1928 allgemein durch zahlreiche Zwangsmaßnahmen wie gewaltsame Kollektivierungen in Wirtschaft einerseits und konsequentes staatliches Ausschalten jeder Opposition mittels Terror und Vertreibung andererseits charakterisiert.[44]

Die Errichtung eines sozialistischen Regimes im Namen des Kommunismus, wie es in der Sowjetunion geschah, war aber nicht nur ein regionales, machtpolitisch relevantes Ereignis. Die Sowjetunion besaß von Anfang an auch intellektuelle Ausstrahlungskraft. Für Kommunisten in aller Welt wurde die Sowjetunion zu einer "Avantgarde der gesamten Menschheit"[45], zu dem Beweis der Marxschen These vom notwendigen Sturz der kapitalistischen Staatenwelt. Nach sozialistischer Überzeugung verschleierten deren formale, demokratisch-individuelle Freiheiten nur den gesellschaftlichen Antagonismus zwischen der Minderheit der ausbeutenden Kapitalisten und der großen Mehrheit der ausgebeuteten Arbeiter und würden von der herrschenden bürgerlichen Klasse in erster Linie als Mittel

---

[42] Zur kommunistischen Theorie von Marx und Engels als den Urvätern der verschiedenen sozialistischen Lehren vgl. die komprimierte Zusammenfassung bei: Hans-Joachim Lieber, Politische Theorien von der Antike bis zur Gegenwart, Bonn 1993, 507-577. Zu den ideologischen Kämpfen innerhalb der KPdSU: Ebda, 748-781.

[43] Vgl. Georg von Rauch, Geschichte der Sowjetunion, Stuttgart 1990. Hier besonders: 41-296. Zu den wichtigsten Fakten vgl. Wolfgang Kessler, Rußland-Plötz - Russische und sowjetische Geschichte zum Nachschlagen, Freiburg 1991, 96-115.

[44] Vgl. die komprimierte Zusammenfassung bei: Helmut Altrichter, Kleine Geschichte der Sowjetunion, München 1993, 60-87. Von 1921-1928 verfolgte die sowjetische Staatsführung besonders in der Wirtschaft einen liberaleren Kurs.

[45] Zitiert aus: Francois Furet, Das Ende der Illusion - Der Kommunismus im 20. Jahrhundert, Paris 1995, 148. Furet beleuchtet in diesem Buch, das Pate für die vorherigen Überlegungen stand, die ideengeschichtlichen Grundlagen des Kommunismus und versucht damit, die Faszination vieler Intellektueller für den Kommunismus verständlich zu machen.

zur Stabilisierung der Klassengesellschaft und damit der eigenen Macht eingesetzt. Demnach könne von einer 'wahren' Demokratie erst dann gesprochen werden, wenn die gesellschaftlichen Bedingungen der bürgerlichen Klassendiktatur, also die auf Profit und das individuelle Eigeninteresse aufbauenden Ordnungsprinzipen in Wirtschaft und Staat, überwunden seien. Erst in einem noch aufzubauenden sozialistischen Herrschaftssystem habe die große Mehrheit des Volkes auch faktisch die politische und gesellschaftliche Macht inne.[46]

Das ideologische Selbstverständnis der Sowjetunion, die historische Vorhut der zukünftigen kommunistischen Weltrevolution zu sein und sich damit in einem steten Kampf mit dem zu überwindenden Kapitalismus zu befinden, war auch das entscheidende Leitmotiv für die Sowjetunion in ihrer Beziehung zu den restlichen Ländern der Welt. Zunächst von der Staatenwelt geächtet und isoliert, war die Sowjetunion gleichzeitig von Anfang an auf Sicherung des eigenen Machtgebiets bedacht und stellte hierfür teilweise die expansiven ideologischen Bestrebungen aufgrund taktischer Überlegungen hintan.

Dieses Sicherheitsbedürfnis und das ideologische Mißtrauen gegenüber den kapitalistischen Ländern bestimmten somit auch die Leitlinien sowjetischer Außenpolitik der 30er Jahre, die durch die Furcht Stalins vor einem Krieg der kapitalistischen Großmächte gegen die Sowjetunion gekennzeichnet war.[47] Der Sieg des Nationalsozialismus in Deutschland änderte daran zunächst wenig, weil man den Nationalsozialismus nicht als politisches System sui generis, sondern 'nur' als ei-

---

[46] Der essentielle Kern des amerikanischen, westlichen Demokratieverständnisses - die vorher skizzierten liberalen Abwehrrechte des Einzelnen gegenüber dem Staat - war in sozialistischen Denkkategorien also nicht nur Mittel zum kapitalistischen Zweck, sondern auch eine wesentliche Verkürzung des Demokratiebegriffs. Denn Demokratie, wörtlich verstanden als "Herrschaft des Volkes", sei in der Klassengesellschaft ein Widerspruch in sich. Nur wenn durch Vergesellschaftung die wichtigsten Produktionsmittel in den Händen der werktätigen Masse konzentriert seien, könne Demokratie in ihrem eigentlichen Wortgehalt verwirklicht werden. In diesem Sinne war in kommunistischen Augen die Sowjetunion als 'sozialistische Demokratie' die vollkommenste Demokratie, "in der es keine Ausbeutung des Menschen durch den Menschen gibt, wo alle Freiheiten für alle Mitglieder der Gesellschaft garantiert sind und nicht nur formal deklariert werden, wie das in den kapitalistischen Ländern der Fall ist." Daß hierbei auch ein in aristotelischer Tradition stehendes, dem amerikanischen Denken antithetisch entgegengesetztes inhaltliches Verständnis von Freiheit zum Ausdruck kommt (Der Mensch als zoon politikon kann nur in der staatlichen Gemeinschaft sich als ein Freier erfahren. Statt der amerikanischen, individuellen 'Freiheit von' hier die idealtypische Vorstellung von der nur im Kollektiv zu erfahrenden 'Freiheit zu'), soll hier zumindest erwähnt werden. Vgl. insgesamt zu den in Text und Fußnote formulierten Ausführungen zum sozialistischen Demokratiebegriff die komprimierte Zusammmenfassung, in: Barbara Baerns, Ost und West - Eine Zeitschrift zwischen den Fronten, Münster 1968, 21-27. Zitat : 23.

[47] Vgl. Axel Kuhn, Das nationalsozialistische Deutschland und die Sowjetunion, in: Manfred Funke (Hg.), Hitler, Deutschland und die Mächte - Materialien zur Außenpolitik des Dritten Reiches, Düsseldorf 1976, 639-653. Hier: 645.

ne besonders aggressive Form des Kapitalismus verstand.[48] Als ab 1935 die verstärkte Aufrüstung Nazideutschlands nicht mehr zu übersehen war, wurde der
Unterschied zwischen den parlamentarischen Demokratien und dem Faschismus
ideologisch stärker betont. Zahlreiche Beistandspakte wurden geschlossen[49], doch
blieb Stalins Mißtrauen gegenüber den kapitalistischen 'Klassenfeinden' davon
unberührt. Das Mißtrauen steigerte sich noch, als 1938 die westlichen Demokratien fast widerstandslos die Annexionen des nationalsozialistischen Deutschlands
anerkannten.

Es folgte nun bis zum Überfall Nazideutschlands auf die Sowjetunion ein radikaler Kurswechsel in der sowjetischen Außenpolitik hin zu einer Kooperation mit
dem nationalsozialistischen Deutschland, ohne die eigenen machtpolitischen und
ideologischen Ziele aus dem Auge zu verlieren. So sicherte der als 'Hitler-Stalin-
Pakt' bekannt gewordene deutsch-sowjetische Nichtangriffspakt vom 23. August
1939 der Sowjetunion im Kriegsfall erhebliche Gebietszuwächse.[50] Die Verantwortung für den Kriegsausbruch in Europa schrieb die Sowjetunion den 'imperialistischen Westmächten' zu[51], denn Molotow hielt es für "sinnlos und verbreche-
risch, zur Vernichtung des Hitlerismus einen solchen Krieg zu führen"[52]. Man
geht in der Literatur in der Regel davon aus, daß Stalin den Friedensabsichten
Hitlers zunächst Glauben schenkte - stellte doch der westeuropäische Krieg in
sowjetischer Wahrnehmung den "langersehnten Zusammenstoß innerhalb der kapitalistischen Staatenwelt"[53] dar. Die Sowjetunion war deswegen auch völlig un-

---

[48] So war nach sowjetischer Lesart die faschistische Diktatur und die bürgerliche Demokratie
nichts anderes als "zwei verschiedene Formen des politischen Überbaus über ein und dieselbe
Gesellschaftsstruktur, nämlich der des 'staatsmonopolischen Kapitalismus'". Zitiert nach: Richard Saage, Faschismustheorien, München 1981, 33.
[49] Der Faschismus galt jetzt nach der allgemein-gültigen Definition der Komintern 1935 als die
'offene, terroristische Diktatur' der Bourgeoise. Zu den internationalen Abkommen der Sowjetunion: Hier seien als Beispiele nur der französisch-russische und der tschechisch-russische
Beistandspakt von 1935 genannt. Vgl. Kuhn, 647.
[50] So wurde in einem geheimen Zusatzprotokoll zum Nichtangriffspakt für den Fall eines bereits stillschweigend vorausgesetzten deutschen Überfalls auf Polen bestimmte polnische Gebiete und Estland, Finnland und Lettland als zukünftige Einflußsphären der Sowjetunion festgelegt. Vgl. Kuhn, 651. Zu den eher unbekannten ökonomischen Aspekten vgl. Heinrich
Schwendemann, Die wirtschaftliche Zusammenarbeit zwischen dem Deutschen Reich und der
Sowjetunion 1939-1941, Berlin 1993; allgemein zum sowjetischen Kurswechsel seit 1939: v.
Rauch, 314-342.
[51] Vgl. v. Rauch, 331f.
[52] So Außenminister Molotow in einer Rede vor dem Obersten Sowjet, in der er Hitler zur Ein-
nahme Warschaus gratulierte. Zitiert nach: Alfred Grosser, Geschichte Deutschlands seit 1945
- Eine Bilanz, München 1978, 42.
[53] Zitiert nach: v. Rauch, 356. Die These, Stalin habe selbst zu einem Angriff auf Deutschland
gerüstet und Hitlers Einmarsch in die Sowjetunion sei demnach als Präventivkrieg zu deuten,

vorbereitet, als am 22. Juni 1941 deutsche Truppen in der Sowjetunion einfielen und damit der von Hitler lange geplante Vernichtungsfeldzug begann.

Die vorstehenden, auf das Wesentliche verdichteten Ausführungen haben den prinzipiellen Antagonismus der weltanschaulichen Glaubensbekenntnisse und damit auch der machtpolitischen Interessen der USA und der Sowjetunion deutlich gemacht.[54] Die USA ignorierte auch zunächst 'ihre zum politischen Faktum gewordene ideologische Antithese' und erkannte erst 1933 - in erster Linie aus ökonomischem Eigeninteresse - als einer der letzten Staaten die Sowjetunion diplomatisch an.[55] Nur die gemeinsame Bedrohung durch die Aggression des nationalsozialistischen Deutschlands - wobei die Sowjetunion unmittelbar in ihrer Existenz gefährdet war, während die Amerikaner ihre ideellen Grundsätze und damit zusammenhängend ihre wirtschaftlichen und sicherheitspolitischen Interessen beeinträchtigt sahen - führte nun zu dem 'widernatürlichen' Zusammenschluß in der sogenannten Anti-Hitler-Koalition. So sicherten sich am 1. Januar 1942 die USA, England und die Sowjetunion in der "Erklärung der Vereinten Nationen" gegenseitig zu, "alle ihre Hilfsmittel, (...) militärische und wirtschaftliche, gegen jene Mitglieder des Drei-Mächte-Paktes und seine Anhänger, (...) einzusetzen" und "keinen Sonderfrieden mit den Feinden zu schließen".[56]

Der gemeinsame Wille, das nationalsozialistische Deutschland nicht nur zu schlagen, sondern völlig zu besiegen, verdeckte während der Kriegsjahre zunächst die tiefen ideologischen Differenzen der Bündnispartner. So richtete sich die Forderung der 'unconditional surrender' des Deutschen Reiches, auf die sich Roosevelt und Churchill auf der Konferenz von Casablanca (14.1 - 26.1.1943) geeinigt hatten, nicht nur an die "deutsche Armee, sondern an Deutschland in sei-

---

ist eine radikale, meist politisch motivierte Außenseiterposition. Von Rauch widerlegt diese durch eine differenzierte Analyse überzeugend. Vgl. Ebda, 355f.

[54] Die ideologische Antinomie stellt in meinen Augen die eigentliche Ursache für die Spaltung Deutschlands dar. Ich schließe mich hier also im Prinzip der These von der objektiven Unvermeidlichkeit des Kalten Krieges nach dem Ende des Zweiten Weltkriegs an, die die sogenannte 'realistische' Schule der Geschichtsschreibung vertritt. Vgl. Wilfried Loth, Die Teilung der Welt. Geschichte des Kalten Krieges 1941-1955, München 1985, 14ff.

[55] Die USA hoffte, durch Agrarexporte in die Sowjetunion, der eigenen Wirtschaft helfen zu können. England hatte bereits am 1.2.1924 die Sowjetunion anerkannt, kurz danach folgte neben dem faschistischen Italien auch Frankreich. Vgl. hierzu: Gottfried Schramm (Hg.), Handbuch der Geschichte Rußlands, Bd.3 (1. Halbband), Stuttgart 1983, 662f; Jürgen Heideking, Geschichte der USA, Tübingen 1996, 317.

[56] Erklärung der Vereinten Nationen - Anerkennung der Prinzipien der Atlantik-Charta am 1.1.1942, in: Europa Archiv 1 (1946f.), 343. Diese Erklärung wurde anfangs von 22 meist kleineren Staaten mitunterschrieben, bis 1945 schlossen sich weitere 19 Staaten an.

ner Gesamtheit"[57]. Eine solche Zielsetzung implizierte bereits die alliierte Besetzung Deutschlands und verlangte nach einem gemeinsamen Konzept für die Behandlung Deutschlands nach der bedingungslosen Kapitulation.

Die Modalitäten einer solchen Besetzung und die hierbei zugrunde zulegenden wichtigsten politischen Grundsätze wurden von den Alliierten gemeinsam auf zahlreichen Konferenzen während und nach dem Krieg verabschiedet. Sie bildeten den Rahmen für die politische Neuordnung Deutschlands im allgemeinen und somit auch Berlins im speziellen.

Die entscheidenden Vereinbarungen sollen im folgenden kurz in Erinnerung gerufen werden.

II. Die Grundprinzipien für eine deutsche Nachkriegsordnung

Die alliierten Planungen waren bestimmt von der Notwendigkeit, eine neuerliche militärische Aggression Deutschlands für alle Zukunft unmöglich zu machen. Als negatives Beispiel galt in diesem Zusammenhang der frühzeitige Friedensschluß mit Deutschland 1918, der in den Augen der Alliierten das erneute Erstarken einer 'kriegerischen' Politik in Deutschland begünstigte. In der sogenannten "Atlantik-Charta" legten alle Alliierten die Prinzipien einer friedlichen Nachkriegsordnung fest - wesentlicher Inhalt des Dokuments war die Absage an jedweden politischen und wirtschaftlichen Imperialismus sowie das Bekenntnis zum freien Selbstbestimmungsrecht der Völker.[58] Um diese dauerhaft sichern zu können, war es deswegen für die Alliierten unabdingbar, Deutschland nicht nur zu besetzen, zu entwaffnen und die Kriegsverbrecher zur Rechenschaft zu ziehen, sondern auch völlig neu zu ordnen.[59]

In diesem Sinne sprach sich schon frühzeitig ein von der USA für die Außenministerkonferenz in Moskau (18.10. - 23.10.1943) verfasstes Dokument dafür aus, Deutschland in Zonen einzuteilen. Das deutsche Rüstungspotential müsse hierbei ebenso wie der Nazismus vernichtet und gleichzeitig eine dezentralisierte Demokratie aufgebaut werden.[60] Die Konferenz nahm diesen Plan als gemeinsame Dis-

---

[57] Zitiert nach: Grosser, 43. Stalin schloß sich wenig später der Resolution an.

[58] Die "Atlantik-Charta" wurde am 14.8.1941 gemeinsam von Roosevelt und Churchill verabschiedet. Im Wortlaut abgedruckt in: Europa-Archiv 1 (1946/7), 343. Zu Vorgeschichte und Hintergründe der "Atlantik-Charta" vgl. Günter Moltmann, Amerikas Deutschlandpolitik im zweiten Weltkrieg - Kriegs-und Friedensziele 1941-1945, Heidelberg 1958, 23ff.

[59] Vgl. Henke, 28.

[60] Vgl. Michael Balfour, Vier-Mächte-Kontrolle in Deutschland, Düsseldorf 1959, 30.

kussionsgrundlage an und beschloß zur Ausarbeitung der Einzelheiten die Gründung der "European Advisory Commission" (im weiteren: EAC). Sie nahm am 14. Januar in London ihre Arbeit auf.[61] Auf der Konferenz von Teheran (28.11. - 1.12.1943) einigten sich die Alliierten prinzipiell auf die Teilung Deutschlands. Ihre konkreten Pläne differierten aber so erheblich, daß diese ohne endgültigen Beschluß an die EAC zur weiteren Beratung verwiesen wurden.[62]

Ein entscheidender Meilenstein für die Nachkriegsentwicklung in Deutschland war die Konferenz von Jalta (4.2. - 11.2.1945). Auf dieser ratifizierten Stalin, Churchill und Roosevelt die von der EAC ausgearbeiteten sogenannten 'Londoner Protokolle' vom 11. bzw. 14. November 1944. In diesen wurde die Einteilung Deutschlands in drei[63] Besatzungszonen festgeschrieben. Damit war der Grundstein für die spätere Teilung in zwei deutsche Staaten gelegt. Grundlage der in den Protokollen vereinbarten Aufteilung war das Gebiet des Deutschen Reiches in den Grenzen von 1937[64]. Die sowjetisch zu besetzende Zone umfaßt hierbei den gesamten nordöstlichen Teil Deutschlands, während der nordwestliche Teil mit dem wirtschaftlich bedeutenden Ruhrgebiet England und der südwestliche Teil den amerikanischen Truppen zugeteilt wird. Jede der Besatzungsmächte ernennt für die ihr zugewiesene Zone einen Oberkommandierenden, der im Namen seiner Regierung die oberste Gewalt in ihrer Zone ausübt. Zu dritt bilden sie den Alliierten Kontrollrat, der einstimmig Entscheidungen beschließt, die "hauptsächliche(n), militärische(n), politische(n), wirtschaftliche(n) und andere(n) Deutschland als Ganzes betreffende(n) Fragen"[65] tangieren. Er hat seinen Sitz in Berlin hat.[66]

---

[61] Vgl. hierzu: Hans-Günter Kowalski, Die "European advisory Commission" als Instrument alliierter Deutschlandplanung 1943-1945, in: VfZ 19 (1971), H.3, 261-293.

[62] Vgl. Moltmann, 82f. Zu den verschiedenen Teilungsplänen: Während Roosevelt die Gründung fünf autonomer Staaten vorschlug, dachte Churchill an eine Isolierung Preußens und eine Donauföderation, die alle südlichen Gebiete unterhalb des Mains inklusive Sachsen integrieren sollte. Vgl. ebda.

[63] Auf der Konferenz von Jalta wurde dann beschlossen, Frankreich den Status einer vierten Besatzungmacht zuzugestehen. Es erhielt eine eigene Zone, wofür sowohl die britische als auch die amerikanische dementsprechend verkleinert wurde.

[64] Also ohne den gewaltsamen Annexionen Hitlers, aber mit dem 1935 zum Deutschen Reich übergetretenen Saarland. Vgl. Grosser, 48.

[65] Zitiert nach: "Abkommen über den Kontrollmechanismus in Deutschland" vom 14.11.1944, in: Dokumentation zur Deutschlandfrage - Von der Atlantik-Charta 1941 bis zur Berlin-Sperre 1961, Bd.1, hg. von Hans v. Siegler, Bonn 1961, 11. (Im weiteren: Dokumentation)

[66] Die ebenfalls in diesem Protokoll festgelegten Regelungen über den Status Berlins werden später in B I ausführlich erörtert.

Deutschland sollte also trotz der "obersten Autorität"[67] der jeweiligen Besatzungsmacht in ihrer Zone als "wirtschaftliche und politische Einheit"[68] behandelt werden. Dieses, wenn man es so nennen will, 'alliierte Subsidiaritätsprinzip' - d.h. einheitliches Handeln in den großen Fragen bei weitgehender Selbstbestimmung im eigenen Bereich - war zwar angesichts der dargestellten prinzipiellen ideologischen Unterschiede zwischen Amerikanern und Sowjets von Anfang an problematisch, um nicht zu sagen illusionär. Es demonstrierte aber den Deutschen den gemeinsamen alliierten Willen, auf die sich damals schon klar abzeichnende totale militärische Niederlage die gleichsam totale Entmachtung Deutschlands folgen zu lassen.[69] So hatten die Alliierten die alleinige Entscheidungsbefugnis in allen Fragen der staatlichen, politischen, kulturellen und ökonomischen Ordnung. Deutschland spielte also in den gesamten alliierten Planungen nur mehr als zu behandelndes Objekt, nicht mehr als handelndes Subjekt eine Rolle.

Was waren aber nun die gemeinsamen politischen Maximen, nach denen sich die Alliierten als die neuen 'totalen Machthaber' richten wollten?

Sie zielten bis 'Potsdam' im wesentlichen auf die moralische Bestrafung Deutschlands und die Zerstörung seiner politischen und militärischen Macht. So wurde die Wiedergutmachung der durch Deutschland angerichteten Schäden durch Reparationszahlungen und Industrieabbau sowie die totale Liquidierung des Nationalsozialismus durch Verbot der NSDAP, die Aufhebung nationalsozialistischer Gesetze, die Aburteilung der Kriegsverbrecher und die Entfernung von Nationalsozialisten aus allen wichtigen öffentlichen und wirtschaftlichen Ämtern ebenso angestrebt wie die totale Entwaffnung. Diese rein destruktiven Maßnahmen implizierten gleichzeitig aber schon die entscheidende 'positive' politische Leitlinie, die das 'Potsdamer Abkommen' als der "Magna Charta der Nachkriegspolitik gegenüber Deutschland"[70] prägen sollte - nämlich die Idee der ideologischen Umorientierung Deutschlands hin zu einem demokratischen und friedlichen Volk. So wollten, wie es im Abschlußkommunique der Potsdamer Konferenz (17.7.1945 - 2.8.1945) an exponierter Stelle hieß, "die Alliierten dem

---

[67] Zitiert nach: Dokumentation, 10
[68] Zitiert nach: Hurwitz, Eintracht, 84.
[69] In demselben Sinne faßt Kleßmann die Ergebnisse der Konferenz von Jalta zusammen, wenn er schreibt: "(...). Trotz aller Widersprüchlichkeiten und Divergenzen lassen sich einige zentrale Motive und Vorstellungen ausmachen, die über das Nahziel der militärischen Zerschlagung hinaus die Kriegsallianz zusammenhielten (...). Zum einen waren das Sicherheitsbedürfnis und die Verhinderung einer künftigen erneuerten Aggression ein bestimmendes Motiv bei allen Alliierten. Daraus folgte der Wille zur Aufteilung bzw. zur langfristigen Kontrolle und zur politischen und wirtschaftlichen Entmachtung Deutschlands." Zitiert nach: Christoph Kleßmann, Die doppelte Staatsgründung - Deutsche Geschichte 1945-1955, Bonn 1991, 28.
[70] Zitiert nach: Wolfgang Benz, Potsdam 1945, München 1986, 118.

Deutschen Volk die Möglichkeit geben, sich darauf vorzubereiten, sein Leben auf einer demokratischen und friedlichen Grundlage von neuem wiederaufzubauen."[71] Gemeinsam formuliertes Ziel war es also, die Deutschen zur Demokratie umzuerziehen. Dazu gehörten neben der Entnazifizierung des gesamten gesellschaftlichen und politischen Lebens auch die Gewährung kontrollierter Freiheiten wie z.b. die Zulassung demokratischer Parteien.

Der verbrecherische Eroberungskrieg der Nationalsozialisten endete für das Deutsche Reich in jener totalen Niederlage, als deren Folge Deutschland "die innere und äußere Souveranität"[72] verlor, wie Alfred Grosser treffend konstatierte. Das Ziel, dem Nationalsozialismus für immer die Grundlage zu entziehen, machte nach gemeinsamer alliierter Überzeugung eine radikale innere Umkehr der Deutschen notwendig. Streng kontrolliert von den Alliierten als den alleinigen politischen Machthabern sollten die Deutschen zur Achtung demokratischer Werte angeleitet werden. Die zivilisierte Welt wollte aus den geschlagenen 'Herrenmenschen' quasi wieder ein 'gesellschaftsfähiges Volk' machen.

Die demokratische Erneuerung sollte sich prinzipiell nicht nur auf die politischen, sondern auch auf alle kulturellen Bereiche des gesellschaftlichen Lebens erstrecken[73]. Ein wichtiger Teil innerhalb des alliierten gesamtgesellschaftlichen Umerziehungsprogramms war hierbei die völlige Neuordnung des Pressewesens im Nachkriegsdeutschland. Hierbei konnten die Alliierten auf die Meinungsbildung der Bevölkerung nicht nur Einfluß nehmen, sondern sie auch in ihrem Sinne formen. Mit dem Medium Zeitung konnten sie den Deutschen ihre Vorstellung von Demokratie unmittelbar vermitteln. Die Presse spielte deswegen in den Umerziehungsplänen aller Alliierten eine wichtige Rolle.

Im folgenden werden nun knapp die Grundzüge der Vorstellungen der USA und der Sowjetunion über die Demokratisierung Deutschlands und der damit verbundenen Pressepolitik gegenübergestellt. Hierbei werden Gemeinsamkeiten und ideologisch bedingte Unterschiede herausgearbeitet.

---

[71] Das Communique der sogenannten 'Potsdamer Konferenz' ist abgedruckt in: Ebda, 207-225. Zitat: 211.

[72] Zitiert nach: Grosser, 41.

[73] "Reeducation sollte nach Meinung der amerikanischen Politiker mehr sein als eine bloße Umerziehung im Sinne des Wortes Erziehung. Vielmehr war für sie die Reeducation der Vorgang der Um-Wertung der geistigen und kulturellen Werte des deutschen Volkes, eine weit über das Erziehungswesen hinausgreifende Rückführung Deutschlands in die Kulturgemeinschaft zivilisierter Nationen, die es unter dem nationalsozialistischen Regime verlassen hatte." Diese Radikalität des Umerziehungsanspruchs galt prinzipiell auch für die Sowjetunion. Zitiert nach: Hans-Dietrich Fischer, Reeducation- und Pressepolitik unter britischem Besatzungsstatus, Düsseldorf 1978, 23.

III. Die pressepolitischen Ziele und Pläne der Alliierten im Rahmen ihrer Umerziehungspolitik

1. Amerikanische Pressepolitik und Umerziehung: Direktiven und Zielsetzungen

Die konzeptionellen Planungen über die politische Behandlung Deutschlands nach dem Krieg standen gegenüber den militärischen Planungen fast bis zum Ende des Krieges stark im Hintergrund. So betrachtete z.b. die Abteilung für zivile Angelegenheiten des amerikanischen Kriegsministeriums die Behandlung Deutschlands bis zum Schluß mehr als ein technisch-militärisches und weniger als ein politisches Problem.[74] Die ersten, seit dem Frühsommer 1944 von den Zuständigen im englisch-amerikanischen Generalstab erarbeiteten, allgemeinpolitischen Richtlinien zur Behandlung Nachkriegdeutschlands ließen so auch kein klares politisches Konzept erkennen. Sie orientierten sich im wesentlichen an der jeweils aktuellen militärischen Lage. Die amerikanischen Pläne für die Neuordnung der deutschen Presse in Nachkriegsdeutschland sind hierbei in direktem Zusammenhang mit den allgemeinen Direktiven zu sehen.

Angesichts der desolaten militärischen Lage Deutschlands seit der Invasion amerikanischer Truppen in der Normandie im Juni 1944 gingen die politischen Planungsstäbe in der amerikanischen Militäradministration zunächst von einer baldigen Kapitulation Deutschlands aus, die eine kriegerische Auseinandersetzung auf deutschem Gebiet nicht nötig machte.[75] Die erste politische Direktive zu den Besatzungsmodalitäten Deutschlands, die sogenannte Direktive CCS 551 des amerikanisch-englischen Generalstabs vom 28. April 1944, sah dementsprechend eine 'milde' Behandlung der Deutschen vor. So wurde darin ausdrücklich zwischen dem deutschen Volk und seiner Führung differenziert. Es wurde eine schnelle Normalisierung der Verhältnisse für die Masse der deutschen Bevölkerung angestrebt. Die deutsche Verwaltung sollte zwar streng kontrolliert, ihr gleichzeitig aber auch angemessene Freiheiten eingeräumt werden.[76] In diesem

---

[74] Vgl. Hurwitz, Stunde Null, 23.

[75] Die amerikanischen Planer nahmen Hitlers dauernde Drohung ernst, niemals ein 'zweites 1918' zuzulassen. Doch war man sich sicher, daß aufgrund der tatsächlichen alliierten Übermacht der Zusammenbruch früher oder später notwendigerweise kommen müsse (sogenannte "Kollapstheorie"). Der Gedanke an eine völlige Besetzung des gesamten deutschen Territoriums lag den amerikanischen Interessen indessen anfangs noch fern. Vgl. Henke, 98f. Zitat: 98.

[76] So sollten die deutsche Verwaltung wie auch die Wirtschaft nicht Befehlsempfänger der Alliierten sein, sondern unter Kontrolle eigenverantwortlich handeln können. Die Alliierten sollten nur als eine Art 'Meta-Regierung' fungieren. Vgl. Ebda, 100f.

Sinne veröffentlichte die SHAEF, die im Zuge der amerikanischen Invasion in London gegründete Oberste Kommandobehörde für die befreiten Gebiete, ein "Handbook for Military Government in Germany". Dieses sah pressepolitisch vor, den Deutschen unter alliierter Kontrolle noch vor der Kapitulation die Möglichkeit zur Publikation von eigenen Zeitungen zu geben.[77] Angesichts des weiterhin unverminderten Widerstands deutscher Truppen, der eine militärische Besetzung Deutschlands noch vor einer deutschen Kapitulation immer wahrscheinlicher machte, und der immer detaillierteren Kenntnis über die Verbrechen in den Konzentrations- bzw. Vernichtungslagern[78] setzte sich bei den politisch Verantwortlichen der USA immer mehr der Gedanke der Politik der 'nüchternen Strenge' ("austerity") gegenüber Deutschland durch - und die vorher genannten Pläne wurden verworfen.[79] Berühmt-berüchtigtes Dokument für diese Entwicklung war der im Herbst 1944 vom amerikanischen Finanzminister vorgelegte 'Morgenthau-Plan', der eine völlige Entindustrialisierung Deutschlands vorsah.[80] Dieser Plan wurde - trotz der Sympathie Roosevelts - nach heftigen internen Auseinandersetzungen nie offizielle Politik. Doch bestimmte in der Folgezeit auch das Motiv der Bestrafung Deutschlands im Zusammenhang mit der vor allem von Roosevelt und General Eisenhower vertretenen Vorstellung einer deutschen Kollektivschuld wesentlich die amerikanischen Planungen über die anzustrebende deutsche Nachkriegsordnung.

Diese Zielvorstellung eines 'Karthago-Friedens' findet sich - wenn auch abgeschwächt - in der offiziell bis 1947 gültigen Direktive JCS 1067 vom 26. April 1945 wieder, die insgesamt "als Kompromiß zwischen der Morgenthau-Doktrin und den Ansichten der liberalen Planer"[81] zu bewerten ist. So ist in dieser Direktive einerseits von einer strikten, streng kontrollierten Entnazifizierung, einer harten Bestrafung durch eine scharfe Reduktion des gesamten wirtschaftlichen

---

[77] Vgl. Elisabeth Matz, Die Zeitungen der US-Armee für die deutsche Bevölkerung (1944-1946), Münster 1969, 21.

[78] Neuesten Aktenfunden zufolge, soll Roosevelt allerdings bereits 1942 detaillierte Kenntnis über die Tatsache der systematischen Judenvernichtung im deutschen Herrschaftsgebiet gehabt haben. So fand die britische Historikerin Barbara Rogers im britischen Außenministerium ein schriftliches Protokoll einer Unterredung des amerikanischen Präsidenten Roosevelt mit Vertretern amerikanischer jüdischer Gemeinden, in der die Vorgänge im Vernichtungslager Auschwitz-Birkenau genauestens geschildert werden. Vgl. Wussten Alliierte schon 1942 von Gaskammern in Auschwitz?, in: *Der Tagesspiegel* vom 3.10.1999.

[79] So bezeichnete Roosevelt das SHAEF-Handbuch schlicht als "ziemlich schlecht". Zitiert nach: Henke, 108.

[80] Dieser Entwurf Morgenthaus ist abgedruckt in: Geschichte in Quellen - Die Welt von 1945, hg. von Helmut Krause und Karlheinz Reif, München 1980, 66ff.

[81] Zitiert nach: Kurt Koszyk, Kontinuität oder Neubeginn - Massenkommunikation in Deutschland 1945-1949, Siegen 1981, 6.

Lebens, ja sogar von einem Fraternisierungsverbot die Rede, andererseits wird gleichzeitig die Notwendigkeit betont, der deutschen Verwaltung ein Maximum der Verantwortung zu übertragen und eine Demokratisierung des Lebens voranzubringen.[82]

Diese Dialektik von Bestrafung und Neuaufbau bestimmte auch wesentlich die pressepolitischen Anweisungen, die die SHAEF in einem "Manual for the Control of German Information Service" am 12. Mai 1945 veröffentlichte. Sie wurden im nachhinein auch als "das Pressegesetz der amerikanischen Zone für die Dauer des Lizenzsystems"[83] bezeichnet. Danach sollte der Neuaufbau der deutschen Presse in einem Drei-Stufen-Plan erfolgen. Wie bereits im Gesetz Nr. 191 der amerikanischen Militäradministration vom 24. November 1944 festgelegt, waren zunächst alle deutschen Zeitungen und Publikationen in den befreiten Gebieten zu verbieten. An deren Stelle sollten in einem zweiten Schritt alliierte Mitteilungsblätter, die sogenannten 'Heeresgruppenzeitungen', an die Bevölkerung verteilt werden, bevor in der sogenannten Phase III streng ausgewählten Deutschen die schriftliche Erlaubnis (Lizenz) erteilt werden sollte, eine Zeitung in Eigenregie zu publizieren. Diese seien dann aber immer noch einer strengen alliierten Kontrolle zu unterziehen.[84]

Die Durchführungen der gesamten pressepolitischen Anordnungen oblag im Krieg den Einheiten der "Psychological Warfare Division" (im weiteren: PWD), die nach der Errichtung der Besatzungsadministration in die "Information Control Division" umgewandelt wurde. Die PWD, die als eigenständige Teilorganisation unter dem Dach der SHAEF arbeitete, war ein amerikanisch-englisches Gemeinschaftsunternehmen unter der Führung des englischen Generals McClure und sollte die gesamte alliierte Propagandapolitik gegenüber Deutschland koordinieren.[85] Gemäß der Forderung der 'unconditional surrender' war es ihre Hauptauf-

---

[82] Vgl. Hurwitz, Stunde Null, 74f; Kleßmann, 22. Auszüge aus der JCS-Direktive, in: Kleßmann, 352f. Zum umstrittenen Stellenwert der Direktive vgl. John Gimbel, Amerikanische Besatzungspolitik in Deutschland, Frankfurt 1971, 16ff.

[83] Zitiert nach: Ernst Meier, Die Lizenzpresse in der amerikanischen Besatzungszone 1945-1949, in: Monomentum Bambergense, Festschrift für Benedikt Kraft, München 1955, 68-81. Hier: 68.

[84] Vgl. Matz, 21; Kurt Koszyk, Pressepolitik für Deutsche 1945-1949, Berlin 1986, 26. Im weiteren: Koszyk, Pressepolitik.

[85] So arbeiteten im PWD die englische PWE ("Political Warfare Executive"), BBC ("British Broadcasting Cooperation") und MOI ("Ministry of Information") mit dem amerikanischen OSS ("Office of Strategic Studies"), OWI ("Office of War Information") und ABSIE ("American Broadcasting Station in Europe") zusammen. Der PWD gingen wöchentlich Direktiven des SHAEF zu. Zum Aufbau der PWD: Matz, 22f. Als Standardwerk zur amerikanischen psychologischen Kriegsführung ist hier zu nennen: Daniel Lerner, Skyewar - Psychological Warfare against Germany, Cambridge 1971.

gabe im Krieg, die deutsche Kampfmoral zu schwächen. Die Soldaten sollten von der Unvermeindlichkeit der militärischen Niederlage überzeugt werden.[86] Hierfür gestaltete die Division mehrere Rundfunkprogramme, die teilweise mit mobilen Lautsprecheranlagen direkt an der Front gesendet wurden, entwarf Tausende von Flugblätterzeitungen ("leaflet newspapers"), die vom Flugzeug aus über der Front abgeworfen wurden, und organisierte in den befreiten Gebieten die ersten alliierten Mitteilungsblätter. In der Regel verfolgte die PWD hierbei eine "Strategie der Wahrheit"[87], d.h. die deutsche Bevölkerung, insbesondere die Wehrmacht, sollte durch seriöse und möglichst objektive Nachrichten über die wahre militärische Lage aufgeklärt werden. Damit sollte sowohl das Deutungsmonopol der nationalsozialistischen Propagandamaschine gebrochen wie auch die Furcht der deutschen Bevölkerung vor einer amerikanischen Besetzung gemildert werden. Dieses Prinzip einer im Sinne des Wortes wahrhaftigen Berichterstattung war aber auch schon ein Beitrag zur geplanten geistigen Umerziehung Deutschlands. Es bildete gleichzeitig die inhaltliche Grundlage des nach dem Krieg von der PWD bzw. deren Nachfolgeorganisationen zu organisierenden Neuaufbaus des deutschen Pressewesens[88].

Anbetracht dieser "politisch sensiblen"[89] Aufgabenstellung verwundert es kaum, daß sich die Einheiten der PWD vor allem im personellen Bereich von den übrigen militärischen Einrichtungen stark unterschieden. Innerhalb des militärischen Establishments genossen sie den Ruf einer "verrückten Randgruppe der SHAEF"[90]. So kamen viele in der PWD Tätige aus intellektuellen Berufen. Unter ihnen waren zahlreiche Schriftsteller, Künstler, Wissenschaftler - kurz: Intellektuelle, denen die starre militärische Hierarchie fremd blieb. Dadurch konnten sich die einzelnen Einheiten der PWD eine weitgehende Eigenständigkeit sichern. Eine weitere Besonderheit war der überproportional hohe Anteil deutscher Emigranten, darunter neben dem Schriftsteller Stefan Heym auch der ehemalige Ber-

---

[86] Vgl. auch zum folgenden: Lerner, 164ff; Henke, 300; Hans Habe, Im Jahre Null, München 1966, 12f.

[87] Neben dieser 'weißen Propaganda', d.h. einer Propaganda, die offen als amerikanische zu identifizieren war, gab es allerdings im Rahmen einer 'schwarzen Propaganda' auch Versuche, amerikanische Propaganda unter dem offiziellen Deckmantel einer angeblichen deutschen Widerstands- und Untergrundorganisation zu verbreiten. Solche Versuche blieben allerdings die Ausnahme und waren innerhalb der PWD immer umstritten. Vgl. Henke, 300; auch: Habe, 16f.

[88] So wurde als Ziel der PWD in einer alliierten Arbeitsrichtlinie von Juni 1944 ("Standing Directive for Psychological Warfare against Members of the German Armed Forces") unter Punkt 8 genannt: "Ultimate restoration of Germany to a place 'in the world family of democratic nations' ". Zitiert nach: Matz, 25.

[89] Zitiert nach: Henke, 301.

[90] So u.a. Eisenhowers Stabschef Bedell Smith. Zitiert nach: Ebda, 302.

liner Journalist und spätere verantwortliche Leiter der *Allgemeinen Zeitung*, Hans Wallenberg, und der spätere Lizenzgeber des *Tagesspiegel*, Peter de Mendelssohn[91]. Aufgrund ihrer originären Kenntnis der deutschen Mentalität im allgemeinen und der deutschen publizistischen Szene im besonderen übernahmen die deutschsprachigen Emigranten - obwohl offiziell nicht in den obersten Führungspositionen - weitgehend die Leitung bei der Neustrukturierung der deutschen Presse.[92]

So lag die Verantwortung für die Heraugabe alliierter Publikationen in den befreiten Gebieten - der zweiten Phase im dargestellten Drei-Stufen-Plan - in den Händen der P&PW Det.[93] der 12. Heeresgruppe innerhalb der PWD, die der in Wien geborene Journalist Hans Habe[94] leitete. Habe, trotz allem vom "deutschen Kulturvolk" überzeugt und daher "mit Überzeugung und Begeisterung ein Umerzieher"[95], arbeitete ab Anfang 1945 in den befreiten Gebieten fieberhaft an der Herausgabe alliierter Presseorgane. Sie sollten "dem deutschen Volk die Türen der Wahrheit öffnen"[96]. Zunächst im befreiten Luxemburg mit der Herausgabe alliierter Informationsblätter für die deutschen Soldaten betraut, war er von April bis November 1945 für die Herausgabe von insgesamt zwölf Zeitungen mit einer zeitweiligen Gesamtauflage von 8 1/2 Millionen Exemplaren verantwortlich. Er koordinierte diese zentral von der in Bad Nauheim angesiedelten Redaktion zusammen mit maximal zwanzig Mitarbeitern.[97] Diese sogenannte 'Heeresgruppen-

---

[91] Näheres zu den Personen im Zusammenhang der Entstehung der amerikanisch lizenzierten Zeitungen in Berlin.

[92] Vgl. Ingrid Laurien, Politisch-kulturelle Zeitschriften in den Westzonen 1945-1949 - Ein Beitrag zur politischen Kultur der Nachkriegszeit, Frankfurt 1991, 20.

[93] "P&PW Det." ist die in der Literatur gängige Abkürzung für "Publicity and Psychological Warfare Detachments". Vgl. Matz, 23.

[94] Der 1911 geborene Habe, Sohn des ungarischen Verlegers und Chefredakteurs Imre Bekessy, arbeitete bis 1930 als Journalist in mehreren Wiener Tageszeitungen. Nachdem er 1940 als Freiwilliger der französischen Armee in deutsche Kriegsgefangenschaft geraten war, flüchtete er 1942 in die USA. Im selben Jahr trat er in die US-Army ein. Seit 1944 in der PWD, war er von Oktober 1945 bis März 1946 Chefredakteur der in München erscheinenden *Neuen Zeitung*, des offiziellen amerikanischen Publikationsorgans. Bis zu seinem Tod 1977 lebte er als freier Schriftsteller und Publizist in der Schweiz. Vgl. International Biographical Dictionary of Central European Emigrees 1933-1945, Volume II, The Art, Sciences, and Literature, Part 1: A-K, München u.a 1983, 446.

[95] So Habe in seiner Autobiographie "Ich stelle mich": Zitiert nach: Metz, 79.

[96] Zitiert nach: Habe, 52.

[97] Vgl. Habe, 77f. Er verfügte damit nach eigener Einschätzung über den "größte(n) Informationskonzern der Welt". Zitiert nach: Ebda, 78. Vgl. auch: Metz, 37. Zu den Zeitungen des 'Habe-Imperiums' gehörte u.a. der *Kölnische Kurier*, die *Frankfurter Presse*, der Bremer *Weser-Bote*. Das Experiment der ersten von einem Deutschen (dem Sozialdemokraten Heinrich Hollands) geleiteten Lizenzzeitung, die *Aachener Nachrichten* (erstmals erschienen am 24.1.1945),

presse' - d.h. die Zeitungen wurden auschließlich von amerikanischen Militäran-
gehörigen redigiert - waren gemäß der PWD-Direktive Nr. 1 vom 22. Mai 1945,
die im Geiste der Direktive JCS 1067 größtmöglichste Distanz zur deutschen Bevölkerung einforderte,[98] von McClure als reine Informations- und Anordnungs-
blätter geplant.[99] Tatsächlich aber handelte es sich bei Habes Armeepublikationen
in den meisten Fällen bereits um 'richtige' Zeitungen, die sich inhaltlich und formal an der Idee der demokratischen Umerziehung im amerikanischen Sinne orientierten. Formal entsprachen die Zeitungen durch ihre klare Trennung zwischen
objektiver Nachricht und subjektivem Kommentar den amerikanischen Vorstellungen einer liberalen, unabhängigen Presse. Inhaltlich veröffentlichte die 'Habe-
Presse' zahlreiche Gedichte und Essays antinazistischer Dichter und Schriftsteller[100] und bot damit Ansatzpunkte zur moralischen Selbstreinigung der Deutschen, zu der die Redaktion ausdrücklich aufforderte.[101] Durch diesen Verweis
auf das 'andere Deutschland' sollte die geistige Umkehr der Deutschen selbst gefördert und damit auch die Akzeptanz des von der amerikanischen Besatzungsmacht zu errichtenden westlichen Demokratiemodells erhöht werden. Wichtigstes
programmatisches Bestreben der amerikanischen Besatzungsmacht war es, - so
der Grundtenor der 'Habe-Presse' - durch konsequente Entnazifizierung Bedingungen nach dem Muster der westlichen Demokratie zu schaffen, die es den
Deutschen ermöglichen sollte, selbst demokratische Grundregeln zu erlernen.[102]
Die 'Habe-Presse' war inhaltlich und formal das Vorbild für die amerikanische
Konstituierung der deutschen Lizenzzeitungen, dem letzten Schritt des dargestellten Drei-Stufen-Modells. Offiziell grünes Licht für die Lizenzierung deutscher Zeitungen gab die Direktive Nr. 3 vom 28. Juni 1945, die - dem Geiste der
in Potsdam von den Alliierten vereinbarten Umerziehung entsprechend - den
Aufbau einer "freien, unabhängigen und demokratisch eingestellten Presse" vorsah.[103]

---

ebenfalls ein 'Habe-Produkt', scheiterte früh an den strengen Entnazifizierungsrichtlinien der
Amerikaner.
[98] Vgl. Hurwitz, Stunde Null, 64.
[99] So erklärte McClure nach den Angaben Habes wörtlich: "Wir wollen Mitteilungen und
Richtlinien veröffentlichen, sonst nichts. Die Deutschen brauchen sich keine eigene Meinung
zu bilden - the Germans have to be told." Zitiert nach: Habe, 27.
[100] So wurden zahlreiche Gedichte und Essays von Bertolt Brecht, Erich Kästner, Alfred Kerr
und Thomas Mann in den 'Heeresgruppenblättern' veröffentlicht. Vgl. Metz, 64f.
[101] In zahlreichen Artikeln suchten Wissenschaftler, in erster Linie Historiker, bereits nach den
Ursachen der nationalsozialistischen Katastrophe. Die Redaktion unter Hans Habe druckte diese Artikel ohne Kommentar ab. Vgl. Ebda, 65.
[102] Vgl. Ebda, 48-70.
[103] Zitiert nach: Hurwitz, Stunde Null, 119. Dort auch Wortlaut der Direktive Nr.3.

Das prinzipielle Verbot der Amerikaner, früheren Zeitungseigentümern eine Lizenz zu erteilen, selbst wenn sie 1933 noch eine Zeitlang kritisch geblieben waren, zeigt die Radikalität des geplanten Neuaufbaus.[104] Ex negativo orientierte sich die Lizenzierungspolitik der Amerikaner an den Strukturmängeln der Weimarer Presselandschaft.[105] Das durch ökonomische Abhängigkeit entstandene nationalistische Meinungsmonopol des Hugenbergschen Zeitungsimperiums hätte die Wirksamkeit der nationalsozialistischen Propaganda in der Bevölkerung wesentlich verstärkt. Auch die zahllosen, auflagenschwachen, nur am Partikularinteresse orientierten Parteiblätter wären mitschuldig am Aufstieg Hitlers gewesen. Ebenso die zahlreichen kleinen, in der Regel unpolitischen Regionalblätter, die auf Grund ihrer ökonomischen Schwäche widerstandslos durch den nationalsozialistischen Eher-Verlag direkt oder indirekt gleichgeschaltet werden konnten.[106] Parteipolitische Unabhängigkeit und pluralistische Meinungsvielfalt waren die entscheidenden amerikanischen Leitmotive bei der Neuordnung des deutschen Pressewesens. Um größtmögliche Unabhängigkeit der Presse zu gewährleisten, sollten die Lizenzen nicht an Parteien, sondern an einzelne, parteipolitisch unabhängige "demokratisch gesonnene und vertrauenswürdige deutsche Verleger und Redakteure"[107] unterschiedlicher politischer Orientierung vergeben werden. Diese übernehmen gemeinsam die Verantwortung für die Zeitung. Durch dieses sogenannte "panel"-Modell sollte die Meinungsvielfalt innerhalb der Zeitung gesichert werden. Der meinungsbildende Kommentar war dabei scharf von der Nachricht zu trennen. Für den Nachrichtenteil sollten die Gebote von Seriosität, Fairneß und Objektivität gelten.[108] Durch dieses Prinzip der 'Demokratie in der Zeitung' glaubten die Amerikaner die Deutschen zu toleranten, mündigen Demokraten im Sinne einer liberalen Gesellschaftsordnung erziehen zu können, in deren Rahmen sich - nach amerikanischer Auffassung - jeder Bürger ein eigenständiges Urteil zu bilden imstande sei.

---

[104] Vgl. Ebda, 40.

[105] Die PWD arbeitete sorgfältige Analysen über die strukturellen Mängel des Weimarer Pressewesens aus. Vgl. Norbert Frei, Amerikanische Lizenzierungspolitik und deutsche Pressetradition - die Geschichte der Nachkriegszeitung Südwest-Kurier, München 1986, 23.

[106] Zu den einzelnen Begründungen vgl. Hurwitz, Stunde Null, 34ff.

[107] So die amerikanische Militärregierung in einer rückblickenden Analyse zu ihrer pressepolitischen Arbeit vom November 1948. Zitiert nach: Helmuth Mosberg, Reeducation - Umerziehung und Lizenzpresse in Nachkriegsdeutschland, München 1991, 64.

[108] Vgl. hierzu u.a. Norbert Frei, Die Presse, in: Wolfgang Benz, Die Geschichte der Bundesrepublik Deutschland, Bd.4: Kultur, Frankfurt 1989, 370-416. Hier: 376. Im weiteren: Frei, Presse.

Die demokratische Umerziehung bedeutete für die amerikanischen Verantwortlichen gemäß ihrem ideologischen Anspruch auf universelle Durchsetzung der unteilbaren Freiheitsrechte die Etablierung des liberal-demokratischen Gesellschaftssystems nach amerikanischem Muster.[109] Die Neustrukturierung des deutschen Pressewesens macht dies besonders deutlich. So entsprach das Prinzip der Unabhängigkeit von parteipolitischer Einflußnahme und des innerbetrieblichen Meinungspluralismus genau dem amerikanischen "liberale(n), individualistische(n) Ideal"[110]. Sachliche Information und Formulierung verschiedener Meinungen zielten auf die Erziehung der Deutschen zu toleranten, politisch informierten und urteilsfähigen Demokraten. In staatspolitischer Hinsicht sollte die deutsche Presse als unabhängiger "Garant der Wahrheit" neben dem Staat, den Parteien und der Kirche den Status einer "vierten Gewalt"[111] erhalten.

2. Pressepolitik als Propagandapolitik: Die kommunistischen Pläne zur 'demokratisch-antifaschistischen Umerziehung'

Als die deutsche Wehrmacht am 22. Juli 1941 die Sowjetunion überfiel und damit der von Hitler seit langem geplante rassistisch motivierte Vernichtungskrieg gegen die 'jüdisch-bolschewistische Weltverschwörung' seinen Anfang nahm, wurde aus dem 'imperialistischen Bruderkrieg' für die sowjetische Staatsführung über Nacht ein 'nationaler Befreiungskrieg'. Alles außenpolitische Handeln unterlag von nun an dem Primat der Rettung der nationalen Freiheit und damit dem bedingungslosen Kampf gegen den deutschen faschistischen Aggressor. Die em-

---

[109] Habe drückte es ironisch aus: "Die Amerikaner waren davon überzeugt, daß Deutschland am amerikanischen Wesen genesen müsse". Zitiert nach: Habe, 41. Der amerikanische Wissenschaftler David Pronay drückte es in einem 1985 veröffentlichten Beitrag über die "The political Re-Education of Germany and her Allies after World War II" kritischer aus, indem er resümierte: "Die Vereinigten Staaten waren eine ideologische Nation, die erste und erfolgreichste der Welt, und wie jeder andere ideologische Staat hatten sie beinahe totale Überzeugungen von ihrem moralischen Recht, ihre Ideologie auf andere zu projizieren und mit allen Mitteln anderen aufzuzwingen. [Dies hatte sie] "anfällig gemacht für die Anschauung, daß es sowohl legitim wie auch praktisch sei, die ideologische Konversion von Völkern unter militärischer Besatzung zu versuchen." Zitiert nach: Mosberg, 47. Zu den Umerziehungsplanungen nach liberal-demokratischem Muster allgemein: Karl-Heinz Füssl, Restauration und Neubeginn - Gesellschaftliche, kulturelle und reformpädagogische Ziele der amerikanischen "Re-education"-politik nach 1945, in: APuZ 6 (1997), 3-14. Hier besonders die Umerziehung von Kriegsgefangenen in speziellen Demokratieseminaren: 9f.

[110] Zitiert nach: Hurwitz, Stunde Null, 41.

[111] Beide Zitate aus: Harold Hurwitz, Antikommunismus und amerikanische Demokratisierungsvorhaben im Nachkriegsdeutschland, in: APuZ 29 (1978), 29-46. Hier: 32. Näheres: Ebda.

phatische Proklamation des 'großen Vaterländischen Krieges' durch Stalin rechtfertigte den Zusammenschluß mit den ideologischen Klassenfeinden des We-
stens, weil auch diese gegen den Faschismus kämpften.[112] Allerdings änderte diese außenpolitische Notlage nicht die sowjetische Vorstellung von dem prinzipiell
kapitalistischen Charakter des Faschismus. Weiterhin galt die vom VII. Weltkon-
greß der Komintern beschlossene Formel des Faschismus als der "offenen, terro-
ristischen Diktatur der am meisten reaktionären, chauvinistischen und imperialistischen Elemente des Finanzkapitals"[113]. Der Faschismus blieb in den Augen der
Kommunisten also 'nur' die brutalste Form der Ausbeutung der Arbeiterklasse
eines prinzipiell kapitalistischen Systems. In diesem Sinne wurde von Anfang an
zwischen der herrschenden faschistischen Verbrecherclique und dem deutschen
Volk differenziert.[114] Die sofort nach Kriegsbeginn einsetzende Propagandaarbeit
seitens der Roten Armee und der Exil-KPD richtete sich zunächst vornehmlich an
die einfachen Soldaten an der Front, in der Hoffnung, damit einem proletarischen
Aufstand gegen das Hitler-Regime den Weg zu bereiten.
Die Verantwortung für die Koordinierung der ideologischen Kriegsführung lag in
den Händen der 7. Abteilungen der Politischen Hauptverwaltung der Roten Armee (im weiteren: Politabteilungen) unter der Führung von Lew Michelis und des
hohen Komintern-Funktionärs Manuilskij. Die zahlreichen Unterabteilungen der
Politabteilungen versuchten nun zunächst - vergleichbar den Methoden der amerikanischen PWD - mit der Verbreitung von zahlreichen Flugblättern, mit der
Herausgabe von Zeitungen, und mit Radio- und Lautsprecherpropaganda die
deutschen Soldaten, hierbei besonders die Kriegsgefangenen, vom verbrecherischen Charakter des Hitlerregimes zu überzeugen und sie für den Kampf für ein
sozialistisches Deutschland zu gewinnen. Wichtige Repräsentanten der sich in
Moskau im Exil befindlichen Parteiführung der KPD - unter ihnen Wilhelm Pieck
und Walter Ulbricht - wurden mit der inhaltlichen Konzeption der Propaganda

---

[112] Vgl. hierzu: Alexander Fischer, Sowjetische Deutschlandpolitik im Zweiten Weltkrieg
1941-1945, Stuttgart 1975, 13ff.

[113] Zitiert aus: Klaus Fritzsche, Faschismustheorie: Konzeptionen, Kontroversen und Perspek-
tiven, in: Franz Neumann (Hg.), Handbuch Politische Theorien und Ideologien 1, Opladen
1995, 229-289. Hier: 259.

[114] So betonte Molotow am 22.7.1941 anläßlich des Einmarsches der deutschen Truppen: "Dieser Krieg wurde uns nicht vom deutschen Volk, nicht von den deutschen Arbeitern, Bauern
und Angehörigen der Intelligenz aufgezwungen, deren Qualen wir wohl ermessen können."
Zitiert nach: Fischer, 14. Stalins berühmter Tagesbefehl Nr.55 vom 23.2.1942 lautete: "Es wäre
lächerlich, die Hitlerclique mit dem deutschen Volk und mit dem deutschen Staat zu identifizieren. Die Geschichte zeigt, daß die Hitler kommen und gehen, während das deutsche Volk
und der deutsche Staat bleiben." Zitiert nach: Grosser, 43. Der letztgenannte Satz Stalins wurde
nach dem sowjetischen Einmarsch in Berlin in der gesamten Stadt plakatiert.

betraut. Damit sollte die Frontagitation unter den deutschen Soldaten und den Kriegsgefangenen optimiert werden. So leitete Arthur Pieck, der Sohn Wilhelm Piecks, die erste Zeitung für die deutschen Kriegsgefangenen *Das freie Wort*, die die proletarische Revolution propagierte.[115]

Die vielfachen Propagandatätigkeiten der KPD und der Politabteilungen blieben allerdings weitgehend folgenlos - Ulbricht klagte mehrfach über das "fehlende Klassenbewußtsein"[116] der Soldaten. Nach der gewonnenen Schlacht um Stalingrad leiteten die Politabteilungen ab Mitte September 1943 eine taktische Wende innerhalb der sowjetischen Propagandastrategie ein. Ziel war jetzt die Formierung einer breiten antifaschistischen Volksfront zum Sturz des Hitler-Faschismus, die bewußt alle soziale Schichten einbeziehen sollte.[117] Die unmittelbare Umerziehung der Kriegsgefangenen zu Kommunisten stand nicht mehr im Mittelpunkt der Propagandatätigkeiten der KPD-Emigranten. Vielmehr sollten nun bewußt auch konservative, ja sogar nationalsozialistisch orientierte deutsche Offiziere und Generäle, die Hitler kritisch gegenüberstanden, "in einer antifaschistischen Front für die Rettung der deutschen Nation"[118] integriert werden. Die im Juli bzw. September 1943 auf sowjetische Initiative gegründeten Organisationen - zum einen das "Nationalkomittee 'Freies Deutschland'" (im weiteren: NKFD) unter Führung des kommunistischen Schriftstellers Erich Weinert, zum anderen "Der Bund deutscher Soldaten" (BDO) mit dem deutschen Offizier Walther v. Seydlitz an der Spitze - bildeten hierfür den institutionellen Rahmen. Das am 13. Juli 1943 einstimmig angenommene "Manifest des Nationalkomitees 'Freies Deutschland'", das maßgeblich von kommunistischer Seite vorbereitet worden war[119], forderte mit bewußt patriotischen und deutschnationalen Leitsätzen alle

---

[115] Vgl. Strunk, Zensoren, 14.; K.L. Selesnjow, Zur Geschichte der Zeitung "Das freie Wort", in: Beiträge zur Geschichte der deutschen Arbeiterbewegung 13 (1971), 951-966. Auch: Günter Raue, Im Dienste der Wahrheit, Leipzig 1966, 77. Im weiteren: Raue, Wahrheit.

[116] Vgl. hierzu: Fischer, 18.

[117] Die Bündnispolitik der "antifaschistischen Volksfront" wurde im Prinzip bereits 1935 auf der besagten VII. Tagung der Komintern festgelegt. Furet spricht hierbei von dem Beginn der Phase des "antifaschistischen Kommunismus". Dessen Ziel sei es, mit allen politischen Anti-Hitler-Kräften - hierbei vor allem mit den Sozialdemokraten als den vorherigen 'Hauptfeinden' - zusammenzuarbeiten, ohne das kommunistische Endziel zu verleugnen. Die internationale 'Volksfront'-Bewegung erlangte in Frankreich - 1936 übernahm ein 'Volksfront'-Kabinett unter Leon Blum die Regierungsverantwortung - und in Spanien während des Bürgerkriegs große Bedeutung und führte zu einem lange wirkenden Reputationsgewinn für die dortigen KPs. Vgl. Furet, 284-336.

[118] Zitiert nach: Horst Laschitzka, Kämpferische Demokratie gegen Faschismus - Die programmatische Vorbereitung auf die antifaschistisch-demokratische Umwälzung in Deutschland durch die Parteiführung der KPD, Berlin 1969, 54.

[119] Peter Erler, Horst Laude, Manfred Wilke (Hg.), "Nach Hitler kommen wir" - Dokumente zur Programmatik der Moskauer KPD-Führung für Nachkriegsdeutschland, Berlin 1994, 63ff;

Deutschen zum Kampf gegen Hitler auf. Es appellierte an die deutschen Soldaten, die Kampfhandlungen einzustellen, eine "wahre deutsche Regierung aus allen Volksschichten" zu bilden und sich auf die Reichsgrenzen zurückzuziehen.
Als programmatische Zielsetzung nannte das Dokument die Konstituierung einer
"starken demokratischen Staatsmacht"[120], die sich zu Freiheit und Menschenwürde bekennen und die bürgerlichen Freiheiten garantieren sollte. Jeder Hinweis,
der auf ein sozialistisches Deutschland hätte deuten können, wurde absichtsvoll
vermieden.

Die liberale und vor allem nationale Stoßrichtung dieses Manifests darf nicht
darüber hinwegtäuschen, daß die Gründung des NKFD von den Politabteilungen
initiiert worden war und damit auch das Manifest sowjetischen Propagandainten-
tionen entsprach.[121] Man hoffte durch dieses Konzept einer patriotischen Volksfront einerseits die deutsche Furcht vor der Roten Armee zu überwinden und andererseits Einflußmöglichkeiten auf Kreise zu gewinnen, die dem Kommunismus
bisher ablehnend gegenübergestanden hatten.[122] In diesem Sinne agierte nun auch
die zwecks der Propagierung des Manifests gegründete Zeitung *Freies Deutschland* (im folgenden: *FD*). Seinen zentralen Redaktionssitz hatte die vierseitige
Wochenzeitung in dem 1943 von den Politabteilungen neu gegründeten "Institut
99", von wo aus die gesamte, auf die Kriegsgefangenen gerichtete sowjetische
Propagandaarbeit geleitet wurde.[123] Die Redaktion setzte sich ausschließlich aus
überzeugten kommunistischen Parteigängern zusammen, die gleichzeitig journa-

---

Helmut Müller-Enbergs, Das Manifest des NKFD vom 13. Juli 1943 - Initiative, Autoren und
Intentionen, in: Gerd R. Ueberschär (Hg.), Das Nationalkomitee "Freies Deutschland" und der
Bund Deutscher Offiziere, Frankfurt 1995, 93-101.

[120] So in: " 'Manifest des Nationalkomitees 'Freies Deutschland' an die Wehrmacht und an das
deutsche Volk anläßlich der Gründung des NKFD am 12./13. Juli 1943". Abgedruckt in: Überschär (Hg.), 265-268. Hier auch das Folgende. Zitate: 267f.

[121] In diesem Sinne äußerte sich der Außenminister Molotow gegenüber dem damaligen britischen Botschafter Lord Kerr am 1. August, indem er ihm versicherte, daß das NKFD lediglich
Propagandazwecken diene. Vgl. hierzu: Heike Bungert, Das Nationalkomitee und der Westen -
Die Reaktion der Westalliierten auf das NKFD und die Neuen Freien Deutschen Bewegungen
1943-1948, Stuttgart 1997, 39.

[122] So äußerte sich Erich Weinert, der Präsident des NKFD, zu den Grundsätzen einer erfolg-
reichen Propagandazeitung für die deutschen Soldaten über die notwendige 'Aufklärung über
die Sowjetunion' folgendermaßen: "Es wäre notwendig, wenn auch in größter Kürze, undoktri-
näre, auch für die Primitiven verständliche Beiträge über die Sowjetunion zu bringen, etwas
Wesentliches über den wahren Sozialismus im Gegensatz zum Pseudosozialismus der Nazis,
vielleicht in einer immer zu wiederholenden Rubrik 'Was ist die Sowjetunion? Gegen wen
kämpft ihr?' ". Zitiert nach: Birgit Petrick, "Freies Deutschland" - die Zeitung des Nationalkomitees "Freies Deutschland" (1943-1945), München 1979, 57.

[123] Vgl. Jörg Morre, Das Institut 99 - Zur Einbindung des NKFD in die administrativen Strukturen der UdSSR, in: Ueberschär (Hg.), 133-140. Auch: Wolfgang Leonhard, Die Revolution
entläßt ihre Kinder, Leipzig 1990, 318ff.

listische Erfahrung mitbrachten. Zu den wichtigsten Mitarbeitern gehörten Alfred Kurella, Lothar Bolz, Ernst Held und der spätere stellvertretende Bürgermeister im ersten Berliner Nachkriegsmagistrat, Karl Maron.[124] Die Zielsetzung des *FD*, vor allem nichtkommunistische, 'bürgerliche Kreise' anzusprechen und durch Abbau antikommunistischer Feindbilder ein sowjetfreundliches Bild zu vermitteln, personifizierte am deutlichsten ihr erster Chefredakteur Rudolf Herrnstadt. Seine spätere wichtige Rolle beim Aufbau eines 'antifaschistischen' Pressewesens in Berlin im allgemeinen und der *Berliner Zeitung* im besonderen rechtfertigen in diesem Zusammenhang einen kurzen biographischen Exkurs.[125]

Rudolf Herrnstadt wurde 1903 in eine großbürgerlich-jüdische Kaufmannsfamilie aus dem oberschlesischen Gleiwitz geboren. Nach dem Besuch des humanistischen Gymnasiums brach er aus Liebe zu Poesie und Literatur sein in Berlin und Heidelberg aufgenommenes Jurastudium ab und "es begann das hin und her zukkende, experimentierende, nervös-vorläufig unregelmäßige Dasein des werdenden Schriftstellers."[126] Er veröffentlichte Gedichte, Balladen, Dramen und wurde zu einem glühenden Verehrer Thomas Manns, der er bis zu seinem Lebensende blieb. Aufgrund seiner jüdischen Herkunft und seines intellektuell-suchenden, selbstzweifelnden Wesens selbst ein Paria der Gesellschaft, sah er sich von Anfang an den sozial Schwachen und Deklassierten verbunden und glaubte - wie nicht wenig Linksintellektuelle dieser Zeit - in der Sowjetunion mit ihrem kommunistischen Erlösungsanspruch seine Sehnsucht nach einer gerechten Gesellschaft verwirklicht. Er verschrieb sich - ab 1929 Mitglied der KPD - nun mit Hingabe der "großen Sache"[127] des Sozialismus und arbeitete ab 1930 als Agent dem Militärischen Abwehrdienst der Roten Armee zu. Dazu scheinbar im Widerspruch arbeitete er ab 1928, obwohl persönlich angewidert vom selbstreferentiellen bürgerlichen Kulturbetrieb, als Auslandskorrespodent für das *Berliner Tageblatt* (im weiteren: *BT*), dem großbürgerlichen, liberal-demokratischen 'Intelligenzblatt' Theodor Wolffs. Mit Wolff verband ihn persönlich eine tiefe Freund-

---

[124] Zu den Mitarbeitern und ihren Arbeitsgebieten vgl. Helmut Müller-Engbergs, Der Fall Rudolf Herrnstadt - Tauwetterpolitik vor dem 17.Juni, Berlin 1991, 50; Petrick, 59; Bodo Scheurig, Verräter oder Patrioten - Das Nationalkomitee "Freies Deutschland" und der Bund Deutscher Offiziere in der Sowjetunion 1943-1945, Frankfurt 1993, 89f; Charakterisierung der Mitarbeiter aus persönlicher Erinnerung bei: Leonhard, 326ff.
[125] Zum Folgenden: Müller-Engbergs, 7-38; Kurzbiographie in: Erler, 406. Eine detaillierte Kurzbiographie auch in: Rudolf Herrnstadt, Das Herrnstadt-Dokument - Das Politbüro der SED und die Geschichte des 17.Juni 1953, hg., eingeleitet und bearbeitet von Nadja Stulz-Herrnstadt, Hamburg 1990, 283ff.
[126] Zitiert nach: Müller-Engbergs, 15.
[127] Zitiert nach: Ebda, 27.

schaft, die auch dessen Emigration nach Frankreich 1933 überdauerte. Seine intellektuell anspruchsvollen, fast literarisch anmutenden Artikel, die wesentliche politische und soziale Probleme der osteuropäischen Staaten behandelten, waren dem *BT* unersetzlich, so daß er bis 1936 (!) unter vollem Namen im *BT* publizieren konnte. Bis 1939 arbeitete er - parallel zu seiner Agententätigkeit - in London bzw. Warschau für tschechische und französische Zeitungen. Erst 1939 floh er endgültig nach Moskau. Nachdem er zunächst sowohl im Generalstab der Roten Armee als auch in der Komintern tätig gewesen war, wurde er 1943 zu den Politabteilungen abkommandiert. Er galt fortan als enger Vertrauensmann der sowjetischen Führung.

Sein journalistisches Können, seine intellektuelle Brillanz verbunden mit einem unbedingten Glauben an die kommunistische Ideologie - oder allgemeiner formuliert: die in ihm personifizierte Ambivalenz von bürgerlichem Habitus und kommunistischem Impetus - machte Herrnstadt in den Augen der Politabteilungen zum idealen Leiter des *FD*.

Trotz aller Zensur hatte Herrnstadt aufgrund seines exponierten Rangs innerhalb der Politabteilungen bei der Führung der Zeitung weitgehend freie Hand. Er redigierte das materiell von den Politabteilungen großzügig unterstützte Blatt[128] selbstherrlich im Stile eines "Chefredakteur(s) einer kapitalistischen Zeitung"[129], wie Wolfgang Leonhard konstatierte, der kurzzeitig in der Redaktion mitgearbeitet hatte. Das am 19. Juli 1943 erstmals erschienene *FD* sollte als "Organ für die Propagandisten und Aktivisten der Bewegung 'Freies Deutschland'"[130] die verschiedenen politischen Kräfte für den beabsichtigten Umsturz bündeln. Es erinnerte in Aufmachung und Inhalt mehr an eine liberal-nationale als an eine kommunistisch orientierte Zeitung, obwohl die Redaktion allein auf Informationen des sowjetischen Informationsbüros angewiesen war.[131] Herrnstadts Handschrift war deutlich zu erkennen. So war die Titelseite mit den Farben der 'Reichskriegsflagge' geschmückt. Inhaltlich dominierten sachliche, gut recherchierte Berichte über die Sowjetunion, die Kriegsverbrechen Hitlers und die Ver-

---

[128] Die genaue Auflagenhöhe ist nicht bekannt; sie soll aber im wöchentlichen Durchschnitt bei 50.000 Exemplaren gelegen haben. Vgl. Petrick, 60.

[129] Zitiert nach: Leonhard, 324. Zum autoritären Arbeitsstil Herrnstadts: "Es war unverkennbar, daß Herrnstadt allein die Fäden in der Hand hielt. Jeder Mitarbeiter mußte wie ein Schuljunge seinen Aufsatz zu ihm bringen und erhielt ihn dann ohne eine Erklärung mit Streichungen und Änderungen zurück." Zitiert nach: Ebda, 326.

[130] Zitiert nach: Erich Weinert, Das Nationalkomitee "Freies Deutschland" 1943-1945, Berlin 1957, 69.

[131] Vgl. Scheurig, 90. Zu den Informationsquellen des *FD*: Leonhard, 352.

hältnisse in Deutschland. Beiträge deutscher Offiziere wurden unzensiert abgedruckt. Marxistische Terminologie wurde bewußt vermieden. [132]

Neben der konzeptionellen Ausrichtung der Zeitung war das Redaktionsgremium unter der Leitung Herrnstadts zuständig für die Ausbildung von Zeitungsredakteuren, die aus den Gefangenen rekrutiert wurden. Unter ihnen auch die späteren Redakteure der *Berliner Zeitung*, Günther Kertzscher und Bernt von Küngelgen. [133] Das *FD* ist somit auch als eine Art journalistische Kaderschmiede für den Aufbau einer neuen 'antifaschistischen' Presse anzusehen. [134]

Als allerdings im Laufe des Jahres 1944 der erhoffte Aufstand der deutschen Wehrmacht gegen Hitler und ein massenhaftes Übertreten in das NKFD nicht stattfand und eine militärische Besetzung Deutschlands durch die Rote Armee immer näher rückte, verlor das NKFD in den politischen Planungen der sowjetischen Propagandastrategen immer mehr an Bedeutung. Es hatte bis zu seiner Selbstauflösung am 2. November 1945 für die Sowjetführung nur noch eine "politisch-propagandistische Alibifunktion" [135]. Die Zeitung *FD*, die ab Herbst 1944 immer deutlicher ihr kommunistisches Gesicht zeigte, wurde dementsprechend einen Tag später eingestellt.

Der Gründung des NFKD lag die Idee der Schaffung einer breiten antifaschistischen Volksfront unter kommunistischer Führung zugrunde. Diese bildete auch die Grundlage für die sowjetischen Nachkriegsplanungen bezüglich der gesellschaftlichen und politischen Neuordnung Deutschlands. Bereits Anfang 1944 sprachen sich führende Persönlichkeiten der Politabteilungen, unter ihnen der spätere Chef der sowjetischen Propagandaverwaltung, Oberst Tjulpanow [136], für eine grundlegende antifaschistisch-demokratische Umgestaltung Deutschlands unter dem Schutz der Roten Armee nach dem Krieg aus. Diese sollte sich auf alle "fortschrittlichen Kräfte" in der Bevölkerung stützen. [137] Solche Vorstellungen

---

[132] Zur inhaltlichen Konzeption ausführlich: Petrick, 62-180. Knapp: Weinert, 69-75.
[133] Vgl. hierzu: Müller-Engbergs, 50.
[134] Vgl. Koszyk, Pressepolitik, 326. Auch: Strunk, Pressekontrolle, 17.
[135] Gerd R. Überschär, Das NKFD und der BDO im Kampf gegen Hitler 1943-1945, in: ders. (Hg.), 31-51. Hier: 43.
[136] Nach Tjulpanows eigener Darstellung waren bei dieser Unterredung der Chef der Politabteilungen Manuilskij und der damalige Leiter der Abteilung "Internationale Information" des ZK der KPdSU, Georgi Dimitroff zugegen. Vgl. Sergej Tjulpanow, Deutschland nach dem Kriege (1945-1949), Berlin 1987, 58. Auch: Strunk, Pressekontrolle, 26. Auf die Person Tjulpanows wird im Hauptteil näher eingegangen.
[137] Nach der Darstellung Tjulpanows erklärte Dimitroff in einem Grundsatzreferat folgendes: "Man darf nicht den Fehler begehen, Methoden, die für die Oktoberrevolution charakteristisch waren, mechanisch auf die Bedingungen dieser Länder übertragen zu wollen. Man muß von den Grundsatzprinzipien der antifaschistisch-demokratischen Reformen ausgehen und sich

bildeten den Kern der Richtlinien und Programme zur deutschen Nachkriegsordnung, die die KPD-Führung in zahlreichen Einzelkommissionen seit Mitte 1944 unter ausdrücklicher Billigung der Politabteilungen ausarbeitete.[138] Danach war nach dem Krieg ein "Block der kämpferischen Demokratie" - so der Titel des am 21. Oktober von der KPD-Führung verabschiedeten Aktionsprogramms - vorgesehen, zu dem sich die "antifaschistisch-demokratischen" Kräfte "aller Organisationen, Parteien, Gruppen und Personen" zusammenschließen sollten. Dieser zur Kooperation verpflichtete Parteienverbund sollte auf breiter Basis in Deutschland eine "wahre Demokratie"[139] aufbauen. Die inhaltliche Dimension der angestrebten 'antifaschistisch-demokratischen' Reformen sollte allerdings im wesentlich die KPD als die "Partei der revolutionären Arbeiterklasse"[140] bestimmen, indem sie diesem Parteienbündnis "Ziel und Richtung geben"[141] müsse. Das Aktionsprogramm der KPD-Führung, das detaillierte Ausführungen zur Umstrukturierung des gesamten politischen, wirtschaftlichen und kulturellen Lebens beinhaltete[142], war so auch inhaltlich auf den *Weg* zum Sozialismus ausgerichtet. Ziel war "die

---

dort, wo es eine demokratische Verfassung gab bzw. eine solche in nächster Zeit verkündet wird, auf diese stützen und allen fortschrittlichen Kräften bei der Verwirklichung dieser Verfassung behilflich sein. (...) In der gesamten Arbeit muß man stets das betonen und sich darauf stützen, was die fortschrittlichen, die antifaschistischen Kräfte des betreffenden Landes eint, und nicht das Trennende herausstellen. Man darf sie nicht zurückstoßen, sondern man muß sich bemühen, die Menschen zu gewinnen, sie aufzuklären, sie zu überzeugen." Zitiert nach: Sergeji I.Tjulpanow, Erinnerungen an deutsche Freunde und Genossen, Berlin 1984, 103f (im weiteren: Tjulpanow, Freunde). Vgl. auch: Stefan Creuzberger, Die sowjetische Besatzungsmacht und das politische System der SBZ, Weimar u.a. 1996, 21; Strunk, Pressekontrolle, 26f.

[138] Den verschiedenen Einzelkommissionen gehörten insgesamt zwanzig Mitglieder der KPD-Parteiführung an. Darunter neben Pieck, Ulbricht auch Anton Ackermann, Johannes R. Becher, Rudolf Herrnstadt und der spätere Minister für Volksbildung im ersten Berliner Nachkriegsmagistrat, Otto Winzer. Vgl. Fischer, 84. Zu den Einzelheiten der Kommisisonsarbeit: Ebda, 83-103. Auch: Erler, 68-107.

[139] Alle drei Zitate in dem "Aktionsprogramm des Blocks der kämpferischen Demokratie", in: Laschitzka, 193-209. Hier: 194f.

[140] So das KPD-Mitglied Florin in einem Vortrag "Über den zukünftigen deutschen Staat" von Anfang 1944. Zitiert nach: Erler, 127.

[141] Wilhelm Pieck vor der Parteischule in Moskau am 10.3.1945. Zitiert nach: Günter Keiderling (Hg.), "Gruppe Ulbricht" in Berlin - April bis Juni 1945. Von den Vorbereitungen im Sommer 1944 bis zur Wiedergründung der KPD im Juni 1945. Eine Dokumentation, Berlin 1993, 236. Im weiteren: Gruppe Ulbricht.

[142] Vgl. Anm.139. Eine Interpretation der vorgeschlagenen Maßnahmen im Hinblick auf ihre sozialistische Stoßrichtung bei: Gerhard Wetting, Neue Aufschlüsse über Moskauer Planungen für die politisch-gesellschaftliche Ordnung in Deutschland nach dem Zweiten Weltkrieg, in: Jahrbuch für historische Kommunismusforschung 1995, Berlin 1995, 151-172. Hier besonders: 167ff.

Ausrottung aller Wurzeln des Faschismus und Imperialismus"[143], was nach kommunistischer Lesart - neben einer gründlichen Entnazifizierung und Entmilitarisierung - nichts anderes als Zerstörung der kapitalistischen Gesellschaftsstrukturen durch Enteignung der Großgrundbesitzer und Verstaatlichung aller größeren Betriebe[144] heißen konnte. Diese Maßnahmen sollten die Grundlagen bilden, auf denen zu einem späteren Zeitpunkt der Sozialismus nach sowjetischem Muster aufgebaut werden konnte. Die "Aufrichtung einer klassenlosen kommunistischen Gesellschaft" blieb, wie aus den zugänglichen Dokumenten klar hervorgeht, in allen Überlegungen der KPD-Führung das strategische Endziel.[145]

Vor diesem Hintergrund sind auch die kurzfristigen Planungen für die unmittelbare Nachkriegszeit zu interpretieren. Diese sahen vor, zunächst ein auf den ersten Blick demokratisches, pluralistisches Parteiensystem zu etablieren, das bewußt den Vorstellungen einer "bürgerlichen Demokratie"[146] entsprach, wie sich Ulbricht ausdrückte. Die beabsichtigte Bündelung all dieser weltanschaulich heterogenen politischen Kräfte in einer 'antifaschistischen Einheitsfront' unter Leitung der KPD entsprach nun aber nicht den westlichen Vorstellungen einer pluralistischen Demokratie, in dem alle Parteien gleichrangig nebeneinander agieren. Vielmehr diente sie - vergleichbar der Intention des NKFD - im wesentlichen dem taktischen Kalkül, einerseits breiteste Bevölkerungsschichten für die Sache

---

[143] "Aktionsprogramm des Blocks für kämpferische Demokratie" vom 18.10.1944, in: Erler, 265-269. Hier: 266.

[144] Vgl. hierzu den wirtschaftschaftspolitischen Teil des 'Aktionsprogramms', in: Erler, 294-298. Vgl. auch die handschriftlichen Notizen Piecks zu einem Referat Anton Ackermanns vom 3.7.1944 über "Die Wirtschaft im neuen Deutschland und unsere Wirtschaftspolitik nach dem Sturze Hitlers", in: Ebda, 209-214. Auch: Handschriftliche Notizen von Wilhelm Florin vom Referat Ackermanns vom 3.7.1944. Darin: "Wir wollen die oberste Spitze der Pyramide des Monopolkapitals vernichten. Das bedeutet, in der Richtung auf die Beseitigung der ökonomischen+politischen Macht und seines Militarismus geht der Kurs. Beseitigung des Faschismus ist nicht allein das Ziel." in: Ebda, 214-216. Zitat: 214.

[145] Zitat aus den stenograhischen Notizen Sepp Schwabs zu einem Referat Ulbrichts zur "Strategie und Taktik der Machtübernahme" vom 24.4.1944, in: Erler: 169. Zur Taktik der Erreichung dieses Endziels Ulbricht in demselben Referat: "In der Periode des Kampfes gegen den Faschismus, den Hitlerkrieg und in der Periode der Aufrichtung einer neuen Demokratie, stellt die Partei die Anstrebung der Verwirklichung ihrer Endziele zurück und sieht in dem Kampf gegen den Hitlerkrieg und der Mitwirkung an der Aufrichtung einer neuen Demokratie, der Vernichtung der deutschen Reaktion, die Schaffung der Voraussetzungen für die Propagierung ihres Endziels." Zitiert nach: Ebda.

[146] So Ulbricht laut Protokoll einer Aussprache im Berliner Stadthaus am 12.6.1945, in: Gruppe Ulbricht, 527. In diesem Sinne sprach auch der aus Moskau zugegangene Aufruf des Zentralkomitees der KPD von 11.6.1945 von der "Aufrichtung eines antifaschistischen, demokratischen Regimes einer parlamentarisch-demokratischen Republik mit allen demokratischen Rechten und Freiheiten des Volkes." Der Aufruf in: Erler, 390-397. Zitiert nach: 394.

des Kommunismus zu mobilisieren und damit die KPD zu einer Massenpartei aufzubauen[147] und andererseits "für die nicht-kommunistischen Parteien die Mitwirkung an der Verwirklichung eines politischen Programms verbindlich zu machen, das von den Kommunisten initiiert wurde."[148]

Die den Nachkriegsplanungen der KPD zugrundeliegende Absicht, durch eine 'antifaschistisch-demokratische' Neuordnung Deutschland "dem Ziel einer sozialistischen Umgestaltung nach sowjetischem Vorbild näherzubringen"[149], war auch die bestimmende Richtlinie für die geplanten pressepolitischen Umerziehungsmaßnahmen in Nachkriegsdeutschland. Die KPD-Führung maß der Presse als Multiplikator bei der zukünftigen politisch-ideologischen Aufklärungsarbeit eine große Bedeutung bei. Sie hatte hierbei die wesentliche Aufgabe, die Ziele der KPD zu verbreiten und zu popularisieren und dadurch gleichzeitig im Sinne der Umgestaltungsmaßnahmen politisch-erzieherisch zu wirken. Diese ausschließlich polit-propagandistische Aufgabe des Pressewesens innerhalb des politischen Umerziehungsprogramms der KPD bzw. der Politabteilungen wurde paradigmatisch anhand der Darstellung der Rolle des *FD* innerhalb des NKFD bereits ausführlich dargestellt.

Die politisch-erzieherische Funktion der Presse entsprach auch dem allgemeinen kommunistischen Verständnis, nach dem die Presse in einem sozialistischen Staat nicht als unabhängige Gewalt agiert. Sie übernimmt vielmehr die Rolle eines "Transmissionsriemen(s)"[150] zwischen dem 'Parteiwillen' und der Bevölkerung, versucht also im Sinne des 'Parteiwillens' auf die Bevölkerung einzuwirken. Gemäß dem Lenin-Wort von der Presse als dem "kollektive(n) Propagandisten, Agitator und Organisator",[151] konnte sie für Kommunisten per se nur parteiisch

---

[147] So hoffte die KPD, durch diese scheinbare demokratische Offenheit besonders unter den Sozialdemokraten zahlreiche Anhänger zu finden. Vgl. hierzu die zahlreichen Quellenbelege bei: Wetting, 156-172. Hier besonders: 166f. Ein weiterer Grund für die taktische Zurückhaltung der Kommunisten bei der Proklamierung ihres Ziels war die bereits Mitte/Ende 1944 deutlich erkennbare Tatsache, daß die Alliierten sich die Macht im besetzten Deutschland teilen mußten und damit zu einer kompromißbereiten Zusammenarbeit angehalten waren. Vgl. hierzu u.a. Erler, 88f.

[148] Zitiert nach: Wetting, 165. Die vorher erläuterte Ambivalenz der kommunistischen Machtstrategie von kurzfristigen Notwendigkeiten und langfristigen Zielen wird in dem genannten Aufsatz von Wetting in allen Facetten beleuchtet.

[149] Zitiert nach: Creuzberger, 12.

[150] Ein von Stalin geprägter Begriff.

[151] So Lenin in einem 1901 erschienen Aufsatz "Womit beginnen ?". Die Presse ist ein Agitator, indem sie im Sinne der marxistisch-leninistischen Weltanschauung (historische Avantgardefunktion der KP; Diktatur des Proletariats verstanden als Alleinherrschaft der KP) die Menschen aufklärt und erzieht. Sie ist ein Propagandist, indem sie diese Überzeugung einer breiten

sein. Die Presse war - wie auch die sonstigen kulturellen und gesellschaftlichen Einrichtungen - in erster Linie Mittel zum politischen Zweck. Damit war zugleich ein Presseverständnis definiert, das in diametralem Widerspruch zu den amerikanischen Vorstellungen eines explizit parteipolitisch unabhängigen Pressewesens stand.

Es überrascht daher nicht, daß das neu zu schaffende Pressewesen innerhalb der politischen Nachkriegsplanungen der KPD keine große *eigenständige* Bedeutung erlangte, sondern nur als ein Teil, wenn auch ein bedeutender, innerhalb der kulturellen und gesellschaftlichen Umerziehungsmaßnahmen im Sinne der 'antifaschistisch-demokratischen Umwälzung' angesehen wurde. Enthielt das 'Aktionsprogramm' vom Oktober 1944 nur vage Formulierungen zur zukünftigen Pressearbeit[152], lagen ab Februar 1945 detaillierte Pläne für den Einsatz der Presse als Propagandainstrument vor. So sprach Heinz Willmann, der spätere Generalsekretär des "Kulturbund(s) zur demokratischen Erneuerung Deutschlands", am 11. Februar in einem Vortrag über "Sofortmaßnahmen auf dem Gebiet der ideologischen Aufklärung" von der Notwendigkeit der Herausgabe einer Zeitung. Bereits fünf Tage später legte Rudolf Herrnstadt den Plan einer demokratischen Tageszeitung vor.[153] Die "Richtlinien für die Arbeit der deutschen Antifaschisten in dem von der Roten Armee besetzten deutschen Gebiet" vom 5. April 1945 informieren detailliert über den Inhalt einer solchen 'antifaschistisch-demokratischen Zeitung'. Sie wurden von Wilhelm Pieck verfaßt und einen Tag später dem früheren Komintern-Chef und damaligen hohen Mitarbeiter der Politabteilungen Dimitroff zur Prüfung vorgelegt. Die inhaltliche Konzeption einer solchen Zeitung entsprach genau dem schon dargelegten politischen Ziel der Schaffung einer 'antifaschistischen Einheitsfront'. So hieß es in den Richtlinien wörtlich:

"Die antifaschistischen Kräfte sollen in der Zeitung zu Wort kommen, um die Einheit der fortschrittlichen Kräfte aus allen werktätigen

---

Öffentlichkeit zugänglich macht. Sie ist ein Organisator, indem sie zur praktischen Verwirklichung dieser Ideen aufruft. Vgl. hierzu: Strunk, Pressekontrolle, 117 (dort auch das Zitat). Zum kommunistischen Presseverständnis ausführlich: aus apolegetischer Sicht: Raue, Journalismus, besonders: 11-32; aus antikommunistischer Perspektive: Ernst Richert, Agitation und Propaganda - Das System der publizistischen Massenführung in der Sowjetzone, Berlin 1958, 77-84.
[152] Im Abschnitt II "Sofortmaßnahmen" unter Punkt 2 hieß es dort nur allgemein: "Säuberung des gesamten Erziehungs- und Bildungswesens (Schulen, Universitäten, Bibliotheken, Theater, Kino, Literatur, Zeitungen usw.) von dem faschistischen imperialistischem Unrat und Ungeist. Pflege eines wahrhaft demokratisch-freiheitlichen und fortschrittlichen Geistes zur Wiederherstellung der Ehre der Nation." Zitiert nach: Laschitzka, 195.
[153] Vgl. Ebda, 166.

Schichten, der Kommunisten, Sozialdemokraten, bürgerlichen Demokraten und Christen auf neuer antifaschistischer Grundlage zu schaffen. Die Zeitung soll die Bevölkerung im Geiste friedlicher Zusammenarbeit und Freundschaft den Völker (sic!), besonders mit der Sowjetunion, erziehen. Durch grundsätzliche Aufsätze ist die allgemeine antifaschistische Umerziehung zu fördern, besonders die Aufklärung über das Wesen des deutschen Imperialismus, des preußischen Militarismus und des Rassismus."[154]

Am Ende dieses Kapitels gilt es also zu konstatieren, daß Tjulpanows vielzitiertes Diktum, wonach die spätere Sowjetische Militäradministration (SMAD) bei der Besetzung Deutschlands "keine ausgearbeitete Theorie der Besatzungsadministration"[155] gehabt habe, keineswegs zutrifft. Vielmehr bewegten sich die dargestellten Nachkriegsplanungen der Exil-KPD, von der sowjetischen Politabteilungen sowohl kontrolliert als auch gefördert, eindeutig in den klassischen sozialistischen Denkkategorien des Marxismus-Leninismus. Die Durchsetzung des sich als sozialistisch verstehenden diktatorischen Staatsmodells der Sowjetunion wurde zunächst hintangestellt und stattdessen ein breites antifaschistisches Bündnis aus Bürgerlichen und Kommunisten im Rahmen der 'antifaschistisch-demokratischen Umwälzung' angestrebt. Wie Tjulpanow freimütig zugestand, machte die sowjetische Besatzungsmacht von Anfang an keinen Hehl aus der Vorstellung, daß hierbei die "Arbeiterklasse", gemäß dem sozialistischen Denkmodell also die KPD, unumstritten die "führende Kraft"[156] sei. Dieses sogenannte 'Volksfrontkonzept' war nur die erste Etappe zum angestrebten kommunistischen Endziel.[157]
Eine neu zu schaffende Presse hatte sich - analog zur Rolle der Presse innerhalb der kommunistischen Theorie - diesem politischen Ziel unterzuordnen und demzufolge in diesem Sinne propagandistisch zu wirken. Hierfür wurden auserwählte Mitarbeiter der Politabteilungen seit 1944 durch spezielle Schulungen auf ihre

---

[154] Zitiert nach: "Richtlinien für die Arbeit der deutschen Antifaschisten in dem von der Roten Armee besetzten deutschen Gebiet" vom 5.4.1945, in: Erler, 380-386. Hier: 381.
[155] Zitiert nach: Sergej Tjulpanow, Die Rolle der SMAD bei der Demokratisierung Deutschlands, in: ZfG 15 (1967), 240-252. Hier: 243.
[156] Zitiert nach: Tjulpanow, Freunde, 105.
[157] Eine radikale Außenseiterposition nimmt hierbei Wilfried Loth ein. Danach sei Stalins ökonomisches Interesse am Ruhrgebiet so groß gewesen, daß er eine parlamentarische Demokratie im westlichen Sinne in der sowjetisch besetzten Zone bewußt in Kauf nehmen wollte. In der Hoffnung, damit das sowjetische Mitspracherecht in Gesamtdeutschland zu gewährleisten. Diese Darstellung erscheint angesichts der dargestellten Fülle an gegensätzlichen Quellen reichlich abwegig. Vor allem die daraus logisch abzuleitende Folgerung, daß Walter Ulbricht gegen den Willen der sowjetischen Staatsführung die Errichtung eines sozialistischen Staats auf deutschem Boden durchgesetzt hätte, ist doch sehr abenteuerlich. Vgl. Wilfried Loth, Stalins ungeliebtes Kind - Warum Moskau die DDR nicht wollte, Berlin 1994.

Propagandatätigkeit im Nachkriegsdeutschland vorbereitet.[158] Ihnen zuarbeiten sollten "die zuverlässigten und fähigsten"[159] Genossen der KPD, die u.a. den Aufbau eines deutschen antifaschistischen Pressewesens zu organisieren hatten. Die sowjetischen Verantwortlichen konnten sich bei dem pressepolitischen Neuaufbau Nachkriegsdeutschlands also - im Gegensatz zu den Amerikanern - auf eine ihr ergebene *homogene* Gruppe Gleichgesinnter stützen. Viele von ihnen waren aufgrund ihrer politischen Vergangenheit in der Weimarer Republik mit den deutschen Verhältnissen bestens vertraut.

---

[158] Vgl. Creuzberger, 22ff.

[159] So "Aufzeichnung des Leiters und des Ersten Stellvertretenden Leiters der Abteilung für internationale Information des ZK der KpdSU (B) G. Dimitrov und A. Panjuskin für V.Molotov und G. Malenkov über die politische Arbeit in Deutschland", in: Bernd Bonwetsch/Gennadij Bordjugov/ Norman M.Naimark (Hg.), Sowjetische Politik in der SBZ 1945-1949 - Dokumente zur Tätigkeit der Propagandaabteilung der SMAD unter Sergej Tjulpanov, Bonn 1997, 3-7. Hier: 5.

Synopsis I

Vergegenwärtigt man sich die wesentlichen Aspekte der bisherigen Ausführungen, wird deutlich, daß die Alliierten trotz einer gleichsinnigen Bestimmung im 'Potsdamer Abkommen'[160] keine 'freie Presse' planten. Vielmehr waren sich die Alliierten einig in der Einschätzung, daß die Deutschen als total besiegter Feind zu behandeln waren und es den Siegern allein oblag, administrative Maßnahmen jeder Art vorzunehmen. Gemeinsames politisches Ziel war es, die Deutschen einerseits konsequent zu entnazifizieren und sie anderseits zu friedlichen Demokraten zu erziehen. So ist das in Deutschland neu zu konstituierende Pressewesen als Teil eines umfassenden alliierten Umerziehungsprogrammes zu verstehen, in dem die Deutschen nur Objekte des alliierten Willens seien konnten. "Die Besiegten hatten auf die Medienpolitik der Alliierten so gut wie keinen Einfluß"[161], wie Norbert Frei lapidar formulierte.

Die Entwicklung der Presse in Nachkriegsdeutschland war im wesentlichen von den jeweiligen Demokratisierungskonzepten der alliierten Besatzungsmächte abhängig. Wie erörtert, divergierten aufgrund der antagonistischen ideologischen Annahmen, die schon die gemeinsame Kriegskoalition gegen Nazideutschland als ein 'widernatürliches' Notbündnis auf Zeit charakterisierten, die inhaltlichen Vorstellungen der Amerikaner und der Sowjets als der beiden wichtigsten Protagonisten der Anti-Hitler-Koalition diametral. So ging es den Amerikanern um die Errichtung des liberal-demokratischen Gesellschaftssystems nach heimischem Muster, während die Sowjets den Kapitalismus als eigentliche Ursache des nationalsozialistischen Terroregimes ansahen und ihrerseits unter Demokratisierung eine langsame Transformation hin zum eigenen sozialistischen Staatsmodell verstanden. Dementsprechend unterschieden sich die geplanten Maßnahmen zur Restrukturierung des deutschen Pressewesens. Stand hierbei bei den amerikanischen Verantwortlichen der Aufbau einer bewußt parteiunabhängigen, pluralistisch organisierten Presse im Vordergrund, galt den sowjetischen Politabteilungen die Presse als ein bewußt parteiisches Mittel zum sozialistischen Zweck.

Diese ideologisch bedingten *strukturell* unterschiedlichen Vorstellungen über den Neuaufbau der deutschen Presse sollen aber über eine entscheidende Gemein-

---

[160] So hieß es in dem Abschlußkommunique zur Potsdamer Konferenz vom 2.8.1945 unter Punkt 10: "Unter Berücksichtigung der Notwendigkeit zur Erhaltung der militärischen Sicherheit wird die Freiheit der Rede, der Presse und der Religion gewährt." Zitiert nach: Benz, 214.
[161] Zitiert nach: Norbert Frei, Medienpolitik der Alliierten nach dem Zweiten Weltkrieg - Die Situation in den Besatzungszonen und in Berlin, in: Studienkreis Rundfunk und Geschichte - Mitteilungen 11.Jg./H.1 (1985), 28-41. Hier: 28. Im weiteren: Frei, Medienpolitik.

samkeit nicht hinwegtäuschen. Da die Zeitung der wichtigste Mittler zwischen Politik und Gesellschaft oder - zugespitzt formuliert - zwischen Herrschern und Beherrschten ist, war die Presse sowohl für die Amerikaner als auch für die Sowjets das wichtigste Medium, um die Deutschen *inhaltlich* demokratisch jeweils in ihrem Sinne umzuerziehen.

Diese rein instrumentelle Funktion der Presse verstärkte sich weiter, als die Alliierten nach dem Krieg in ihren jeweiligen Besatzungszonen, in denen sie nach dem 'Potsdamer Abkommen' fast uneingeschränkte Autorität besaßen, begannen, Demokratisierungsmaßnahmen einzuleiten. Hierbei traten schnell die unterschiedlichen inhaltlichen Vorstellungen zutage. Da aber - wie im 'Potsdamer Abkommen' vereinbart - die Eintracht der Siegermächte offiziell die oberste Maxime allen alliierten Handelns blieb, wurde der ideologische Kampf zunächst in den jeweiligen Presseorganen ausgefochten.

In Berlin setzte dieser kommunikationspolitische Wettbewerb unmittelbar nach Kriegsende ein, da hier die Besatzungsmächte und mit ihr die unterschiedlichen Ideologien in einer Stadt unmittelbar aufeinandertrafen. Dort manifestierten sich zuerst die weltanschaulich bedingten Machtkämpfe zwischen den Amerikanern und den Sowjets, die auch wesentlich in 'ihren' jeweiligen Zeitungen ausgetragen wurden. Die aus alliiertem Eintrachtsgebot und gleichzeitiger ideologischer Aufrüstung resultierende Ambivalenz wurde in Berlin besonders deutlich. Berlin nahm damit eine Entwicklung vorweg, die in Gesamtdeutschland erst viel später zutage trat.

Die konkreten Voraussetzungen der besonderen Entwicklung des Berliner Pressewesens bilden die Vereinbarungen über den Vier-Mächte-Status der Stadt, die im folgenden kurz skizziert werden.

B. Reeducation und Machtpolitik bei der Entstehung der Berliner Presselandschaft

"Die Stadt schürt die Konflikte und ist zugleich der Ort des Einanderkennenlernens der Konfliktparteien." (Bodo Morshäuser, Liebeserklärung an eine häßliche Stadt, Berlin 1998)

I. Die alliierten Planungen für Berlin und die Besetzung Berlins durch die sowjetischen Streitkräfte

Berlin hatte in den alliierten Planungen für die Nachkriegszeit von Anfang an eine besondere Stellung. Ausschlaggebend hierfür waren nicht so sehr seine Größe und seine Geltung als Weltmetropole, vielmehr symbolisierte Berlin für die Alliierten das entscheidende Machtzentrum des nationalsozialistischen Herrschaftssystems. Berlin war der Ort, an dem Hitler in seiner Reichskanzlei in der Wilhelmstraße Entscheidungen über Krieg und Frieden fällte[162], es war der Ort, an dem in 'lichter Zukunft' Germania, das hybride Architekturprojekt von Hitler und Speer, Wirklichkeit werden sollte. Kurz: Berlin war der örtliche Inbegriff nazistischer Verbrechen und Größenwahn. Die Eroberung Berlins hatte damit für alle Alliierten hohen Symbolwert.

So wurde bereits in den schon erwähnten 'Londoner Protokolle(n)' vom 14. November 1944 beschlossen, Berlin gemeinsam zu besetzen und zu regieren. Durch die gemeinsame Verwaltung der deutschen Hauptstadt glaubte man, die gleichen Verdienste aller drei alliierten Streitkräfte für den totalen Sieg über den Nationalsozialismus am besten demonstrieren zu können. Berlin war sozusagen "die Trophäe des Zweiten Weltkrieges"[163]. Eine einheitliche Verwaltung sollte damit auch das Gleichgewicht der Siegermächte festschreiben.

Das erwähnte Protokoll sah die Teilung Berlins in ein amerikanisches, englisches und sowjetisches Besatzungsgebiet vor. Gemäß der gesamtdeutschen Zonenaufteilung sollte der Sowjetunion hierbei der östliche Teil der Stadt zufallen, während den Briten die Kontrolle über den nördlichen Teil, den Amerikanern diejenige über den südlichen Teil der Stadt übertragen wurde. Frankreich bekam nach

---

[162] Neben der Reichskanzlei residierte in der Berliner Wilhelmstraße u.a. auch das Propagandaministerium Goebbels und das Auswärtige Amt Ribbentrops. Wie seit der Gründung des Deutschen Kaiserreichs 1871 stellte die Wilhelmstraße auch während des Nationalsozialismus den "inneren Kreis der Macht" dar. Zitiert nach: Laurenz Demps, Berlin-Wilhelmstrasse - Eine Topographie preußisch-deutscher Macht, Berlin 1994, 211; zu den genauen Örtlichkeiten der Ministerien und Behörden vgl. das Schaubild in: Ebda, 206.

[163] Zitiert nach: Schivelbusch, 21.

54

der endgültigen Einigung auf die Sektorengrenzen vom 30. Juli 1945 Teile des britischen Einflußgebietes zugesprochen. Die gemeinsame und einheitliche Verwaltung sollte die Alliierte Kommandantur, eine aus den verschiedenen, von den jeweiligen Oberbefehlshabern ernannten Stadtkommandanten gebildete Behörde, gewährleisten. Als "kollektiver Oberkommandierender" hatte die Alliierte Kommandantur die oberste Gewalt über die "Gesamtberliner Belange" inne, alle Entscheidungen hatten einstimmig zu erfolgen.[164]

Die Berlin-Regelung der Alliierten war also in ihrer Machtverteilung ein Abbild Gesamtdeutschlands. Da auch der Alliierte Kontrollrat als das höchste gesamtdeutsche Machtorgan der Alliierten ebenfalls seinen Sitz in Berlin hatte, konnte man ohne weiteres von Berlin als der "alliierten Hauptstadt"[165] sprechen.

Die Tatsache, daß die Vereinbarungen über den besonderen Status Berlins so früh - unabhängig vom konkreten Kriegsverlauf - festgelegt wurden, machte den gemeinsamen Willen aller Alliierten deutlich, Berlin als ein Ganzes gemeinsam zu regieren. Dies wurde auch dann nicht in Frage gestellt, als sich die amerikanische Militäradministration aus militärischen Erwägungen entschloß, die unmittelbare Eroberung Berlins den sowjetischen Streitkräften zu überlassen.[166] Diese umstrittene Entscheidung hatte für die politische, kulturelle und gesellschaftliche Entwicklung Berlins - und damit auch für die Entwicklung des Berliner Pressewesens - schwerwiegende Konsequenzen. Die sowjetische Militäradministration erhielt so zwei Monate lang die alleinige Verfügungsgewalt über die Stadt und

---

[164] Zu den alliierten Berlin-Planungen vgl. Udo Wetzlaugk, Die Alliierten in Berlin, Berlin 1988, 21-38. Dort auch die beiden Zitate: 24f. Wetzlaugk schildert hierbei detailliert die verschiedenen, im allgemeinen unbekannten Planungen der genauen Sektoreneinteilung Berlins. Mehrere Versuche der westlichen Alliierten, den mit Abstand größten, sowjetischen Sektor zugunsten der Franzosen zu verkleinern, scheiterten am Veto der sowjetischen Verhandlungspartner. Insgesamt zu diesem Komplex vgl. auch: Jürgen Wetzel, Das OMGUS-Projekt - Die Verfilmung von Akten der US-Militärregierung, in: Hans Reichardt (Hg.), Berlin in Geschichte und Gegenwart, Jahrbuch 1982 des Landesarchiv Berlin, Berlin/Wien 1982, 121-130. Hier: 124; Georg Kotowski u.a., Hauptstadt im Nachkriegsdeutschland und Land Berlin 1945-1948, hg. von der "Arbeitsgruppe Berliner Demokratie" am FB Geschichtswissenschaft der FU Berlin, Berlin 1987, 6ff.

[165] Zitiert nach: Schivelbusch, 45.

[166] Auf der Konferenz von Teheran 1943 war Roosevelt von der politischen Notwendigkeit der amerikanischen Besetzung Berlins noch zutiefst überzeugt. Doch zögerte Roosevelt Ende März 1945, als die amerikanischen Truppen weit in den Osten vorstießen und es ihnen möglich gewesen wäre, Berlin zu erobern. Obwohl Churchill Roosevelt aus Mißtrauen gegenüber den sowjetischen Absichten ("Aus politischen Gründen sollten wir soweit wie möglich in den Osten vorstoßen, und (...) unbedingt Berlin erobern.") zu einem solchen Schritt drängte, überließ Roosevelt die Entscheidung seinem Oberbefehlshaber General Eisenhower. Dieser verzichtete auf eine unmittelbare Eroberung Berlins, weil er sie militärisch nicht für notwendig hielt und er dadurch weitere amerikanische Verluste vermeiden wollte. Vgl. hierzu: Schivelbusch, 22f. Zitat: 23.

konnte wesentliche Fundamente für die Durchsetzung ihrer Vorstellungen gerade auch im publizistischen Bereich legen. Die westlichen Alliierten sollten schließlich erst am 5. Juli 1945 planmäßig in die Stadt einziehen.

Als die amerikanische Militäradministration unter General Eisenhower im März 1945 sich entschied, Berlin allein von der Roten Armee erobern zu lassen, war der Krieg für das nationalsozialistische Deutschland schon lange verloren. Doch obwohl in den westlichen Gebieten Deutschlands bereits die Waffen schwiegen und die amerikanische und britische Armee mit den ersten Reorganisationsmaßnahmen begonnen, blieb Berlin bis zum 30. April 1945, dem Tag des Selbstmords Hitlers, heftig umkämpft. Anfang Februar war die Stadt bereits durch anglo-amerikanische Luftangriffe weitgehend zerstört worden, doch trotz der vielfachen Überlegenheit der immer näher rückenden Roten Armee dachte man im Berliner Führerbunker in keiner Weise an eine Kapitulation. So erklärte Hitler die 'Schlacht um Berlin', die am 16. April mit dem Vorstoß der 1. Belorussischen Front unter dem Oberbefehlshaber Shukow endgültig begann, zur Wende des Krieges.[167] Er ordnete an, daß die Stadt "bis zur letzten Patrone" verteidigt werden müsse.[168] Mit dem Ergebnis, daß der fast zwei Wochen dauernde Kampf um Berlin zu den verlustreichsten des gesamten Zweiten Weltkriegs zählt. Allein in diesem dreizehntägigen Inferno aus blutig-sinnlosen Straßen- und Häuserkämpfen und ununterbrochenen Bombeneinschlägen, die mit enthemmter, lebensmüder Endzeitfröhlichkeit seitens der verzweifelten Deutschen[169] und ge-

---

[167] So sind in der Zeit von Hitler die Worte überliefert: "Berlin bleibt deutsch, Wien wird wieder deutsch, und Europa wird niemals russisch." Zitiert nach: Hermann Glaser, 1945 - Ein Lesebuch, Frankfurt 1995, 67. In Hitlers ideologisch querem Weltbild war ein Sieg der 'russischen Untermenschen' qua definitione nicht denkbar. *Der Panzerbär* als letzte in Berlin noch vertriebene Kampfpostille der Nazis rief bis zum 29. April zum fanatischen Widerstand auf.

[168] So Hitler in dem "Grundsätzlichen Befehl für die Vorbereitungen zur Verteidigung der Reichshauptstadt" vom 9. März 1945. Zitiert nach: Demps, 244. Vgl. auch: Axel Steinhage/ Thomas Flemming, Berlin 1945-1989 - Vom Kriegsende bis zur Wende, Berlin 1995, 8; Reinhard Rürup, Berlin 1945 - Eine Dokumentation, Berlin 1995, 24; Glaser, Ebda.

[169] Die hoffnungslos-verzweifelte Lage der Berliner drückte sich teilweise in einer Art gelebter Endzeitphantasie aus, in einer gierigen Lebenslust, die nicht selten animalische Züge annahm. So ist in einem zeitgenössischen Augenzeugenbericht zu lesen: "Eigentlich sollte man meinen, daß diese ganze Untergangsatmosphäre, die man schon so lange würgend auf Berlin lastet, jede animalische Erotik der Gosse ausgelöscht habe. Dies ist nicht der Fall (...) Triebe toben sich aus. Es ist ein Treiben, wie man es in vergangenen normalen Zeiten nicht gekannt hat. (...) In den großen Luftschutzbunkern, wo Tausende von Menschen zusammenströmen, spürt man bei nächtlichen Alarmen nicht nur Müdigkeit und stumpfe Verzweiflung, sondern auch die zitternden Fäden einer grobsinnlichen Erotik." Zitiert nach: Hans-Dieter Schäfer, Berlin im II. Weltkrieg - Der Untergang der Reichshauptstadt in Augenzeugenberichten, München 1985, 312. Allgemein zum Alltag der Berliner und ihre innere Befindlichkeit während den letzten Kriegswochen: Ebda, 281-329.

walttätiger, berauschter Rachsucht seitens der Sowjets[170] einhergingen, verloren bis zu 200.000 Rotarmisten und ca. 50.000 Deutsche ihr Leben.[171]

Seit dem 25. April war die Stadt von Einheiten der Roten Armee restlos umstellt. Drei Tage später drangen Einheiten in das immer noch heftig umkämpfte Stadtzentrum Berlins vor. Am 30. April schließlich sollte die Rote Fahne über dem Reichstag wehen - als Symbol für den sowjetischen Sieg in der "Höhle des faschistischen Ungeheuers"[172], wie sich ein sowjetischer Kommandeur in seinen Memoiren ausdrückte. Am 2. Mai endeten die Kampfhandlungen in Berlin und am 9. Mai 0.16 Uhr kapitulierte die deutsche Wehrmacht, vertreten durch den Oberfeldmarschall Keitel, im sowjetischen Militärstützpunkt in Berlin-Karlshorst bedingungslos.

Das selbsternannte 'tausendjährige Reich' war spektakulär in einem Feuermeer untergegangen und hinterließ - nicht nur in Berlin - eine materielle und geistige Wüste.

II. Die 'Stunde Null' und die ersten politischen und administrativen Maßnahmen der sowjetischen Besatzungsmacht

Als am 2. Mai in Berlin endlich die Waffen ruhten, existierte Berlin vor allem im historischen Stadtzentrum nur noch als Trümmerfeld. Es gab keinen Strom, kein Gas, keine Elektrizität - kurz: Die gesamte städtische Infrastruktur war zusammengebrochen. Fast jedes Gebäude - im Bezirk Mitte mehr als die Hälfte des Wohnraums - war halb oder völlig zerstört. Die Trümmerberge - die gesamte

---

[170] Zweifellos gehörten die zahlreichen Massenvergewaltigungen deutscher Frauen durch die in jeder Hinsicht berauschten Rotarmisten zu den schrecklichsten Exzessen der letzten Kriegstage. Sie haben sich tief in das kollektive Gedächtnis der Deutschen eingegraben und prägten lange Zeit, vielleicht sogar bis heute, wesentlich das Bild der Russen dieser Zeit. Dem entsprach die völlige Tabuisierung dieser Fakten durch die sowjetische Geschichtsschreibung. Eher unbekannt ist, daß die sowjetische Armeeführung, die sowohl um ihr Ansehen bei den anderen Alliierten besorgt war als auch ihre Propagandaarbeit gegenüber den Deutschen beeinträchtigt sah, von Anfang versuchte, streng gegen diesen Sittenverfall innerhalb der Roten Armee vorzugehen. Allerdings nicht immer mit dem gewünschten Erfolg. Differenzierte Darstellung bei: Erich Kuby, Die Russen in Berlin, München 1986, 295-329. Zu den unsicheren Reaktionen der KPD-Politemigranten: Leonhard, 392ff.

[171] Zu den Zahlenangaben: Vgl. Rürup, 25. Zu den Einzelheiten der 'Schlacht um Berlin' und ihren militärgeschichtlichen Aspekten vgl. u.a. Gerhard Keiderling, Berlin 1945-1986 - Geschichte der Hauptstadt der DDR, Berlin 1987, 7-37; Kuby, 55-198. Eine Quellendokumentation mit einer kommentierten Einführung bietet: Klaus Scheel (Hg.), Die Befreiung Berlins 1945, Berlin 1985. Aus den genannten Büchern auch das Folgende.

[172] Zitiert nach: Kuby, 72.

Schuttmenge wurde bis auf 100 Mio. Kubikmeter geschätzt[173] - gaben der zerstörten Stadt das Bild einer "Mondlandschaft"[174]. Die Memoiren, Tagebücher und Reportagen, in denen die Eindrücke dieser Tage in Berlin beschrieben werden, sind inzwischen Legion.[175] Sie prägen noch heute weitgehend unser Bild von der vielzitierten 'Stunde Null' - einer Metapher, die in ihrer Widersinnigkeit für die surrealistisch-unwirkliche Atmosphäre jener Zeit steht. Danach prägten Hunger, Obdachlosigkeit, Orientierungslosigkeit und das Gefühl des Ausgeliefertseins den Alltag der Menschen. Man sprach von traumatisierten Menschenmassen, die, "psychischen Ruinen" gleich, als "gebrochene, verwirrte, zitternde, hungrige menschliche Wesen ohne Willen, Zweck und Ziel"[176] mehr vegetierten denn lebten. Signifikant für die erste Zeit nach dem Kriegsende war aber gleichzeitig auch das freudige Staunen über das 'Überlebthaben', das Gefühl, noch einmal eine neue Chance erhalten zu haben. Dieses war wohl auch ein wesentlicher Grund für die enorme Aufbauleistung der Berliner in den ersten Wochen.[177]

Inmitten dieser chaotischen Zustände begannen die sowjetischen Besatzungsorgane in Berlin unverzüglich mit den notwendigen Aufräumarbeiten. Bereits am 28. April hatte Generaloberst Bersarin als erster sowjetischer Stadtkommandant "die volle administrative und politische Macht"[178] in Berlin übernommen. Durch sein großes persönliches Engagement, der Hungers- und Wohnungsnot im Sinne der Berliner Herr zu werden und die elementaren Versorgungseinrichtungen wie Strom, Gas und Wasser wieder instandzusetzen, und seine Bewunderung für den Aufbauwillen der Berliner erwarb er sich in der Bevölkerung einen fast legendä-

---

[173] Vgl. Schivelbusch, 11.

[174] Zitiert nach: Brewster S. Chamberlain, Kultur auf Trümmern - Berliner Berichte der amerikanischen Information Control Section Juli-Dezember 1945, Stuttgart 1979, 10.

[175] Neben der bereits genannten Anthologie von Schäfer gibt es zahlreiche romanähnliche Berichte und Tagebücher, die einen subjektiven Eindruck dieser Tage vermitteln. Als Beispiele seien hier zwei genannt: Magaret Boveri, Tage des Überlebens, München 1968. Karla Höcker, Beschreibung eines Jahres. Berliner Notizen 1945, Berlin 1984. Eine kulturphilosophische Zusammenschau der Memoirenliteratur in: Schivelbusch, 34-39.

[176] So der amerikanische Rundfunkkorrespodent William L. Shirer. Zitiert nach: Chamberlain, 9. Der kommunistische Dichter Johannes R. Becher, ebenfalls aus der Moskauer Emigration kommend, sprach von den Berlinern als "gespentischen Gestalten". Zitiert nach: Schivelbusch, 36.

[177] Magaret Boveri schrieb am 13.5: "Es ist erstaunlich, wie schnell alles in Gang kommt. Das Abtragen der Schutthaufen von den Straßen, von den Bürgern selbst besorgt (...); die Versorgungsbetriebe von den Angestellten und Arbeitern in Angriff genommen, die ja bei den Luftangriffen Übung im Reparieren bekamen. In Friedenau gibt es in manchen Straßen schon wieder Wasser und Licht." Zitiert nach: Rürup, 135.

[178] So in dem Befehl Nr.1 des Chefs der Besatzung der Stadt Berlin, Generaloberst Bersarin, vom 28.4.1945, in: Berlin. Quellen und Dokumente 1945-1951, hg. im Auftrage des Senats von Berlin, 1. Halbband, Berlin 1964, 208ff (im weiteren: Berlin-Quellen). Zitat: 208.

ren Ruf.[179] Er starb am 16. Juni 1945 bei einem Motorradunfall in Friedrichsfelde.

Parallel zu diesen Maßnahmen zur Normalisierung des Alltags arbeiteten die sowjetischen Politabteilungen - weitgehend unsichtbar - zielstrebig an dem Aufbau politischer und verwaltungstechnischer Strukturen in der Stadt im Sinne der geplanten 'antifaschistisch-demokratischen Umwälzung'. Zu diesem Zweck trafen bereits am 2. Mai zehn ausgewählte kommunistische Emigranten - darunter Otto Winzer, Hans Mahle, Karl Maron und Fritz Erpenbeck - unter der Leitung von Walter Ulbricht in Berlin ein.[180] Diese sogenannte 'Gruppe Ulbricht' hatte am Tag davor von General Galadshijew, dem Chef der Politischen Hauptverwaltung der Armee Shukows, den Auftrag erhalten, eine neue Berliner Stadtverwaltung einzusetzen und hierbei alle legitimen politischen Kräfte zu berücksichtigen.[181] Die Politemigranten um Ulbricht waren für diese Aufgabe konzeptionell bestens gerüstet.[182] Bereits am 21. Mai nahm der Magistrat in der Städtischen Feuersozietät in der Patrichoalstraße seine Arbeit auf. Gemäß dem politischen Ziel, den Wiederaufbau des öffentlichen Lebens auf breite antifaschistische Grundlage zu stellen, war der erste Magistrat - mit dem parteilosen, christlich orientierten Oberbürgermeister Dr.Werner[183] an der Spitze - weltanschaulich sehr heterogen besetzt. Die Kommunisten waren hierbei numerisch klar in der Minderheit. Die Kommunisten waren zwar im Besitz strategisch wichtiger Schlüsselpositionen - so hatte z.B. mit Otto Winzer ein linientreuer Kommunist das für die ideologische Umerziehung wichtige Amt für Volksbildung und Kultur inne - , aber die faktische Hegemonie der Kommunisten im ersten Nachkriegsmagistrat resultierte

---

[179] Bersarin sprach öfters von 'seinen' Berlinern. Als er im Juni 1945 verunglückte, begleiteten ihn fast 10000 Berliner auf seinem letzten Weg. Vgl. Kuby, 380f.

[180] Neben den im Text Genannten zählten noch Richard Gyptner, Gustav Gundelach, Walter Köppe und Wolfgang Leonhard zur 'Gruppe Ulbricht'. Letzterer sagte sich 1950 vom Kommunismus los und übersiedelte von Jugoslawien aus in die Bundesrepublik. Dort arbeitet er seit 1955 publizistisch. Außer ihm nahmen alle Mitglieder der 'Gruppe Ulbricht' wichtige Führungsposition in der SED bzw. der später gegründeten DDR ein. Eine subjektive Charakterisierung der Mitglieder der 'Gruppe Ulbricht' bei: Leonhard, 380-385.

[181] Vgl. Ebda, 390-395. Vgl. auch die Darstellung von Richard Gyptner in: Berlin-Quellen, 210-213.

[182] "Wir waren bestens vorbereitet, einschließlich der Organisierung der Verwaltungen bis hin zu Fragen der Organisierung des kulturellen Lebens. Wir hatten auch eine Liste von Hitlergegnern, von denen wir annahmen, daß sie sich in Berlin aufhielten. Es waren Namen von kommunistischen und sozialdemokratischen Reichstagabgeordneten sowie anderen Hitlergegnern aus bürgerlichen Lagern." So Ulbricht rückblickend am 12.5.1960. Zitiert nach: Gruppe Ulbricht, 337f; ausführlich zur Etablierung des Magistrats: Ebda, 57-68;

[183] Werner galt als 'überparteilicher Stadtpräsident' von Berlin, der kaum eine eigene politisch-inhaltliche Meinung vertrat. Die eigentliche politische Leitung übernahm sein Stellvertreter, Karl Maron. Vgl.insgesamt: Wetzel, 49f.

in erster Linie aus ihren engen Beziehungen zur sowjetischen Besatzungsmacht.[184] Am 6. Juni konstituierte sich die Sowjetische Militäradministration (im
folgenden: SMAD) in Berlin-Karlshorst. Alle Ressorts des Magistrats unterstan-
den zunächst der völligen Verfügungsgewalt der jeweiligen Behörden der SMAD
und später derjenigen der Alliierten Kommandantur.[185]
Der erste Magistrat war anfangs in erster Linie ein deutsches Ausführungsorgan
für die Befehle und Anordnungen der SMAD[186]. Er hatte aber gleichzeitig ein
bürgerliches, sozialdemokratisches, also formal pluralistisches Gesicht. Der Magistrat sollte damit nach eigenem Bekunden die Einheit aller antifaschistischen
Kräfte ausdrücken[187]. Auf der Verwaltungsebene wurde damit der von der
SMAD und ihren deutschen Genossen beabsichtigte politische Neuaufbau einer
'antifaschistisch-demokratischen' Ordnung erstmals sichtbar.[188]
Wenige Wochen später begann dieser konkrete Konturen anzunehmen. So erlaubte der oberste Chef der SMAD Marshall Shukow bereits am 10. Juni 1945 -
also noch vor der 'Potsdamer Konferenz' - in seinem zweiten Befehl die Bildung
von Parteien, "die sich die endgültige Ausrottung der Überreste des Faschismus
und die Festigung der Grundlagen der Demokratie und der bürgerlichen Freihei-

---

[184] Neben Winzer und Maron hatte Wilhelm Pieck das machtpolitisch wichtige Ressort "Perso-
nal und Verwaltung" inne. Insgesamt stellten die Kommunisten nur ein Drittel der 18 Mitglieder des Magistrats, zu denen so bekannte Personen wie der Chirurg Ferdinand Sauerbruch als
Leiter des Ressorts "Gesundheitswesen" gehörte. Das Finanzressort, das zunächst von dem
Kommunisten Edmund Noortwyck geleitet wurde, fiel nach seinem baldigen Aussscheiden
aber dem Sozialdemokraten Erich Siebert zu. Das von Wolfgang Leonhard überlieferte, in keiner Untersuchung zu diesem Gegenstand fehlende Diktum Ulbrichts - "Es muß demokratisch
aussehen, aber wir müssen alles in der Hand haben" - bezeichnet die Machtverteilung im Magistrat sicher treffend, doch ist diese meiner Einschätzung nach weniger auf die Besetzung der
Schlüsselpositionen des Magistrats durch die Kommunisten als vielmehr auf ihren starken
Rückhalt durch die SMAD zurückzuführen. Zur genauen Besetzung des Magistrats vgl. Berlin
- Kampf um Freiheit und Selbstverwaltung, hg. im Auftrage des Senats von Berlin, Berlin
1961, 58. Im weiteren: Berlin, Kampf. Ulbricht-Zitat nach: Leonhard, 406.
[185] So mußten alle Entscheidungen von grundsätzlicher Natur von der sowjetischen Besatzungsmacht bzw. der Alliierten Kommandatur genehmigt werden. Die alliierten Behörden
konnten jederzeit Mitglieder des Magistrats entlassen oder neu ernennen. Vgl. Die Sitzungsprotokolle des Magistrats der Stadt Berlin 1945/6, hg. von Jürgen Wetzel, bearbeitet und eingeleitet von Dieter Hanauske, Berlin 1995, 60. Im weiteren: Sitzungsprotokolle.
[186] So bezeichnete Oberbürgermeister Dr.Werner in einem Gespräch mit der *Berliner Zeitung*
die Berliner Verwaltungsorgane als "Lehnsträger der Siegerstaaten", die als "Beauftragte und
Helfer der Besatzungsmächte" tätig seien. Zitiert nach: *Berliner Zeitung* vom 9.6.1945.
[187] So war in der feierlichen Eröffnungssitzung des Magistrats am 19.5.1945 über dem Podium
ein Spruchband angebracht, auf dem zu lesen war: "Die antifaschistische Einheitsfront - das
Unterpfand der Neugeburt des deutschen Volkes!". Zitiert nach: Sitzungsprotokolle, 45.
[188] Richard Gyptner sprach 1965 von der Magistratseinführung als einem "leuchtende(n) Signal
für ganz Deutschland". Zitiert nach: Gruppe Ulbricht, 703.

ten in Deutschland und die Entwicklung der Initiative und Selbstbetätigung der breiten Massen der Bevölkerung in dieser Richtung zum Ziel setzen."[189] Über diesen Befehl bereits vorab informiert, wandte sich die KPD bereits einen Tag später mit einem in Moskau vorformulierten Gründungsaufruf an die Bevölkerung.[190] Ihr folgte am 15. Juni die SPD und die CDU am 26. Juni sowie die Liberaldemokratische Partei Deutschlands (LDPD) am 5. Juli 1945. Die Parteien verpflichteten sich eine Woche später in einer "antifaschistisch-demokratischen Einheitsfront" auf der Grundlage des KPD-Aufrufs zusammenzuarbeiten, ohne dabei ihre Eigenständigkeit aufgeben zu müssen.[191]

Der politische Umbau nach dem Muster der Kriegsplanungen der KPD war also in seinen Grundzügen bereits unmittelbar nach der Ankunft der Westalliierten in Berlin vollzogen. Er ging einher mit dem Aufbau eines Pressewesens, das die Menschen im Sinne dieser 'antifaschistisch-demokratischen Umwälzung' umerziehen sollte. Damit sollte versucht werden, sich vor der Ankunft der Westalliierten auch auf dem Gebiet der ideologischen Massenbeeinflussung eine starke Machtposition zu sichern. Die folgende Analyse der sowjetischen Presseorgane geht nun der Frage nach, mit welchen Mitteln diese Ziele erreicht werden sollten und worin sich hierbei die einzelnen Zeitungen unterschieden. Im Mittelpunkt stehen die *Tägliche Rundschau* und die *Berliner Zeitung* als die beiden für Berlin wichtigsten Publikationsorgane.

III. Die Presse als Instrument der machtpolitisch begründeten Umerziehung

1. Der Aufbau einer 'antifaschistischen Presse' unter sowjetischer Kontrolle

Alleinverantwortlich für die ersten Berliner Publikationsorgane waren zunächst die politischen Abteilungen der 1. Belorussischen Front und später die jeweiligen

---

[189] So in dem Befehl Nr.2 des Obersten Chef der Sowjetischen Militäradministration in Deutschland über die Zulassung antifaschistischer Parteien und Organisationen, in: Um ein antifaschistisch-demokratisches Deutschland - Dokumente 1945-1949, Berlin 1968, 54f. Hier: 54.
[190] Vgl. hierzu: Leonhard, 442f.
[191] Die Erklärung der KPD, CDU, LDP und SPD zur Bildung einer 'antifaschistischen Einheitsfront' vom 14.7.1945 ist abgedruckt, in: Berlin-Quellen, 768ff. Der KPD-Aufruf vom 11.6. 1945, der in seinen allgemeinen Forderungen nach Demokratisierung etc. weniger 'sozialistisch' wirkte als der vier Tage später formulierte SPD-Aufruf, endete mit der Forderung nach der Bildung besagter Einheitsfront. Vgl. Ebda, 755-760.

Behörden der SMAD. Die SMAD glich in ihrer Organisationsstruktur einer "komplexe(n), militärischen Großbehörde"[192], die ohne klare Hierarchie in ihrer Gesamtheit durch Kompetenzwirrwarr und funktionale Doppelbesetzung gekennzeichnet war.[193] Die Kontrolle der Presseorgane lag zunächst in den Händen des Politischen Beraters beim Obersten Chefs der SMAD, der - offiziell für alle innen- und außenpolitischen Fragen zuständig - eine wichtige Schlüsselrolle innerhalb der SMAD einnahm.[194] Im August 1945 wurde hierfür die "Verwaltung für Propaganda" ins Leben gerufen. Sie wurde bis 1949 von Sergej Tjulpanow geleitet, einem hochgebildeten, fließend deutsch sprechenden sowjetischen Intellektuellen, dessen "messerscharfe Intelligenz"[195] und starke Affinität zur deutschen Kultur oft betont worden ist.[196] Aufgrund seiner engen Kontakte zur so-

---

[192] Zitiert nach: Jan Foitzik, Sowjetische Militäradministration in Deutschland (SMAD), in: Martin Broszat/Hermann Weber (Hg.), SBZ-Handbuch, München 1993, 9-69. Hier: 9. Im weiteren: Foitzik, Handbuch.

[193] So gab es innerhalb der sowjetischen Staats- und Parteiführung kein zentrales Lenkungsorgan für die Deutschlandpolitik. In unserem Zusammenhang kann auf die Struktur der SMAD im Einzelnen nicht eingegangen werden. Der in Fußnote 192 genannte Aufsatz von Foitzik bietet eine komprimierte Zusammensetzung über die strukturelle Organisation der SMAD. Detaillierte und gründliche Untersuchung über alle Aspekte der SMAD-Organisation mit aktuellem Forschungsbericht und ausführlicher Bibliographie in: Jan Foitzik, Sowjetische Militäradministration (SMAD) 1945-1949 - Struktur und Funktion, Berlin 1999. Besonders: 97-534. Eine vor allem auf den Biographien der handelnden Personen aufbauende Analyse der Struktur der SMAD in: Strunk, Pressekontrolle, 29-91.

[194] Das Amt des "Politischen Beraters", das dem sowjetischen Außenministerium unterstellt war, hatte ab Mitte 1946 Wladimir Semjonow inne, der spätere Botschafter der UdSSR in Deutschland. Seine Vorgänger, Wyschinski und Sobolew, amtierten nur kurzzeitg. Vgl. Strunk, Pressekontrolle, 58f.

[195] Zitiert nach: Creuzberger, 37.

[196] Der 1901 geborene Sergej Tjulpanow war Soldat und Wissenschaftler in einer Person. Er war diplomierter Wirtschaftswissenschaftler und lehrte von 1937-1940 an der Politischen Militärakademie in Moskau Politische Ökonomie. Daß er, wie oft behauptet, im Rahmen seines Studiums ein Jahr in Heidelberg verbracht hätte, gilt in den neueren Darstellungen als eher unwahrscheinlich. Als überzeugter Marxist-Leninist gehörte er bald zur Nomenklatur der KP. Im Zweiten Weltkrieg diente er als Leiter der 7. Abteilung der politischen Abteilungen an zahlreichen Frontabschnitten. Wahrscheinlich im Juni 1945 wurde er in den Stab des Politischen Beraters nach Berlin versetzt. Nach seiner Absetzung 1949 als Chef der Propagandaverwaltung, kehrte er nach Moskau zurück und leitete von 1950-1959 den Lehrstuhl für Politische Ökonomie in Leningrad. Er starb 1984. Zu den biographischen Daten vgl. Creuzberger, 37f; Norman M. Naimark, Die Sowjetische Militäradministration in Deutschland, in: Bonwetsch (Hg.), XXXII (im weiteren: Naimark, in Bonwetsch); Foitzik, 480f.
Die beeindruckende Persönlichkeit Tjulpanows ist in der Literatur stets betont worden. Als nur ein Beispiel von vielen nennt Oschilewski ihn einen "Mann von überragender Bildung und Intelligenz". Zitiert nach: Oschilewski, 226. Tjulpanow selbst hat seine Liebe zu deutscher Kultur, speziell der Literatur, in seinen zahlreichen Erinnerungsberichten erwähnt. So sei er kulturell "nicht nur mit Puschkin, Block und Majakowski, sondern auch mit Heinrich Heine, Gerhard Hauptmann, Lion Feuchtwanger und Friedrich Wolf" aufgewachsen. Zitiert nach:

wjetischen Parteispitze baute er den Tätigkeitsbereich der Propagandaabteilung, die formal dem Politischen Berater und dem politischen Mitglied des Militärrats, Generalleutnant Bokow, untergeordnet war, sehr schnell aus und wurde so "zum eigentlichen Vollstrecker sowjetischer Politik in der SBZ"[197]. Tjulpanow betrachtete es als seine Aufgabe, "auf ideologischem Gebiet das Programm der umfassenden antifaschistischen Demokratisierung zu verwirklichen"[198]. Bis zu 150 Offiziere, die mehrheitlich von den Politabteilungen rekrutiert und aufgrund ihrer zumeist akademischen Bildung auch als 'Kulturoffiziere' bezeichnet wurden, kontrollierten in zahlreichen Unterabteilungen praktisch alle kulturellen und politischen Aktivitäten in der SBZ. Um die genaue Überwachung der Presse zu gewährleisten, wurde neben einer Zensurabteilung auch eine Presseabteilung eingerichtet, die für die Lizenzierung der Zeitungen und die Papierzuteilung zuständig war[199]. Tjulpanows Propagandaverwaltung konnte so Inhalt und Ausstattung der sowjetisch lizenzierten Zeitungen jederzeit in die gewünschte Richtung lenken.

Die Vorgeschichte der ersten Berliner Nachkriegszeitungen reicht bis in die Schlußphase des Zweiten Weltkrieges, als die Rote Armee ihre Propagandatätigkeit noch einmal beträchtlich steigerte. Direkt hinter der Frontlinie verteilten die Politabteilungen Flugblätter und bereits in den letzten Apriltagen die ersten "Nachrichtenblätter für die deutsche Bevölkerung".[200] Wahrscheinlich schon am 1. Mai 1945 - also noch vor der endgültigen Kapitulation der deutschen Wehrmacht - erließ die Politabteilung der 1. Belorussischen Front den Befehl, zwei

---

Sergej Tjulpanow, Zeit des Neubeginns, in: Neue deutsche Literatur 9 (1979), 41-62. Hier: 43. Im weiteren: Tjulpanow, Neubeginn.

[197] Zitiert nach: Naimark, in Bonwetsch, XXXIII.

[198] Zitiert nach: Tjulpanow, Neubeginn, 48.

[199] Die Zensurabteilung wurde von dem Diplomaten Iwan Filippow, die Presseabteilung von Major David Dawidowitsch geleitet. Die anderen zwölf Unterabteilungen umfaßten die Bereiche Kunst, Literatur, Musik, Parteien, Gewerkschaften und Kirchenfragen. Die Kontrolle über fast alle gesellschaftlichen und politischen Bereiche führte zu dauernden Kompetenzstreitigkeiten v.a. mit Semjonow, dem Politischen Berater, der ein ähnliches Aufgabengebiet hatte. Sie verschärften sich bis 1948, der Hochphase des Kalten Krieges, wegen politischer Meinungsverschiedenheiten noch erheblich. Auch aufgrund seiner exzellenten Kontakte zur Moskauer Nomenklatura setzte sich der dogmatische 'Hardliner' Tjulpanow - trotz vieler kritischen Stimmen - bis 1949 im Regelfall durch. Zur Machtfülle Tjulpanows und den innersowjetischen Machtkampf vgl. Naimark, in Bonwetsch, XXXIII-XXXIX. Zu den Abteilungen der Propagandaverwaltung vgl. das Schema in: Strunk, Pressekontrolle, 86.

[200] So schreibt Kuby: "Die Politabteilungen der gegen Berlin vorwärtskriechenden Armeen hatten überall in den Dorfstraßen Lenin- und Stalinbilder aufgehängt, und an allen Ecken und Enden flatterten rote Fahnen." Zitiert nach: Kuby, 243. Zu den Einzelheiten der Propagandatätigkeiten der Roten Armee direkt hinter den Frontlinien und den ersten "Nachrichtenblätter(n)" für die deutsche Bevölkerung". Vgl. Strunk, Zensoren, 36f. Auch: Creuzberger, 24.

'Frontzeitungen' herauszugeben, die spätere *Tägliche Rundschau* und die *Berliner Zeitung*.[201]

1.1. Die *Tägliche Rundschau* als das offizielle Publikationsorgan der SMAD

Trotz der widrigen Bedingungen für die Produktion einer Zeitung, erschien bereits am 15. Mai 1945 die *Tägliche Rundschau* (im weiteren: *TR*) als erste Nachkriegszeitung in Berlin. Sie wurde zunächst kostenlos an die informationshungrigen Berliner verteilt. Diese "Frontzeitung für die deutsche Bevölkerung" - so der erste Untertitel der *TR* - wurde zunächst in einer notbedürftig hergerichteten kleinen Druckerei in der Kreuzberger Urbanstrasse gedruckt, während die Redaktion im Gemeindehaus in der Göhrener Strasse - mitten in dem vom Krieg relativ wenig zerstörten Arbeiterbezirk Prenzlauer Berg - ihr Quartier bezog. Schnell wurde aus der Frontzeitung eine "Tageszeitung für die deutsche Bevölkerung" und am 6. Juni 1945 erklärte die SMAD die *TR* zu ihrem offiziellen Publikationsorgan. Dies blieb die *TR* auch, als 1949 nach Gründung der DDR aus der aufgelösten SMAD die "Sowjetische Kontrollkommission" (SKK) entstand. Erst 1955 wurde die *TR* als Sprachrohr der sowjetischen Besatzungsmacht eingestellt.[202]

Die in der Regel vierseitige *TR* präsentierte sich vom ersten Tag ihres Erscheinens an als das Organ der sowjetischen Militärdienststelle. Sie glich sowohl in ihrer redaktionellen Zusammensetzung als auch in ihrer inhaltlichen Konzeption einer "sowjetischen Zeitung für die deutsche Bevölkerung".[203]

---

[201] Vgl. Strunk, Pressekontrolle, 93; Nach Foitzik soll Oberst Kirsanow allerdings bereits im Dezember 1944 den Befehl erhalten haben, nach der Eroberung Berlins eine Zeitung der sowjetischen Militärverwaltung für die deutsche Bevölkerung zu gründen. Vgl. Foitzik, Handbuch, 13.

[202] Zu den genannten Fakten vgl. Strunk, Pressekontrolle, 92-95. Die *TR* nannte sich bereits in der zweiten Ausgabe im Untertitel: "Tageszeitung des Kommandos der Roten Armee für die deutsche Bevölkerung. Ab 18.5.1945 hieß sie "Tageszeitung für die deutsche Bevölkerung". Später wurde sie vom 27.5.-18.6.45 wieder zu einer 'Frontzeitung'. Diese scheinbar unerheblichen Kleinigkeiten, die mit häufigen äußerlichen Änderungen in Schrift und Bild einhergingen, zeigten die Unsicherheit der sowjetischen Redakteure über ihren Umgang mit den Berlinern. Die Namensgleichheit der *TR* mit einem erfolglosen Berliner Blatt aus der Kaiserzeit, die de Mendelssohn besonders hervorhebt, scheint wohl eher zufällig, wollte doch die SMAD bewußt mit der deutschen Pressetradition brechen. Vgl. hierzu: De Mendelssohn, 508; Strunk, Pressekontrolle, 94.

[203] Zitiert nach: Günter Raue, Die "Tägliche Rundschau" - Geburtshelfer des DDR-Journalismus, in: Beiträge zur Geschichte der Arbeiterbewegung 27 (1985), 174-181. Hier: 181. Im weiteren: Raue, Geburtshelfer.

Die redaktionelle Leitung des Blatts hatten die sowjetischen Kulturoffiziere der späteren Propagandaabteilung Tjulpanows inne. So fungierte unter direkter Aufsicht Tjulpanows bis 1949 der propagandaerprobte Oberst Alexander Kirsanow als Chefredakteur, der Journalist und Schriftsteller Grijori L. Weisspapier war dessen Stellvertreter.[204] Allerdings benutzte die sowjetische Besatzungsmacht die *TR* von Anfang an auch "ganz bewußt als eine neue sozialistische Kaderschmiede"[205]. Nach der Aussage eines ehemaligen sowjetischen Redakteurs war es in der Tat ein wesentliches Ziel der Zeitung, "um uns ein deutsches Aktiv zu bilden"[206], also deutsche antifaschistisch eingestellte Journalisten in die redaktionelle Arbeit einzubinden. Man bediente sich hierbei auch ehemaliger Mitglieder des NKFD, Genossen der Exil-KPD und der sowjetischen Politabteilungen - hier wären v.a. Fritz Sigl, Werner Mußler und Stefan Doernberg[207] zu nennen. Doch stand das Bemühen im Vordergrund, schreibgabte, gänzlich 'neue' Mitarbeiter für die Zeitung zu gewinnen und nach sowjetsozialistischen Prinzipien journalistisch zu schulen. Diese unterschieden sich - nach den Worten des ersten Chefredakteurs Kirsanow - durch "Grundsätzlichkeit, revolutionäre(n) Geist und Treue [gegenüber] den Grundsätzen des proletarischen Internationalismus" wesentlich von "der bürgerlichen Presse"[208].

---

[204] Kirsanow, der angeblich Anfang der dreißiger Jahre ein Jahr in Berlin verbracht hatte, wurde im Juni 1945 Chefredakteur. Sein Vorgänger, Oberst Sokolow, trat kaum in Erscheinung, so daß in einigen zeitgenössischen Darstellungen Tjulpanow als erster Chefredakteur der *TR* genannt wird. Obwohl wahrscheinlich falsch, zeigt dies doch die faktische Machtposition Tjulpanows bei dem Aufbau der *TR*. Vgl. hierzu: De Mendelssohn, 510; Rudolf Reinhardt, Zeitungen und Zeiten, Köln 1988, 33; Oschilewski, 226: eine Charakterisierung und Biographie von Kirsanow und Weisspapier bietet: Strunk, Pressekontrolle, 97-100.

[205] Zitiert nach: Raue, Geburtshelfer, 181.

[206] Zitiert nach: Werner Goldstein, "Tägliche Rundschau" - erste deutsche Nachkriegszeitung, in: Neue deutsche Presse 14 (1970), 13f. Hier: 13.

[207] Werner Mußler und Fritz Sigl arbeiteten als langjährige KPD-Genossen in der Abteilung "Propaganda für die Sowjetunion" mit. Stefan Doernberg, als Leutnant der Roten Armee von den Politabteilungen zur *TR* gewechselt, arbeitete im außenpolitischen Ressort. Vgl. das Schaubild in: Strunk, Presekontrolle, 107.

[208] Zitiert nach: W. Kirsanow, Die ersten Schritte der deutschen demokratischen Presse, in: Neue deutsche Presse 5 (1960), 4-7. Hier: 6. Wie sich diese sozialistische Begrifflichkeit in dem Inhalt der Zeitung niederschlug, wird im weiteren deutlich werden. In der Redaktion selber versuchten die sowjetischen 'Kulturoffiziere' Prinzipien der sowjetischen Presse einzuführen. Beispielsweise die sogenannte 'Letutschka', eine Redaktionsberatung, in der die laufende Ausgabe besprochen und der Plan für die nächste Ausgabe entworfen wurde. Vgl. u.a. Strunk, 108; Kuby, 360. Nach Raue sollen hierbei grundlegende Fragen über die Aufgabe der Presse innerhalb der sozialistischen Revolution besprochen worden sein. Vgl. Raue, Journalismus, 42. Ausführlichst beschrieb der ehemalige Mitarbeiter Grijori Weiß (identisch mit dem stellvertretenden Chefredakteur Weisspapier) die Rolle der 'Letutschka' "bei der Bildung und Festigung des Kollektivs" und schwärmte von der "Atmosphäre des Vertrauens und Wohlwollens", die

Der Anteil deutscher Mitarbeiter vergrößerte sich durch die forcierte Werbung der *TR* in der deutschen Öffentlichkeit[209] kontinuierlich. Standen anfangs 120 sowjetischen Mitarbeitern nur zwölf deutsche gegenüber, waren 1947 bereits 250 deutsche Mitarbeiter bei der *TR* beschäftigt. Trotz ihrer klaren numerischen Unterlegenheit hatten allerdings die sowjetischen Redakteure bis 1955 unzweifelhaft die letztendliche Entscheidungskompetenz über die inhaltlichen Beiträge im Blatt.[210]

Klagten auch die verantwortlichen sowjetischen Redakteure über die Schwierigkeiten bei der innerredaktionellen Schulung[211], so wurde doch für zahlreiche deutsche Mitarbeiter die *TR* zu einem Sprungbrett für eine spätere Karriere in der DDR. Der spätere populäre Rundfunkkommentator in der DDR, Theodor Schulze-Walden, und Hans-Werner Aust, der spätere Chefredakteur der Zeitschrift "Deutsche Außenpolitik"[212], können in diesem Zusammenhang genannt werden .

---

sie in den Beziehungen zwischen Deutschen und Russen bewirkte. Vgl. Grigori Lwowitsch Weiß, Ich war wieder Journalist, in: ...einer neuen Zeit Beginn - Erinnerungen an die Anfänge einer Kulturrevolution, hg. vom Insitut für Marxismus-Leninismus beim ZK der SED und vom Kulturbund der DDR, Berlin/Weimar 1980, 557-564. Zitate: 561f. Nach Leithäuser wurden diese Sitzungen von vielen Teilnehmern als Tortur empfunden, ohne daß wir von ihm einen Gewährsmann erfahren. Vgl. Joachim Leithäuser, Journalisten zwischen zwei Welten - Die Nachkriegszeit der Berliner Presse, Berlin 1960, 16.

[209] So fand am 28.5.1945 auf Initiative der *TR* eine Zusammenkunft Berliner Schriftsteller und Journalisten in den Räumen der Stadtverwaltung von Wilmersdorf statt. Hier warb man für die Mitarbeit in der *TR* und noch kommender 'antifaschistischer' Zeitungen. Vgl. *TR* vom 29.5.1945. Nach Leithäuser wurde bei der Aussprache mit den Schriftstellern betont, daß die neuen Zeitungen "nicht uniform sein sollen". Vgl. Leithäuser, 15. Obwohl die Begeisterung wahrscheinlich nicht ganz so groß war, wie sie Reinhardt beschreibt, ist die Behauptung de Mendelssohns, die Redaktion hätte *nur* aus "in Moskau ausgebildeten Parteigänger" bestehen, für den Anfang keineswegs zutreffend. Vgl. Reinhardt, 35. Zitat: De Mendelssohn, 510.

[210] Zu den Zahlen: Strunk, 106; Raue, Journalismus, 43. Die Zusammenarbeit zwischen Deutschen und Sowjets gestaltete sich in freundlicher Atmosphäre. Doch selbst die loyalsten deutschen Mitarbeiter kamen bis 1950 über Stellvertreterposten einzelner Ressorts nicht hinaus. Vgl. Reinhardt, 35 bzw. Strunk, Zensoren, 51.

[211] So schrieb der ehemalige sowjetische Mitarbeiter Tschubinski: "Betrachten wir den Stab deutscher Mitarbeiter, insbesondere aus den ersten Nachkriegsjahren. Die eine Gruppe bestand aus Menschen, die im Leben wie in der Journalistik reiche Erfahrungen gesammelt hatten. Aber -wozu es verhehlen! gerade sie zeigten sich mitunter politisch unreif und indifferent, sie vermochten das Wesen der sozialen und politischen Veränderungen in der Welt nicht sogleich zu begreifen.". Zitiert nach: Raue, Geburtshelfer, 181. Angesichts der katastrophalen Versorgungslage dürften sehr viele Mitarbeiter auch ganz pragmatisch rein materielle Interessen verfolgt haben. So soll die erste Chefsekretärin auf die Frage, warum sie bei der *TR* mitarbeite, gesagt haben: "Ich bin keine Kommunistin und sie werden aus mir keine machen können. Aber ich habe Hunger." Zitiert nach: Kuby, 363.

[212] Schulze-Walden und Aust waren ab 1933 NSDAP-Mitglieder bzw. standen ihr nah. Eine frühere Mitgliedschaft in der Partei war also kein Ausschlußkriterium für eine Mitarbeit in der *TR*. Diese Tatsache macht deutlich, wie sehr die Umerziehung im sozialistischen Sinne in der

Inhaltlich machten die Verantwortlichen der *TR* von Anfang an keinen Hehl daraus, zuvorderst ein Erziehungsblatt im sowjetischen Sinne zu sein. Im ersten programmatischen Leitartikel hieß es denn auch unverblümt:

> "Die Aufgabe unserer Zeitung besteht darin, dem deutschen Volk die Wahrheit über die Rote Armee und die Sowjetunion nahezubringen, den Deutschen zu helfen, in der gegenwärtigen politischen Lage die richtige Orientierung zu finden, mit den Überbleibseln der Hitlerischen Barbarei aufzuräumen (...)."[213]

Dieses Selbstverständnis der *TR*, in erster Linie Aufklärung über die Sowjetunion in der Berliner Bevölkerung leisten zu wollen, zeigte sich vor allem in den Ausgaben der ersten Monate mehr als deutlich. Rein informelle Nachrichten und offizielle Verlautbarungen wurden auf der ersten Seite abgehandelt. Berichte über sowjetische Städte oder Betriebe und verherrlichende Darstellungen des sowjetischen Gesellschaftssystems nahmen dagegen eine oder teilweise sogar zwei Seiten ein.[214] Auch die rein informative Berichterstattung stellte Nachrichten aus der Sowjetunion auffällig in den Vordergrund.[215] Zu besonderen Anlässen, wie beispielsweise den Moskauer Feierlichkeiten zur Oktoberrevolution, wurde der Umfang einzelner Ausgaben auf bis zu 16 Seiten erhöht. Wichtige Ereignisse nahmen manchmal komplette Ausgaben in Anspruch.[216] Daneben wurde fast täglich in ermüdender Art und Weise die "internationalistische Befreiungsmission" der

---

Redaktionsarbeit im Vordergrund stand. Vgl. Strunk, Pressekontrolle, 103-105. Dort auch weitere, später bekannt gewordene deutsche Mitarbeiter. Vgl. auch den idealisierten, linientreuen Erinnerungsbericht Schulze-Waldens: Werner Schulze-Walden, Die "Tägliche Rundschau" - Deutsch-Sowjetische Freundschaft in Aktion, in: Tag der Befreiung, hg. vom Institut für Gesellschaftswissenschaften beim ZK der SED, Berlin 1960, 94-104.

[213] Zitiert aus dem unsignierten Leitartikel in: *TR* vom 15.5.1945.

[214] Aus den zahlreichen apotheotischen Artikeln über das Sowjetsystem seien hier nur zwei exemplarisch genannt: Volksgesundheit in der SU, in: *TR* vom 18.5.45; Wie geht es dem Arbeiter in der Sowjetunion?, in: *TR* vom 31.5.45. Aus den Berichten über sowjetische Städte und Betriebe können genannt werden: Eine Stadt lebt auf - Reportage über Dnjepropetrowsk; Traktorenwerke der Sowjetunion. Beide in: *TR* vom 24.5.45. Weitere Artikel werden von dem DDR-Journalistikhistoriker Raue in seiner linientreue Analyse der *TR* genannt. Vgl. Raue, Wahrheit, 91-97. Besonders: Anm. 68,69,73,74.

[215] Die Nachricht in der *TR* vom 15.5.1945 auf der ersten Seite, daß die sowjetische Kriegsanleihe von über 25 Mrd. Rubel mit 26.384.885.000 Rubel überzeichnet war, war kennzeichnend für einen Teil der Berichterstattung in der *TR*. Teilweise war eine ganze Seite lokalen Ereignissen in der Sowjetunion gewidmet. Exemplarisch: *TR* vom 25. Mai 1945 (u.a. Eine halbe Million Moskauer bei der Gartenarbeit; Schulprüfungen der Sowjetjugend).

[216] Die *TR* vom 7.11.1945 befasste sich auf 15 von 16 Seiten mit der Oktoberrevolution. Der Inhalt der Ausgabe vom 5.12.1946 wurde von den Feierlichkeiten zum Verfassungstag der UdSSR bestimmt.

Roten Armee beschworen. Deren Sieg "symbolisiert[e] auch den Sieg der Ideologie der sowjetischen Völker", wie man am 2. Juni 1945 in der *TR* lesen konnte.[217] Man vermied später die offensichtlichsten propagandistischen Überzeichnungen der ersten Wochen[218]. Die Popularisierung des sowjetischen Gesellschaftssystems blieb das prägende Element der Zeitung. Dagegen waren originär Berliner Themen deutlich unterrepräsentiert.[219] Dieser fehlende lokale Bezug und der insgesamt aufdringliche, teilweise fast plumpe Propagandastil führten dazu, daß die politische Berichterstattung der *TR* von der großen Mehrheit der Berliner Bevölkerung nie angenommen wurde.[220]

Der Fokus auf sowjetische Themen war aber nur ein Element des in dem zitierten Leitartikel formulierten Zieles, den Deutschen die 'richtige' Orientierung zu geben. Einen mindestens ebenso hohen Stellenwert hatte in den Augen der sowjetischen Verantwortlichen das Bestreben, die Deutschen durch die Wiederentdeckung ihrer eigenen kulturellen Schätze auch geistig zu erneuern. Gerade wie die

---

[217] Zitiert aus: *TR* vom 2.6.1945. Bereits in dem zitierten ersten Leitartikel wurde betont, daß "die Rote Armee (...) als Siegerin, aber nicht als Unterdrückerin" nach Deutschland gekommen sei. Vgl. Anm.213.

[218] Angesichts der sowjetischen Racheakte am Ende des Krieges mußte folgender Ausschnitt aus einem Artikel der *TR* auf die Berliner Frauen beinahe zynisch wirken: "Sie [die Rote Armee, CM] kam nicht, um zu besetzen und auszurauben, sondern sie kam als Befreierin. Sie half und hilft diesen Völkern eine neue und bessere Zukunft zu bauen. Und darum hat sie überall Liebe und Dankbarkeit geerntet." Zitiert nach: Die Rote Armee außerhalb der Grenzen der Sowjetunion, in: *TR* vom 19.5.1945. Sicher auch aufgrund solcher Artikel gestand später die Propagandaabteilung "große Mängel in Inhalt und Aufmachung" in den Anfängen der *TR* ein. Zitiert nach: Gerhard Keiderling, Wir sind eine Staatspartei - Die KPD-Bezirksorganisation Groß-Berlin April 1945-April 1946, Berlin 1997, 336 (Anm.141). Im weiteren: Keiderling, Staatspartei.

[219] Die Berichte über Berliner Befindlichkeiten waren meistens zudem ideolgisch (zu) deutlich eingefärbt: So z.B. Stimmen des arbeitenden Berlin, von Fritz Gäbler, in: *TR* vom 18.5.45; dasselbe gilt für die Serie: Der werktätige Deutsche hat das Wort. Täglich ab: *TR* vom 24.5.45.

[220] Die *TR* druckte erstmals am 1.6.45 zwei Cartoons im Berliner Dialekt. Der hier erstmals erkennbare Versuch, auch die Herzen der Berliner zu erreichen, wirkte im Gesamtrahmen allerdings eher hilflos. So dürfte die Aussage Boveris, obwohl nie des Kommunismus verdächtig, nicht unrepräsentativ für das Ansehen der politischen Berichterstattung der *TR* in der Berliner Bevölkerung gewesen sein. So schreibt sie in ihrer Analyse über die Berliner Zeitungen: " Die erste war die 'Tägliche Rundschau', hg. von der Roten Armee und so schlecht, daß man kein Wort darüber verlieren mag; und seit einigen Wochen groß aufgemacht und mit Nachdruck in allen Teilen der Stadt vertrieben; von Geschäftsleuten der russischen Zone eifrig gelesen, weil man aus den Leitartikeln die Absichten der Russen ahnen könne (...)". Zitiert nach: Magaret Boveri, Berliner Sommer 1945 - Die ersten Zeitungen, in: Neue deutsche Hefte 15 (1968), H.2, 4-14. Hier: 4. Im weiteren: Boveri, Zeitungen. In seinen autobiographischen Erinnerungen läßt Hans Borgelt einen Zeitungsverkäufer über die *TR* folgendes sagen: "Von die Ostblätter bleibt jede Menge übrig. (...) Von der 'Täglichen Rundschau' werden Hunderttausende gedruckt. Aber wenn man die liest, schläft man dabei ein." Zitiert nach: Hans Borgelt, Das war der Frühling von Berlin - Eine Berlin-Chronik, München 1980, 21.

gesamte sowjetische Kulturpolitik in Berlin in ihren Anfängen221, war auch das Feuilleton der *TR* von bemerkenswerter Liberalität, Weltoffenheit und Qualität gekennzeichnet. Gemäß seiner Bedeutung in jener trostlosen Zeit räumte man der Kultur immer mehr Platz in der Zeitung ein. Schicksale und Werke von den Nationalsozialisten verfolgter Schriftsteller und Künstler wurden vorgestellt, die keineswegs alle den Kommunisten nahestanden, Romane und Gedichte veröffentlicht.222 Spektakuläre Aktionen, wie der Besuch der *TR*-Redakteure Dymschmitz und Weiß bei dem greisen Gerhart Hauptmann auf seinem schlesischen Landgut, über den das *TR* in großer Aufmachung berichtete, trugen wesentlich zur Imagepflege nicht nur der *TR*, sondern auch der SMAD bei.223 Das allgemein

---

[221] Nach Schivelbusch lag der sowjetischen Kulturpolitik die Strategie des "opening up instead of restricting" zugrunde. So war die sowjetische Besatzungsmacht in Berlin von Anfang sehr aktiv am Neuaufbau eines kulturellen Lebens in Berlin beteiligt. In seinem ersten Befehl ordnete Bersarin die Errichtung eines Büros für kulturelle Angelegenheiten an. Die zahlreichen administrativen Maßnahmen der sowjetischen Besatzungsmacht und die Einrichtung zahlreicher Kulturzirkel ("Kammer der Kunstschaffenden" unter der Leitung Paul Wegeners, "Kulturbund zur demokratischen Erneuerung Deutschlands" unter der Leitung des früheren Expressionistens und Moskau-Heimkehrers Johannes R. Becher) führten zu einem wahren Boom der Kabaretts, Kinos, Theater und Konzerte. Der 'Kulturbund' als der organisatorische Kristallationspunkt der kulturellen Aufbruchsstimmung war von der KPD von langer Hand als Instrument zur Gewinnung des Bürgertums angelegt worden. Der 'Kulturbund' war aber gerade in der ersten Zeit ohne Zweifel auch organischer Ausdruck der Hoffnung Intellektueller aller Coleur auf einen wirklichen Neuanfang nach der Katastrophe des Nationalsozialismus. Man sollte anmerken, daß es auch die Zeit war, als in Dresden der bildungskonservative Romanistikprofessor Victor Klemperer als Reaktion auf den erlebten Naziterror in der KPD die einzige Möglichkeit zur Überwindung des 'nationalsozialistischen Giftes' sah. Vgl. zu den Einzelheiten der Ausführungen u.a.: Schivelbusch, 63-168 (Zitat: 55); Hermann Glaser/Lutz von Putendorf/Michael Schöneich (Hg.), So viel Anfang war nie - Deutsche Städte 1945-1949, Berlin 1989, 39ff. Allgemein zur Kulturpolitik: Gerd Dietrich, Politik und Kultur in der SBZ 1945-1949, Bern 1993; Michael Jäger, Kultur und Politik in der DDR, München 1995. Zum 'Kulturbund' im besonderen vgl. u.a.: Magdalena Heider, Politik-Kultur-Kulturbund: Zur Gründungs- und Frühgeschichte des Kulturbundes zur demokratischen Erneuerung Deutschlands 1945-1954 in der SBZ/DDR, Köln 1993. Die zeitgenössische östliche Sichtweise in: Karl-Heinz Schulmeister, Auf dem Wege zu einer neuen Kultur, Berlin 1977.

[222] Exemplarisch die Portraits von Erich Mühsam, Kurt Tucholsky, Stefan Zweig und Ernst Toller in der *TR* vom 8.7.45; der Bericht über Thomas Mann in der *TR* vom 25.8.45; aus den zahlreichen Auszügen aus Romanen und Kurzgeschichte sei hier nur der später berühmt gewordene Roman Plieviers "Stalingrad" genannt. Die Feuilletonredaktion der *TR* war anfangs dem hochgebildeten, ausgebildeten Literaturwissenschaftler Alexander Dyschmitz unterstellt, der später die Leitung der Kulturabteilung der SMAD übernehmen sollte. Er konnte Johannes R. Becher und den Schriftsteller Bernhard Kellermann zur Mitarbeit an der *TR* bewegen. Vgl. Alexander Dyschmitz, Ein unvergeßlicher Frühling - Literarische Portraits und Erinnerungen, Berlin 1970. Hier v.a.: 289ff bzw. 316ff.

[223] Reinhardt berichtet ausführlich über den Besuch der *TR*- Redakteure bei Hauptmann, der bis zu seinem Tod am 6.6.1946 auch Ehrenpräsident des 'Kulturbund(s)'war. Vgl. Reinhardt,

hohe Niveau der Kulturberichterstattung ging sicher nicht zuletzt auf die fast legendäre kulturelle Germanophilie der sowjetisch Verantwortlichen[224] zurück. Es erfüllte aber gleichzeitig auch den Zweck, das von den Nationalsozialisten geprägte Bild des 'kulturlosen Barbarenvolks' zu widerlegen und damit auch das traditionell eher antikommunistische Bildungsbürgertum für sich zu gewinnen. Hierfür wurden neben deutschen Geistesgrößen auch zahlreiche bedeutende russische Wissenschaftler und Künstler porträtiert. Ein anspruchsvolles Portrait eines Schriftstellers wurde nicht selten geschickt mit den eigenen propagandistischen Intentionen verbunden.[225] Trotz aller unbestreitbarer Verdienste der Sowjets in bezug auf die kulturelle Wiedererweckung Berlins darf nicht übersehen werden, daß die Kulturberichterstattung der *TR* - ebenso wie die allgemeine sowjetische Kulturarbeit - auch als ein wichtiges Instrument für die gewünschte Umorientierung gesehen wurde, wie auch Tjulpanow konzediierte[226].

55-60. Auch: Strunk, Zensoren, 53; Schivelbusch, 138. Die *TR* vom 11.10.1945 berichtete in großer Aufmachung über ihren Besuch bei Hauptmann.

[224] Der langjährige Mitarbeiter der *TR*, Rudolf Reinhardt, beschrieb anschaulich die Liebe vieler sowjetischer Redakteure zur deutschen Kultur. So habe der ausgebildete Kunsthistoriker und stellvertretende Chefredakteur der *TR*, Gregorij Weiß, durch seine überragenden Heinekenntnisse mehr als nur einmal die deutschen Mitarbeiter beeindruckt. Vgl. den Abschnitt: "Poeten und Publizisten", in: Reinhardt, 71-90. Hier besonders: 73.

[225] Zu den Portraits sowjetischer Geistesgrößen z.B.: Iwan Mitschurin - ein bahnbrechender russischer Gelehrter, in: *TR* vom 7.6.45; Michael Glinka, der berühmte russische Komponist, in: *TR* vom 3.6.45; die im Text genannte Verbindung von Portrait und Ideologie (gedacht als idealtypische Differenzierung) kann exemplarisch kürzest an einem Artikel über Heinrich Heine verdeutlicht werden. So endete ein ausführlicher, kenntnisreicher, 'mit Herzblut geschriebener' Artikel über Leben und Werk des eigenwilligen deutschen Dichters mit dem Satz, daß das "auf den Trümmern von Junkertum, Militarismus und Nazismus" entstehende " neue, freie[s], demokratische[s] Deutschland" - also das antifaschistische Deutschland im sowjetischen Sinne - "demokratische Geister" wie Heine immer ehren wird. Zusammen mit einem anhängenden Artikel über die Rezeption Heines in Rußland, in der die große Bedeutung Heines in der Sowjetunion hervorgehoben wurde, wurde die Assoziation suggeriert, daß Heine auch in heutiger Zeit auf der Seite der Sowjets stehen würde. Vgl. und zitiert nach: Heinrich Heine - wiedergefunden, von Ilse Jung ; Heine und Rußland, von A. Lwow, beide in: *TR* vom 29.6.45.

[226] "Wir maßen der Kulturarbeit als Teil der ideologischen Arbeit deswegen größtmögliche Aufmerksamkeit bei, weil wir davon überzeugt waren, daß mit dem kulturellen Neubeginn ein grundsätzlicher und umfassender gesellschaftlicher Umdenkprozeß auf allen Gebieten und auf allen Ebenen einhergehen mußte. Das ist übrigens der Grund, weshalb der oberste Chef der Sowjetischen Militärverwaltung, Marshall Sokolowski, so oft Angehörige der Intelligenz zu Gesprächen einlud oder selbst Einladungen zu kulturellen Veranstaltungen wahrnahm; uns war klar, daß die Ideologie der Schlüssel war, dem deutschen Volk das Tor in die Zukunft zu öffnen." Zitiert nach: Tulpanow, Neubeginn, 44. Vgl. insgesamt dazu auch: Gerd Dietrich, ... wie eine kleine Oktoberrevolution... - Kulturpolitik 1945-1949, in: Gabriele Clemens (Hg.), Kulturpolitik im besetzten Deutschland 1945-1949, Stuttgart 1994, 219-237. Hier besonders: 224f.

1.2. Die *Berliner Zeitung* als pressepolitisches Pendant der 'antifaschistisch-demokratischen Umwälzung'

Wie bereits erwähnt, befahl die Politabteilung der 1. Belorussischen Front zusammen mit dem Beschluß der Herausgabe der *TR* das Erscheinen einer zweiten antifaschistischen Zeitung.[227] Der spätere Chefredakteur der *TR*, Kirsanow, war zusammen mit fünf sowjetischen Leutnants für den organistorischen Aufbau der Zeitung zuständig. Wahrscheinlich war bereits zu diesem Zeitpunkt klar, daß die spätere *Berliner Zeitung* (im weiteren: *BZ*) ein deutlich anderes Profil als die *TR* haben sollte. Kirsanow übernahm zwar in den ersten Wochen formell die Chefredaktion[228], doch für die "eigentliche Zeitungsarbeit"[229] war von Anfang an Rudolf Herrnstadt zuständig. Zunächst als Mitglied der 'Gruppe Sobbotka' nach Dresden abkommandiert, war Herrnstadt am 6. Mai 1945 nach Berlin gekommen und hatte sich bereits intensiv am Aufbau der *TR* beteiligt, als er von den Sowjets beauftragt wurde, die redaktionelle Verantwortung für eine rein deutsche Zeitung zu übernehmen.[230] Inmitten der Berliner Trümmerlandschaft machte er sich zusammen mit Fritz Erpenbeck auf die Suche nach geeigneten Journalisten. Er fand sie zunächst in Helmut Kindler, einem ehemaligen Mitarbeiter beim Deutschen Verlag und späteren Großverleger, und dem Schriftsteller Gerhard Grindel, der Kindler in den letzten Kriegswochen beherbergte. Zusammen mit dem sowjetischen, aufgeschlossenen Oberleutnant Feldmann und seinen beiden deutschen Mitstreitern bildeten Herrnstadt und Erpenbeck die erste Redaktion und so erblickte planmäßig am 21. Mai die erste Ausgabe der *BZ*, gedruckt auf den Rotationsmaschinen der *TR*, das Licht der Zeitungswelt. Die Redaktion, zunächst notdürftig in einer Feuerwache der Kreuzberger Lindenstrasse untergebracht, bezog im Juli in der Jägerstrasse im sowjetisch besetzten Sektor ihren endgültigen

---

[227] Die KPD-Emigranten um Ulbricht hatten auf die sowjetische Publikationspraxis keinerlei Einfluß. Dies belegt ein Telegramm Ulbrichts an Georgi Dimitoff vom 20.5.1945, in der er eine 'antifaschistisch-demokratische' Zeitung forderte, die den Namen *Deutsche Volkszeitung* tragen und von der Volksbildungsabteilung der Stadtverwaltung herausgegeben werden sollte. Nicht nur der Titel der Zeitung, sondern auch die im weiteren ausgeführten gewünschten Inhalte einer solchen Zeitung unterschieden sich fast völlig von denen der späteren *Berliner Zeitung*. Der Titel sollte später von dem KPD-Parteiorgan übernommen werden. Vgl. Telegramm Walter Ulbricht an Georgi Dimitroff vom 20.Mai 1945, in: Gruppe Ulbricht, 359f.

[228] Vgl. Strunk, Zensoren, 85f. Kiranow kümmerte sich hauptsächlich um die Instandsetzung der Druckerei und die notwendige Papierbeschaffung. Vgl. hierzu: Gerhard Kegel, In den Stürmen unseres Jahrhunderts, Berlin 1985, 490.

[229] Zitiert nach: Kegel, 490.

[230] Vgl. Strunk, Zensur und Zensoren, 86. Zur Mitarbeit Herrnstadts bei der *TR* vgl. Rudolf Herrnstadt, in: Munzinger Archiv, Internationales Biographisches Archiv 47/92; Helmut Kindler, Zum Abschied ein Fest, München 1991, 317.

Sitz.[231] Es war in diesen Momenten wohl keinem der Beteiligten klar, daß damit eine Zeitung begründet wurde, die als einer der wenigen nicht nur die Nachkriegszeit, sondern sogar die historische Zeitenwende von 1989 überstehen sollte. Daß Helmut Kindler und Gerhard Grindel nach sozialistischem Verständnis beide Bürgerliche waren, war mehr als nur ein notwendiges Zugeständnis an die allgemeinen chaotischen Zustände in Berlin.[232] Es war vielmehr bereits integraler Bestandteil der Grundkonzeption, die Herrnstadt und mit ihm der sowjetische Überbau mit der *BZ* verfolgte. Danach sollte die *BZ* als überparteiliche, genuin deutsche Zeitung in der Öffentlichkeit auftreten und dabei bewußt auf die speziellen Bedürfnisse der Berliner Bevölkerung zugeschnitten sein. Um diesen Anspruch auch äußerlich deutlich werden zu lassen, entschlossen sich die sowjetischen Verantwortlichen Anfang Juni die Leitung der Zeitung offiziell in die Hände des Magistrats zu übergeben. Die *BZ* wurde als 'Geschenk der Roten Armee' deklariert.[233] So erklärte Otto Winzer am 17. Juni in seiner Eigenschaft als Leiter des Amtes für Volksbildung des Magistrats die *BZ* zum "offiziellen Publikationsorgan der Stadt Berlin". Damit komme "die Einheit aller antifaschistischen Kräfte", die die Zusammensetzung des Magistrats repräsentiere, auch publizistisch "zum Ausdruck"[234]. Tatsächlich blieb die *BZ* auch als vordergründiges Sprachrohr des Magistrats zunächst unter alleiniger Kontrolle der sowjetischen Besatzungsmacht.[235] Allerdings unterstrich das amtliche Signum den deutschen Charakter

---

[231] Vgl. Leithäuser, 17f; Der erste Monat. Berlin im Mai 1945, aus der Materialsammlung für Geschichte der Stadt Berlin unter der Viermächtebesatzung im Auftrag des Senators für Volksbildung und des Presseverbandes Berlin, hg. von der Forschungsgruppe für Berliner Nachkriegsgeschichte, Berlin o.J., 55f. Bahr hielt Feldmann für elegant und aufgeschlossen, während Kindler den polyglotten Oberst einfach als "äußerst symphatisch" empfand. Vgl. Egon Bahr, Als rasender Reporter im zerstörten Berlin, in: Gustav Rampe, Die Stunde Null - Erinnerungen an Kriegsende und Neuanfang, München 1985, 296; Zitat: Kindler, 318f.
[232] Die katastrophalen Arbeitsbedingungen der *BZ* in den ersten Wochen schilderte Fritz Erpenbeck in einem Artikel der *BZ* in eloquenter Manier. Vgl. Ein Jahr Berliner Zeitung, in: *BZ* vom 21.5.1946. Vgl. auch: Küngelgen, 1945, 272ff.
[233] Vgl. Richert, 91. Dieses 'Geschenk' ließen sich die Sowjets allerdings teuer bezahlen. Nicht nur, daß sie das gesamte, allerdings noch bescheidene Guthaben der *BZ* - rund 227000 RM - und das rudimentär vorhandene Inventar einkassierten, sondern auch, wie ein Gutachten des Magistrats über die wirtschaftliche Bilanz im September 1945 belegt, machten Zahlungen an Oberst Kirsanow fast 1/3 der gesamten Passiva (86262,78 RM) aus. Vgl. LAB (STA), B Rep.101, Nr.1211, Bl.6; Strunk, Pressekontrolle, 152.
[234] Zitiert nach: LAB (STA), B Rep.101/202, Bl.4
[235] Der Magistrat hatte keinerlei Kontrollinstanz für die *BZ*. Ein Brief der Volksbildungsabteilung vom 5.9.1945, der sich in der sehr dünnen Akte des Magistrats über die *BZ* fand, macht den beschränkten Einfluß auf sein angeblich offizielles Publikationsorgan deutlich. In diesem bat ein gewisser Herr Windus die Redaktion, einen beiliegenden Artikel, "an bevorzugter Stelle zu veröffentlichen." Zitiert nach: LAB (STA), Rep.120, Nr.795, Bl.20. Vielmehr mussten alle Artikel, bevor sie in den Druck gehen konnten, dem sowjetischen Zensurbüro vorgelegt wer-

der Zeitung. Damit glaubte die *BZ* in ihrer scheinbaren demokratischen Offenheit mehr Vertrauen und Glaubwürdigkeit, und damit auch emotionalen Zugang zu Bevölkerungsschichten zu gewinnen, die dem Kommunismus gegenüber kritisch eingestellt waren.[236] Da die *BZ* damit dieselben grundsätzlichen Zielsetzungen wie der Magistrat verfolgte, konnte die *BZ* als das pressepolitische Pendant zu der insgesamt von den Kommunisten verfolgten Bündnispolitik angesehen werden.

Rudolf Herrnstadt besaß für diese Anforderungen die besten Voraussetzungen, weil er als ehemaliger Chefredakteur des *FD* - wie dargestellt - vor der prinzipiell gleichen Aufgabe stand, für eine eher nichtkommunistische Leserklientel ein Blatt im kommunistischen Sinne zu redigieren. Die *BZ* sah sich auch bewußt in der Tradition des *FD*.[237] Dies trat besonders deutlich in dem strukturellen Aufbau und an der personellen Kontinuität der Zeitung zutage. So kamen Bernt v. Küngelgen und Günther Kertzscher am 8. Mai direkt von dem NKFD nach Berlin. Sie bildeten zusammen mit Herrnstadt, Gerhard Kegel, einem linientreuen Parteisoldaten, der ab 21. Mai den Posten des stellvertretenden Chefredakteurs innehatte, und Grete Lode-Pieck, der Schwiegertochter des KPD-Vorsitzenden, den "Kern der Redaktion"[238]. Meist auf direktes Betreiben von Herrnstadt arbeiteten unter

---

den. Dies wurde auch in den offiziellen Berichten ehemaliger Mitarbeiter keineswegs bestritten. Vielmehr sahen die meisten kommunistischen Antifaschisten in den Zensoren "keine(n) kühle(n) Kontrolleure(n), sondern Kampfgefährten, die am Entstehen neuer, demokratischer Verhältnisse mit ihrer Hilfsbereitschaft und mit einem Enthusiasmus Anteil nahmen, als ob es um ihre eigene Heimat ginge." Zitiert nach: Küngelgen, 1945, 278. Bis 1948 hatte die *BZ* täglich die Propagandaabteilung der SMAD mit Pflichtexemplaren zu beliefern. Vgl. LAB (STA), Rep.120/ Nr.795, Bl.10.

[236] Bezogen auf die gesamte Berliner Bevölkerung hatte dieses Konzept bemerkenswerten Erfolg. Glaubt man einer amerikanischen Umfrage vom Frühjahr 1946, hielten nur 3% die *BZ* für sowjetisch kontrolliert. Vgl. Hurwitz, Eintracht, 98. Vergleichbare Angaben über die Rezeption der *BZ* bei den Intellektuellen lagen dem Autor nicht vor. Aller Wahrscheinlichkeit nach dürfte sie aber auch dort relativ hoch gewesen sein. Die *BZ* war auch später bei der gesamten Bevölkerung sehr viel länger beliebt als andere SED-Blätter. Sie war sogar teilweise so beliebt, daß ein Abonnement der *BZ* nur in Verbindung mit der Lieferung des offiziösen *Neue(n) Deutschland* möglich war. Vgl. Richert, 115.

[237] Nach Bernt v.Küngelgen wurde das *FD* "zur Quelle der Erfahrungen für das Erscheinen der 'Berliner Zeitung' ". Zitiert nach: Küngelgen, Bündnispolitik, Bl. 4.

[238] Zitiert nach: Ebda, Bl.9. Zur Person Gerhard Kegel: Der gebürtige Oberschlesier und studierte Jurist Kegel arbeitete bis 1935 nebenberuflich als Journalist bei den *Breslauer Neuesten Nachrichten*. Seit 1931 KPD-Mitglied, stellte er sich ab 1934 in den Dienst des sowjetischen Geheimdienstes und trat zu diesem Zweck im selben Jahr in die NSDAP ein. Bevor er 1943 zum Kriegsdienst eingezogen wurde, hatte er teilweise führende Positionen in der deutschen Botschaft in Moskau und dem Außenministerium inne. 1945 trat er zur Roten Armee über und erhielt nach eigener Auskunft am 9. Mai in Moskau die Weisung von Herrnstadt, nach Berlin zu kommen. Selbst "keine Vorstellung, wo [ihn] die Partei einsetzen würde", arbeitete er bis 1949 bei der *BZ*. Der Experte auf dem Gebiet der Außenpolitik machte von nun an eine steile Karriere im politischen System der DDR, die ihn 1973 bis zum Leiter der Ständigen Vertretung

ihnen zahlreiche bürgerliche Journalisten, die, wie Gerhard Kegel später argwöhnte, nur "sehr nebelhafte Vorstellungen über die in der harten Realität vor sich gehenden Klassenkämpfe" hatten[239]. Von Küngelgens Erinnerungsbericht als einzige Quelle über die innerredaktionellen Verhältnisse der ersten Monate der *BZ* nennt hierbei u.a. Hans Ernst, den langjährigen Leiter des wichtigen Berlin-Ressorts der Zeitung, den katholischen Christdemokraten Dr. Joseph Hom und den späteren Chefkommentar des amerikanischen RIAS, Victor Klages.[240] Der damalige Journalist Egon Bahr, später als Westberliner Senatssprecher und außenpolitischer Berater Willy Brandts einer der gewieftesten sozialdemokratischen Gegenspieler der DDR-Führung, arbeitete, angezogen von ihrer deutschen Aufmachung, kurzfristig als Reporter der *BZ*.[241] In der Kulturredaktion unter der Leitung Paul Rillas waren u.a. die beiden späteren Berliner Schriftsteller Hans Borgelt und Georg Holmsten langjährig tätig.[242] Trotz aller beabsichtigten weltanschaulichen Heterogenität handelte es sich bei der *BZ* nach den Worten Herrnstadts um eine "demokratische Zeitung sozialistischen Gepräges"[243]. Neue Mitarbeiter hatten in der Regel einen Schulungskurs zu absolvieren, der sie mit den Grundbegriffen des Sozialismus vertraut machen sollte. Spätere hohe SED-Funktionäre wie Joachim Hermann eigneten sich hier ihr ideologisches Rüstzeug an.[244]

---

am Sitz der UNO in Genf führen sollte. Vgl. hierzu: Gabriele Baumgartner/Dieter Hebig, Biographisches Handbuch der SBZ/DDR 1945-1990, Bd.1, München u.a. 1996, 382; Kegel, 481f. (Zitat: 484). Borgelt nannte Lode-Pieck wegen der engen familiären Bindung zum KPD-Vorsitzenden sogar "den eigentlichen Chef der Zeitung". Zitiert nach: Borgelt, 117. In einem undatierten Vermerk im LAB (STA) wird ein Herr Lenning als Feuilletonleiter genannt. Vgl. LAB (STA), Rep.101, Nr.202, Blatt 44.

[239] Zitiert nach: Kegel, 494.

[240] Bernt v. Küngelgens bereits zitierter Bericht, der sich im SAPMO-BArch befindet, ist ausschnitthaft in dem von der SED 1980 veröffentlichten Sammelband zu den kulturpolitischen Anfängen nach dem Krieg (Anm.13) veröffentlicht worden. In dieser gekürzten Fassung sind Verweise vor allem die Namen der bürgerlichen Mitarbeiter der *BZ* gestrichen worden. Auch Kegel nennt keine Namen. Zu den im Text genannten Mitgliedern vgl. Küngelgen, Bündnispolitik, Bl.9.

[241] Vgl. Bahr, 293-301.

[242] Vgl. Borgelt; Georg Holmsten, Als keiner wußte, ob er überlebt - Zwischen den Sommern 1944/5, Düsseldorf 1995, 171-183. Holmsten befaßte sich in seinen Artikeln hauptsächlich mit den konkreten lokalen Problemen beim Wiederaufbau. Borgelt schrieb in erster Linie Filmkritiken. Vgl. Holmsten, 173f. Paul Rilla stieß im August 1945 zur *BZ* und wurde wegen seiner intellektuellen Fähigkeiten - so Borgelt - bald zu einem Aushängeschild der Zeitung. Vgl. Borgelt, 112.

[243] Zitiert nach: Borgelt, 91.

[244] Der DDR-Historiker Gerhard Becker kann in diesem Zusammenhang auch genannt werden. Vgl. Küngelgen, 1945, 272. Über die von Günter Kertzscher gehaltenen Schulungskurse vgl. Borgelt, 96-101.

Diese Maßnahme und die strengen zensorischen Einschränkungen führten fast notwendigerweise zu zunehmenden Spannungen zwischen der Redaktion und einigen bürgerlich orientierten Mitarbeitern. Bahr, Kindler und Grindel verließen daraufhin bald die *BZ*. Der auf alle Beteiligten äußerst distanziert und arrogant wirkende Herrnstadt, chronisch kränkelnd und von persönlichen Schicksalschlägen heimgesucht[245], war sich des Dilemmas der Unvereinbarkeit der grundsätzlich gewünschten geistigen Freiheit mit der von ihm gleichzeitig geforderten kommunistischen Parteilichkeit wohl selbst immer bewußt, da auch er zumindest teilweise Unverständnis über die sowjetische Zensur zeigte.[246] Das von Kindler bezeugte Abschiedsgespräch zwischen ihm und Herrnstadt, das nach Einschätzung der Persönlichkeit Herrnstadts glaubwürdig erscheint, läßt eine solche innere Zerrissenheit Herrnstadts erkennen. Es soll hier zitiert werden, um dieses Dilemma und das typische fast religiöse Glaubenspathos vieler Linksintellektueller in jener Zeit zu illustrieren:

'Haben Sie unter einer Zensur von mir zu leiden gehabt?' eröffnete er [Herrnstadt -CM] das Abschiedsgespräch spöttisch. 'Nein', erwiderte ich [Kindler -CM], 'aber ich habe erlebt, daß Sie vielfach nicht frei entscheiden können.' Herrnstadt schwieg. Sein Gesicht war undurchdringlich. Schließlich sagte er: 'Erinnern Sie sich an unser Gespräch in Warschau vor Kriegsbeginn? Sie konnten sich mit der Diktatur des Proletariats nicht befreunden. Sie ist unerläßlich als vorübergehende Notmaßnahme. Ziel ist eine freie kommunistische Gesellschaft.' Ich zögerte, sagte dann aber doch: 'Eine freie kommunistische Gesellschaft ist eine Utopie.' Herrnstadt erhob sich: 'Unser Ziel mag eine Utopie sein: Aber was wäre ein Leben ohne Utopie.'[247]

---

[245] Bahrs Urteil über Herrnstadt: "intellektuell brillant und kalt" wiederholt sich in den verschiedenen Darstellungen nur mit anderen Worten. In Moskau schon gesundheitlich angegriffen, war Herrnstadt - aufgrund seiner Arbeitssucht und der widrigen äußeren Umständen - schwer lungenkrank geworden - ein Leiden, das ihn bis Lebensende verfolgte. Außerdem hatte Herrnstadt kurz nach seiner Ankunft in Berlin erfahren müssen, daß alle seine Angehörigen und seine erste Frau Ilse Stöbe von den Nationalsozialisten ermordet worden waren. Herrnstadts daraus resultierende Distanz zu der großen Mehrheit des deutschen Volkes könnte vielleicht einer der Gründe sein, warum er sich nun endgültig 'mit Haut und Haaren' der kommunistischen Bewegung verschrieben hatte. Zitat: Bahr, 298. Zu Herrnstadts Krankheit und dem Tod seiner Familie vgl. Müller-Engberg, 71f; Munzinger-Archiv 47/92.

[246] Nach Kindler empfand Herrnstadt zahlreiche zensorische Eingriffe der Sowjets "wiederholt als unsinnig oder als lachhaft". Zitiert nach: Kindler, 321.

[247] Zitiert nach: Ebda, 321f.

Wie zeigte sich nun in der Zeitung der vorher skizzierte Anspruch, ein partei-isches Blatt im Sinne der Bündnispolitik und gleichzeitig ein explizit Berliner Blatt zu sein?

Bereits die erste vierseitige Ausgabe der *BZ* unterschied sich wesentlich von der *TR*. So wurde auf der ersten Seite die Gründung des ersten Nachkriegsmagistrats durch Bersarin emphatisch mit dem Titel "Berlin lebt auf" verkündet.[248] Die er-sten Monate der *BZ* prägten nicht sowjetische Nachrichten, sondern die großen, aber eben auch kleinen lokalen Probleme und Ereignisse standen im Mittelpunkt der Berichterstattung. Bereits in der ersten Ausgabe konnte man die ersten Berli-ner Gewerbeanzeigen lesen, ebenso wurde eine tägliche "Berlin-Chronik" und ein regelmäßiger regionaler Sportteil eingeführt.[249] Mit Abdruck vieler, auch kriti-scher Leserbriefe, der Einführung der Rubrik "Sie fragen - Wir antworten" und zahlreicher erklärender Artikel von Angehörigen des Magistrats über ihre Politik versuchte man, den Kontakt mit der Bevölkerung zu vertiefen.[250] Satirische Car-toons mit 'Berliner Schnauze' und abgedruckte Fotos aus dem Berliner Alltag, die in der Regel völlig unpolitisch waren, signalisierten Volksverbundenheit.[251] Be-sonders das Letztgenannte bewirkte, daß die *BZ* wesentlich "frischer, lockerer und vertrauter"[252] auf die Berliner wirkte als die *TR*.

---

[248] Unter der besagten Rede druckte die *BZ* außerdem einen Kommentar, mit dem Schiller-Zitat "Neues Leben blüht aus den Ruinen" als Titel, ab, in dem der völlige Neubeginn pathetisch beschworen wurde. Vgl. dazu: *BZ* vom 21.5.1945.

[249] Am 13.8.1945 nahmen die Anzeigen, neben Arbeitsangebote und -gesuche auch Theater- und Kinowerbung, bereits fast die gesamte letzte Seite der *BZ* ein. Die "Berliner-Chronik" meldete in erster Linie die kleinen, alltäglichen Geschehnisse ohne große politische Bedeutung. Exemplarisch: Unser Berliner Zoo eröffnet, in: *BZ* vom 4.7.1945; Unter der flapsig formulier-ten Überschrift "Hiiiinein !" berichtete die *BZ* am 23.5. über die ersten Fußballspiele im wie-deraufgebauten Sportstadion Lichtenberg.

[250] Die am 24.5.1945 eingeführte Rubrik "Sie fragen - Wir antworten" beantwortete sowohl alltägliche als auch konkret politische Fragen. Nicht nur Fragen nach der Örtlichkeit des Stan-desamtes, sondern auch besorgte Anfragen, ob jetzt das gesamte private Eigentum von den Sowjets enteignet werde, wurden gedruckt und, wenn auch im letztgenannten Fall apologe-tisch, beantwortet. Vgl. *BZ* vom 24.5.45 bzw. 3.6.45. Aus den zahlreichen Artikeln von Magi-stratsmitgliedern vgl. exemplarisch: An die Arbeit, Berliner!, von Karl Maron, in: *BZ* vom 22.5.45.

[251] So konnte man am 25.5 in der *BZ* ein Foto freudig lächelnder Berliner Wurstverkäuferinnen bewundern. Ein Foto eines Berliner Zeitungsverkäufers mit dem Zitat: " -wie ick vakoofen könnte, jibt s ja janich...!" schmückt die Ausgabe vom 30.5. Ab 4.6.45 wurden regelmäßig Cartoons von Host von Moellendorff unter dem Titel "Berlin ohne Worte" abgedruckt.

[252] Zitiert nach: De Mendelssohn, 512.

Wie in der *TR* kamen in der *BZ* auch viele renommierte Schriftsteller zu Wort, die erheblich zur Qualität des Kulturteiles beitrugen. Damit sollte das Ansehen der *BZ* besonders bei "gehobenen Leserschichten"[253] erhöht werden.

In den allgemein-politischen Artikeln, insbesondere im Leitartikel, war, wenn man die ersten Ausgaben der *BZ* untersucht, die kommunistische Urheberschaft der Zeitung zwar unschwer zu erkennen[254], den Begriff "Sozialismus" suchte man allerdings vergeblich. Man sprach lieber blumig und möglichst unpräzise vom Ziel "einer Zukunft in Frieden, Menschlichkeit, Liebe, Vertrauen und Achtung, in gemeinsamer fruchtbarer Arbeit und freier würdiger Gemeinschaft", wie in einem Artikel vom 27. November 1945 in der *BZ* zu lesen war, um damit, wie von Küngelgen formulierte, "Allgemeinverständlichkeit zu sichern."[255] Die Artikel, die über sozialistisches Gedankengut aufklären sollten, waren nie zu einseitig und wurden gerade von bürgerlichen Mitarbeitern geschrieben.[256]

Eine zu direkte politische Agitation wurde zunächst also absichtsvoll vermieden. Dies änderte sich erst durch die Konkurrenz der westalliierten Presse.

2. Die Presselandschaft Berlins am Ende der sowjetischen Monopolstellung

Es zeigt sich, daß die sowjetische Besatzungsmacht bei ihrem Ziel, sich gegenüber den Westalliierten auf dem Gebiet der Massenkommunikationsmittel[257] eine gute Ausgangsposition zu schaffen, eine Art Doppelstrategie verfolgte. So gab sich die *TR* bei aller kultureller Liberalität offen als Erziehungsblatt im sowjetischen Sinne. Entsprechend der dargestellten Kriegsplanung sollte die von bewährten Parteigenossen geleitete *BZ* dagegen die anfänglich scheinliberale politische Linie publizistisch unterstützen.

---

[253] Zitiert nach: Küngelgen, 1945, 282. Als Beispiele seien genannt: Heinrich Heine, von Heinrich Mann; Ein Wort an die geistig Schaffenden Deutschlands, von Theodor Plievier. Vgl. *BZ* vom 28.8. bzw. 26.8.45.

[254] Natürlich fehlten auch in der *BZ* nicht freundliche Artikel über den Ruhm der Roten Armee. Exemplarisch: Uns rettete die rote Armee, von Olga Handkusch, in: *BZ* vom 18.5.45.

[255] Beide Zitate bei: Küngelgen, Bündnispolitik, Bl. 28 bzw.27.

[256] So würdigte der Christdemokrat Joseph Hom in einem Artikel der *BZ* vom 6.8.1945 unter dem Titel: "Wie ich Friedrich Engels sehe" das Werk Lenins in einer eher sachlichen, nicht unkritischen und damit glaubwürdigen Art und Weise.

[257] Es soll damit nur kurz angedeutet werden, daß natürlich neben der untersuchten Presseentwicklung der Rundfunk eine ebenso wichtige Rolle in den kommunistischen Planungen zur Massenbeeinflußung spielte. So nahm der "Berliner Rundfunk" bereits am 13.5 unter der Leitung von Hans Mahle, einem Mitglied der 'Gruppe Ulbricht', den Sendebetrieb wieder auf. Vgl. u.a. Strunk, Zensoren, 137ff.

Als am 5. Juni offiziell der Vier-Mächte-Status Berlins bekanntgemacht, der Einzug der westalliierten Truppen schließlich auf Anfang Juli festgesetzt wurde[258] und damit ein Ende des sowjetischen Machtmonopols in Berlin absehbar war, verschärfte sich das Tempo im "Wettlauf mit dem Westen"[259]. Die SMAD versuchte in der verbliebenen Zeit noch hastig ihren Pressevorsprung auszubauen. Denn gleichzeitig mit der bereits erwähnten Zulassung von politischen Parteien vom 10. Juni 1945 erlaubte die SMAD die Herausgabe von entsprechenden Parteiorganen.[260] Kaum überraschend erschien daher als erste Parteizeitung nur drei Tage später die kommunistische *Deutsche Volkszeitung* unter der Leitung von Paul Wandel.[261] Das von Otto Meier redigierte SPD-Blatt *Das Volk* konnte erstmals am 7. Juli gelesen werden, während die bürgerlichen Blätter - das CDU-Blatt *Neue Zeit* und das LDPD-Blatt *Der Morgen* - erst ab 22. Juli bzw. 3. August am Zeitungskiosk zu kaufen waren.[262] Die Lizenzierung auch einer potentiell 'feindlichen' bürgerlichen Parteipresse lag nicht nur im Wesen des dargestellten sowjetischen Presseverständnisses, sondern auch im konkreten Machtinteresse der SMAD. Die Zeitungen waren für sie vor allem ein ideales Mittel, bürgerliche Leserschichten zu kontrollieren und zu beeinflussen.[263] Da die Westalliierten ge-

---

[258] Im Rahmen der sogenannten 'Berliner Erklärungen' vom 5.6, in denen die Alliierten auch formal die Übernahme der alleinigen Regierungsgewalt in Deutschland erklärten, wurde der besondere Vier-Mächte-Status Berlins offiziell verkündet. Vgl. Feststellung der Alliierten über das Kontrollverfahren in Deutschland, in: Berlin-Quellen, 67-69. Hier: 69. Die Ankunft der Westalliierten in Berlin und deren gleichzeitiger Abzug aus den von ihnen besetzten Gebieten Nordostdeutschlands wurde von der SMAD hinausgezögert. Erst am 29. Juni - die ersten Einheiten der Amerikaner und Briten standen schon seit sechs Tagen in Babelsberg - einigte man sich für den Einzug auf den Zeitraum zwischen 1. und 4.7. Angesichts der vielfachen Behinderung durch die Sowjets sprach ein Kommandeur des amerikanischen Vorhutkommandos von der "undoubtedly history's most unimpressive entry into the capital of a defeated nation by a conquering power". Zitiert nach: Hurwitz, Einheit, 24; zu den Einzelheiten vgl. Jürgen Wetzel, Office of Military Government for Berlin Sector, in: Christoph Weisz (Hg.), OMGUS-Handbuch - Die amerikanische Militärregierung in Deutschland 1945-1949, München 1994, 673- 738: Hier. 674-680. Im weiteren: Wetzel, OMGUS.

[259] Zitiert nach: De Mendelssohn, 516.

[260] Im besagten Befehl wurde das Recht auf Herausgabe der Zeitungen nicht ausdrücklich erwähnt, implizierte es aber nach kommunistischer Logik. Zum direkten Zusammenhang zwischen der Parteienzulassung und der Presselizenzvergabe: Vgl. Raue, Journalismus, 35.

[261] Die Parteizeitung war seit längerem geplant. Die Mitarbeiter, zu denen auch Fritz Erpenbeck gehörte, wurden bereits am 4.6.1945 auf einer Besprechung in Moskau in Anwesenheit Stalins ausgewählt. Vgl. Beratung am 4.6.1945 um 6 Uhr bei Stalin, Molotow, Shdanow, in: Rolf Badstübner/Wilfried Loth (Hg.), Wilhelm Pieck - Aufzeichnungen zur Deutschlandpolitik 1945-1953, Berlin 1994, 50-53. Hier: 51.

[262] Die *Neue Zeit* leitete der bekannte Berliner Zeitungswissenschaftler Emil Dovifat, *Der Morgen* der LDPD-Vorsitzende Wilhelm Külz. Zu den Einzelheiten der CDU- und LDPD-Parteipresse vgl. Strunk, Zensoren, 75-85.

[263] Näheres im Kapitel C I.

mäß des offiziellen Eintrachtsgebots in dem ersten von der Alliierten Kommandatur gemeinsam formulierten Befehl vom 11. Juli zusicherten, daß alle bisherige Verordnungen und Befehle ihre Gültigkeit behalten sollten[264], konnten es sich die Kontrollabteilungen der SMAD auch erlauben, den Erscheinungstermin der bürgerlichen Zeitungen hinauszuzögern, solange es möglich war.

Innerhalb ihrer dreimonatigen Alleinherrschaft in Berlin hatte die SMAD also nicht nur entscheidende, irreversible Weichenstellungen im politischen Bereich vorgenommen, sondern sich auch im publizistischen Bereich eine breite kommunistische Meinungsführerschaft gesichert. Im August lag die Gesamtauflage der sechs sowjetisch lizenzierten Zeitungen bereits bei fast 1 Million Exemplare - allein die *TR* vertrieb 400.000 Exemplare [265]. Eine strenge Vorzensur aller sechs Zeitungen durch die SMAD[266] sorgte dafür, daß trotz ihres jeweils individuellen Zuschnitts auf verschiedene gesellschaftliche Zielgruppen die gewünschte sozialistische Stoßrichtung bewahrt wurde.

Es lag auf der Hand, daß diese für die Amerikaner höchst ungünstige Ausgangslage wesentlich deren Pressepolitik bestimmte.

---

[264] Vgl. Befehl Nr.1 der Interalliierten Militärkommandatur der Stadt Berlin vom 11. Juli 1945, in: Berlin-Quellen, 132.

[265] Die Auflage der *BZ* und der *Deutschen Volkszeitung* betrug 150.000, während den drei anderen Parteiorganen jeweils 100.000 Exemplare bewilligt wurden. Zu den Zahlenangaben vgl. Strunk, Presssekontrolle, 159. Die von Schivelbusch genannte Gesamtauflagenhöhe von 400.000 scheint - auch wenn in seiner Berechnung die später lizenzierten bürgerlichen Parteiblätter nicht einbezogen sind - doch zu niedrig angelegt zu sein. Vgl. Schivelbusch, 243. Bei der Frage der Auflagenzahlen muß allerdings immer bedacht werden, daß Papier in jener Zeit ein rares und kostbares Gut darstellte und daher aus der Tatsache, daß die meisten Zeitungen schnell vergriffen waren, nicht automatisch auf die Popularität und damit auf ihren Wert als Propagandainstrument geschlossen werden darf.

[266] Ein Bericht der sowjetischen Propagandaabteilung vom 31.10.45 beschreibt ausführlich die strenge, überbürokratisierte Zensurpraxis. So heißt es dort u.a.: "Mit den Druckereibetrieben gibt es eine strenge Vereinbarung darüber, daß keine einzige Notiz in einer Zeitung veröffentlicht werden darf, wenn auf ihr der Stempel der Zensur und der Sichtvermerk des Zensors fehlt. Deshalb bringen alle Redaktionen von Zeitungen und Zeitschriften, bevor die Zeitung und Zeitschrift zum Druck gegeben wird, alle Materialien der bevorstehenden Nummer in Druckspalten zur Zensur. (...) Nach der Durchsicht des Materials wird es vom Zensor mit dem Sichtvermerk versehen und dem Zensurleiter übergeben, der mit ihm gemeinsam alle Zweifelsfälle entscheidet und die Herausgabe dieses oder jenes Artikels (...) sanktioniert. Danach gibt der Zensurleiter die Materialien zum Druck frei, nachdem er sie mit einem Stempel und seiner Unterschrift versehen hat. Auf jede Ausgabe setzt die Zensur seine Zensurnummer." Zitiert nach: Bericht über die Arbeit des Sektors für Propaganda und Zensur der Politischen Abteilung der SMAD vom 15. Juli bis 15. Oktober 1945, in: Bonwetsch (Hg.), 14-19. Hier: 17.

3. Die amerikanischen Pressemaßnahmen als Schaffung eines ideologischen Gegengewichtes

3.1. Grundlegende Entscheidungen der amerikanischen Informationskontrollabteilung

Unmittelbar nach ihrer Ankunft in Berlin richteten Amerikaner, Engländer und Franzosen in den ihnen vertraglich zugewiesenen Sektoren im westlichen Teil Berlins - ähnlich wie die Sowjets- eine eigene Abteilung innerhalb ihrer Militäradministration ein, deren Aufgabe es war, den Aufbau eines deutschen Informationssystems zu organisieren und dessen demokratische Orientierung zu kontrollieren. In diesem Sinne nahm die amerikanische Informationskontrollabteilung, die "Information Service Control Section" (im weiteren: Berliner Informationskontrolle), bereits am 6. Juli in ihrem Zehlendorfer Quartier in der Milinowskistrasse unter der Leitung von Oberstleutnant Leonhard ihre Arbeit auf. Sie unterlag hierbei den Direktiven der "Information Control Division" (im weiteren: Amerikanische Informationskontrolle), der zentralen Lenkungsbehörde für die amerikanisch besetzten Gebiete mit Sitz in Bad Homburg, die von dem ehemaligen Chef der aufgelösten PWD, General McClure, geführt wurde.[267] Peter de Mendelssohn war in den ersten Monaten der amerikanischen Besetzung Berlins als Presseoffizier innerhalb der Berliner Informationskontrolle zuständig für die Herausgabe einer Zeitung im amerikanischen Sektor. Der 33-jährige gebürtige Münchner mit englischer Staatsbürgerschaft besaß als früherer langjähriger Publizist in Berlin für diese Aufgabe die besten Voraussetzungen. Er kann als eigentlicher Gründungsvater des späteren *Tagesspiegel*, der ersten deutschen Lizenzzeitung unter amerikanischer Regie, gelten.[268]

---

[267] Vgl. zu den genauen Organisationsstrukturen und Verantwortlichkeiten: Chamberlain, 12f. Erst im Dezember unterlag die Berliner Informationskontrolle völlig den Anordnungen der amerikanischen Militäradministration (OMGUS). Zu dem genauen detaillierten Aufbau der amerikanischen Militärregierung in Berlin (OMGBS) : Wetzel, OMGUS, 699-738.

[268] Peter de Mendelssohn kam bereits 1926 als 18-jähriger Volontär in die Redaktion des liberalen *Berliner Tageblatt*, wo er bis 1933 an verschiedenen Stellen arbeitete. Er veröffentlichte zur dieser Zeit auch Romane (Fertig mit Berlin, 1930, u.a.). Nach der nationalsozialistischen Machtübernahme begann für ihn eine Odyssee durch Europa, die ihn über Paris und Wien schließlich nach London führte. Nach zahlreichen Tätigkeiten bei Zeitungen und Presseagenturen wurde er bei Kriegsbeginn Mitarbeiter des britischen MOI und 1941 britischer Staatsbürger. Ab 1944 in der PWD tätig, erlebte er das Kriegsende in seiner Heimatstadt München. Obwohl er im Herbst 1945 von seinem Sonderauftrag, der ihn am 7.Juli nach Berlin führte, entbunden wurde, blieb er journalistisch Berlin verbunden. 1946-1948 Herausgeber der Berliner Ausgabe der britisch lizenzierten *Die Welt*, setzte er in seinem 1959 erschienen Buch der "Zeitungsstadt Berlin" ein Denkmal. "Keinem anderen Ort war je zuvor ein ähnlich üppiges

Analog zu der nun gemeinsamen Verantwortung aller Alliierten für die ehemalige deutsche Reichshauptstadt war vor dem Eintreffen der Westalliierten in Berlin noch von der PWD beschlossen worden, zusammen mit den Sowjets eine gemeinsame, gleichberechtigte Kontrolle der Informationsmedien anzustreben, um damit einheitliches Handeln gegenüber der Berliner Bevölkerung zu demonstrieren und so eine offensichtliche Konkurrenzsituation zu vermeiden.[269] Am 3. August kamen dann auch die amerikanischen, britischen und die sowjetischen Vertreter der jeweiligen Informationskontrollabteilungen zusammen, um über eine gemeinsame Zeitung als Stimme der Alliierten Kommandantur zu beraten. Da die Sowjets sich weigerten, wie von den Amerikanern gefordert, auf den Vertrieb der *TR* in Berlin zu verzichten und auch die *BZ* unter gemeinsame alliierte Kontrolle zu stellen, scheiterte dieser Plan allerdings schnell.[270] Nicht nur von den Sowjets, die damit vor allem westlich orientierte Zeitungen verhindern wollten, sondern auch von den Amerikanern sind diese Überlegungen wohl nie ernsthaft, sondern rein aus taktischen Erwägungen verfolgt worden. Denn bereits kurze Zeit nach der Konstituierung der Berliner Informationskontrolle begannen die Vorbereitungen zur Herausgabe bewußt westlich orientierter Zeitungen, um gegenüber den von den Sowjets kontrollierten Informationsorganen schnell ein ideologisches Gegengewicht zu schaffen.

So unternahm de Mendelssohn unmittelbar nach seiner Ankunft in Berlin am 7. Juli eine Informationsfahrt durch das zerstörte Berlin "zwecks direkter Erkundung, Bestandsaufnahme und Lagebericht"[271]. Zielstrebig ließ er sich das trotz schwerer Zerstörungen einzige noch reparable Druckhaus in Tempelhof zeigen, das vor dem Krieg dem traditionsreichen Berliner *Ullsteinverlag* gehört hatte und nun als ehemalige Druckerei des nationalsozialistischen *Deutschen Verlag[s]* von Ernst Strunk in amerikanischem Auftrag treuhänderisch verwaltet wurde. Kurz vor der Ankunft der Westalliierten hatten die sowjetischen Behörden noch möglichst viele Druckerpressen, Druckpapier oder Rotationsmaschinen - also wichtige materielle Voraussetzungen für die Herstellung einer Zeitung - abmontieren lassen und in den sowjetischen Sektor geschafft. Zusammen mit noch brauchba-

---

Gemälde seiner Pressegeschichte geschenkt worden." 1982 verstarb er in München. Zu den biographischen Daten vgl. International Biographical Dictionary of Central European Emigrees 1933-1945, Volume II, The Arts, Sciences, and Literature, Part 2: L-Z, München u.a.1983, 802f; Mendelssohn, 9f.; Zitat in: Eine kapitale Ente, von Holger Büning, in: *DIE ZEIT* vom 11.3.1999.

[269] Vgl. Hurwitz, Eintracht, 84.

[270] Vgl. Ebda, 87f. Allerdings waren auch die Amerikaner nicht bereit, zugunsten einer interalliierte Zeitung auf eigene Publikationsorgane zu verzichten. Vgl. Jans, 48.

[271] Zitiert nach: De Mendelssohn, 527.

ren Rudimenten von Maschinen und Papierreserven, die noch vereinzelt in anderen, im amerikanischen Verantwortungsbereich liegenden Druckereien lagerten, war man trotzdem technisch in der Lage, auch kurzfristig eine Zeitung drucken zu können.[272] Diese Eile schien de Mendelssohn umso wichtiger, als er zuvor bereits die Redaktionen der meisten bislang erschienenen Zeitungen und das "Sowjetische Nachrichtenbüro" besucht hatte, und sich so einen Überblick über die bislang verfolgte sowjetische Pressepolitik verschaffen konnte.[273] Die hierbei gewonnene Erkenntnis der kommunistischen Dominanz durch die sowjetisch kontrollierten Presseerzeugnisse prägte wesentlich sein am 17. Juli formuliertes Memorandum an Leonhard, in dem er ein radikales Umdenken in der angestrebten Informationspolitik forderte. Entgegen den Intentionen des geplanten Drei-Stufen-Modells plädierte hierin de Mendelssohn für die sofortige Lizenzierung originär deutscher Zeitungen, die amerikanischen Vorstellungen sowohl entsprechen als auch solche vermitteln sollten. Als Grund für seine Überlegung führte er explizit die besondere Berliner Pressesituation an, wobei er wörtlich u.a. schrieb:

> "Die Planung von Presseunternehmungen im US-Sektor Berlin muß, wenn sie realistisch sein soll, die bereits bestehende Pressesituation in Rechnung stellen. (...) Berlin steht bereits mitten in Phase drei. Es existieren in Berlin bereits vier täglich erscheinende Zeitungen unter sowjetischer Lizenz, und zwei weitere sollen in Kürze erscheinen. (...) Die bestehenden Zeitungen sind jedoch nicht nur an Quantität, sondern auch nach Qualität unzureichend. Sie alle sind, wenn auch in unterschiedlichem Maß, politisch und kulturell nach der Sowjetunion orientiert. Das Bild, welches sie von der Welt als Ganzes bieten, ist daher notwendig einseitig und unvollständig. (...) Sie würden darüber hinaus den alliierten Zielen einer politischen Neuorientierung der deutschen öffentlichen Meinung dienen, wenn es ihnen durch eine andere, stärker nach Westen orientierte Haltung gelänge, das Vertrauen einer zutiefst desillusionierten und mißtrauischen Öffentlichkeit zu erwerben. (...) Sie

---

[272] Vgl. hierzu: Curt Riess, Restitution und Neubeginn, in: Joachim Freyburg, Hundert Jahre Ullstein, Bd.III, Berlin 1977, 385-429. Hier: 388ff; De Mendelssohn, 526ff; die amtliche Urkunde über die treuhänderische Beziehung zwischen Strunk und der amerikanischen Militärregierung abgedruckt in: Christian Ferker, Hundert Jahre Ullstein - Ein Bilderbuch mit Randbemerkungen, Berlin 1977, 229.
[273] Nach dem wöchentlichen Rechenschaftsbericht der Berliner Informationskontrolle vom 11. bzw. 14.7.1945 besuchte er hierbei die Redaktionen der SPD-Zeitung *Das Volk*, der KPD-Zeitung *Deutsche Volkszeitung* und die Presseabteilung des Magistrats, die "von ihrem Charakter her ein reines Public Relations Büro war." Vgl. hierzu: Jans, 42ff. Zitat: 43. Obwohl in den Berichten der Berliner Informationskontrolle nichts von einem Besuch der *BZ* zu lesen ist, berichtet Kegel in seinen Memoiren von einem Besuch amerikanischer Presseoffiziere, die von ihm die Vorlage einer Liste aller in der Redaktion und Verlag beschäftigten Deutschen verlangten und sich ihm gegenüber sehr herablassend verhielten. Vgl. Kegel, 498ff.

[die alliierten Behörden -CM] müssen versuchen, soweit die unsichere Situation Berlins dies erlaubt, von Anfang an auf 'Nummer Sicher' zu gehen. Im Unterschied zu ihren Zonen stehen sie in Berlin in scharfem Wettbewerb. Es wäre unter den gegebenen Umständen unverzeihlich, mit Not- und Zwischenlösungen zu experimentieren, die nicht den größtmöglichen Erfolg verbürgen. (...) Wenn im US-Sektor eine Zeitung ins Leben gerufen werden soll, dann muß sie eine deutsche, von einem deutschen Verleger und einer deutschen Redaktion herausgegebene Tageszeitung sein, (...). Nur eine solche Gruppe von Menschen kann wirkungsvoll arbeiten und zugleich der Sache der westlichen Demokratien einen echten Dienst erweisen."[274]

De Mendelsohn glaubte, daß nur "eine Tageszeitung von höchstem Anspruch und höchstmöglichem Niveau"[275] die skizzierte Aufgabe, die amerikanische Weltsicht einer breiten deutschen Öffentlichkeit nahezubringen, erfüllen könne. Ein solch qualitativ hohes Profil bedürfe einer großen Sorgfalt bei der Auswahl der für die Zeitung verantwortlichen Lizenzträger. So sollten diese - gemäß den bereits dargestellten formalen Grundsätzen der amerikanischen Pressepolitik - nicht nur parteipolitisch unabhängig sein und gleichzeitig alle "legitimen und konstruktiven politischen Weltanschauungen"[276] repräsentieren, sondern auch den Deutschen bekannte Persönlichkeiten mit "weite[m], umfassende[m], weltbürgerliche[m] Blickfeld"[277] sein, die in der deutschen Leserschaft "Achtung und Autorität" genießen. Um sich glaubwürdig von der sowjetisch lizenzierten Presse abzusetzen und die Glaubwürdigkeit des demokratischen Anspruchs der Zeitung bei der Berliner Bevölkerung zu erhöhen, sei die amerikanische Kontrolle einer solchen Zeitung auf ein "absolute[s] Mindestmaß" zu reduzieren.

De Mendelsohns leidenschaftliches Plädoyer für eine deutsche, intellektuelle Zeitung verfehlte die beabsichtigte Wirkung nicht. Bereits einen Tag später trafen sich McClure und andere hohe amerikanische Kontrolloffiziere aus der Bad Homburger Zentrale der amerikanischen Informationskontrolle in Berlin, um das weitere Vorgehen zu beraten.[278] Hierbei war bemerkenswerterweise - entgegen

---

[274] Zitiert nach: De Mendelsohn, 531ff.

[275] Zitiert nach: Ebda, 533.

[276] Zitiert nach: Ebda, 544. Nach de Mendelsohn seien also nur diejenigen Weltanschauungen in der amerikanischen Lizenzzeitung erlaubt, die "legitim" und "konstruktiv" seien. Durch diese Einschränkung wurde neben dem Nationalsozialismus auch der Kommunismus ausgeschlossen. Denn in amerikanischen Augen konnte man die kommunistische Ideologie sicherlich als legal bezeichnen - sie wurde gerade angesichts des sowjetischen Bündnispartners akzeptiert - , aber niemals als legitim.

[277] Zitiert nach: Anm.275. Ebenso die beiden folgenden Zitate.

[278] Vgl. Jans, 46f.

der offiziell vereinbarten Regelung - von einer gemeinsamen Zeitung aller vier Alliierten in Berlin keine Rede mehr. Stattdessen stand bei den Beratungen allein die Frage im Vordergrund, *wie* der kommunistischen Meinungsführerschaft in der Presse am wirksamsten beizukommen sei. Die Mehrheit der Anwesenden stand den Gedankengängen de Mendelssohns skeptisch gegenüber und favorisierte eher eine populär aufgemachte Zeitung, da dadurch eine "größtmögliche(r) Massenwirkung"[279] erzielt werden könnte. Diese Forderung beweist, wie groß die Sorge bei den amerikanischen Verantwortlichen war, daß sich die Berliner Bevölkerung an den sowjetischen Alliierten ausrichten könnte. McClure gab trotzdem der Konzeption de Mendelssohns den Vorzug. Die Motive, die für diese Entscheidung ausschlaggebend waren, können nicht mit Sicherheit benannt werden. Die Mutmaßung Klaus Jans', daß mit einer anspruchsvollen deutschen Lizenzzeitung eine Vorbildzeitung für die gesamte amerikanische Zone aufgebaut werden sollte[280], mag durchaus eine Rolle gespielt haben, doch dürften vor allem strategische Überlegungen im Hinblick auf die bereits bestehende Berliner Presselandschaft entscheidend gewesen sein. So war de Mendelssohn, nach eigener Aussage selbst von der kulturellen Aufbruchstimmung der Stadt beeindruckt[281], bei seinen Erkundungen die 'antifaschistische', dem Kommunismus durchaus aufgeschlossene Grundhaltung vieler Intellektueller und Künstler wohl nicht entgangen. Dadurch konnte die sowjetische Besatzungsmacht "über einen Kreis hochqualifizierter 'Kollaborateure' wie keine der anderen Besatzungsmächte"[282] verfügen, wie Schievelbusch spitz formulierte. Da also in den Augen der Amerikaner der sowjetische Versuch, mit ihrem auch in der Presse verfolgten Prinzip der kulturellen Liberalität die Intelligenz im weitesten Sinne für sich zu gewinnen, beunruhigend gute Erfolgsaussichten hatte, war es nur folgerichtig, zuvorderst das Bildungsbürgertum, das ja als traditionelle gesellschaftliche Elite auch

---

[279] Zitiert nach: De Mendelssohn, 533.

[280] Vgl. Jans, 47.

[281] "Berlin ist nicht tot. In mancher Hinsicht ist es sogar lebendiger als Paris." Er fühle sich "durch die Atmosphäre künstlichen Amüsements und hektischer Fröhlichkeit inmitten von Tod und Trümmern sehr an die Inflationszeit" erinnert. Zitiert nach: Schievelbusch, 40.

[282] Zitiert nach: Ebda, 56. Der nach den Kriegsplanungen der KPD konzipierte "Kulturbund der demokratischen Erneuerung", hastig von der SMAD noch am 3.7. genehmigt, wurde von dem KPD-Mitglied und Dichter Johannes R. Becher geführt. Becher wurde allerdings nicht von der KPD-Führung delegiert, sondern von den Mitgliedern des Kulturbundes - naturgemäß in der großen Mehrheit sozial dem Bildungsbürgertum zuzuordnen, davon fast 50 % Schriftsteller, Künstler und Wissenschaftler - in freier Wahl *entgegen* der Absicht der KPD-Strategen in diese Position gewählt. Vgl. hierzu: Ebda, 117-169. Hier besonders: 123ff bzw. 128ff. Vgl. insgesamt auch: Anm.222. De Mendelssohn besuchte neben den Zeitungsredaktionen auch Paul Wegener von der "Kammer der Kunstschaffenden", um sich einen "breiten Hintergrund über Ansichten und Probleme der deutschen Intelligenz zu verschaffen." Zitiert nach: Jans, 43.

stark meinungsbildend auf andere gesellschaftliche Schichten wirkt, mit einer im amerikanischen Sinne demokratischen deutschen Lizenzzeitung anzusprechen. Nur durch eine intellektuelle Zeitung glaubte man also ein Abgleiten des Bildungsbürgertums in kommunistisches Fahrwasser verhindern zu können.

In der genannten Sitzung beschloß man ebenfalls, so schnell wie möglich eine offizielle Zeitung der amerikanischen Militärregierung als Interimslösung erscheinen zu lassen. Zwei Gründe dürften hierfür entscheidend gewesen sein. Einerseits war man sich angesichts der vorgefundenen Pressesituation in Berlin der Dringlichkeit bewußt, die westliche Präsenz auch publizistisch deutlich zu machen, andererseits konnten die Amerikaner im Gegensatz zu den Sowjets bei einem derartigen Vorhaben nicht ohne weiteres auf zuverlässige deutsche Mitstreiter zurückgreifen, so daß angesichts der Bedeutung der Aufgabe eine gründliche und daher auch zeitraubende Suche nach geeigneten Persönlichkeiten unvermeidlich war. Diese Armeezeitung sollte dann von der deutschen Lizenzzeitung abgelöst werden.[283] Aus dem Drei-Stufen- war also ein Zwei-Stufen-Modell geworden. Während nun de Mendelssohn fieberhaft nach geeigneten Lizenzträgern suchte, wurde Hans Wallenberg, ein Mitarbeiter des zentralen amerikanischen Presseteams um Hans Habe, am 22. Juli nach Berlin beordert, um die amerikanische Militärzeitung vorzubereiten, deren erste Ausgabe unter dem Titel *Allgemeine Zeitung* (im weiteren: *AZ*) am 8. August erscheinen konnte.

3.2. Das Zwei-Stufen-Modell des amerikanischen Presseaufbaus

3.2.1. Die *Allgemeine Zeitung* als Vorbild für eine neue demokratische Presse in Berlin

Die *AZ* war nicht die erste westlich orientierte Zeitung in Berlin. Bereits sechs Tage zuvor gab die britische Militärbehörde das vierseitige Publikationsorgan *Der Berliner* heraus und durchbrach damit das sowjetische Pressemonopol. Es war weniger eine Zeitung als ein buntes, populär aufgemachtes Nachrichtenblatt, das sachlich und knapp die wichtigsten Nachrichten aufbereitete. Die wenigen Kommentare wurden - wie in der ersten Ausgabe ausdrücklich betont - streng von den reinen Informationen getrennt. Damit wurden zum erstenmal formale

---

[283] Vgl. De Mendelssohn, 533.

westliche Standards in der sich formierenden Berliner Presselandschaft eingeführt.[284]

Die amerikanische Militäradministration verfolgte mit ihrem Publikationsorgan
AZ ein höher gestecktes Ziel. Die *AZ* sollte mehr als ein amtliches Mitteilungs-
und Informationsblatt sein. Von Anfang an als zeitlich befristete Übergangslö-
sung geplant, wurde die *AZ* vor allem als Vorbild für die neue deutsche Lizenzzeitung konzipiert, indem sie die primäre Absicht, die Deutschen im amerikanischen Sinne umzuerziehen, bewußt mit dem Bestreben verband, an die deutsche
liberale Tradition früherer Berliner Blätter wie der *Vossischen Zeitung* anzuknüp-
fen.[285] Damit konnte sowohl das Interesse der Berliner an der Zeitung gesteigert
als auch - wie der Leiter der Berliner Informationskontrolle Oberstleutnant Leonhard ausdrücklich formulierte - der Unterschied zu der sowjetischen Presse betont
werden.[286] Hans Wallenberg war das personifizierte Sinnbild für diese Verbindung von deutschem liberalen Erbe und amerikanischem Erziehungsauftrag. So
war er als gebürtiger Berliner und langjähriger Redakteur der Ullsteinschen *Vossischen Zeitung* bestens mit der Berliner Zeitungstradition vertraut und konnte
auch viele ehemalige Berufskollegen, wie z.B. den Literaturkritiker Paul Wiegler
und den Theaterkritiker Alfred Kerr, als Mitarbeiter der *AZ* gewinnen. Gleichzeitig hatte er sich in seiner Rolle als amerikanischer Offizier selbstverständlich mit
den amerikanischen Richtlinien und Zielsetzungen zu identifizieren.[287]

---

[284] Vgl. Oschilewski, 241f; De Mendelssohn, 536f. Bei de Mendelssohn ist auch das programmatische Geleitwort der ersten Ausgabe abgedruckt. Die Auflage des britischen Nachrichten-
blatts lag zunächst bei 100.000 Exemplaren, wurde aber wegen der starken Nachfrage bald auf
200.000 erhöht. Vgl. De Mendelssohn, 536.

[285] "The 'Allgemeine Zeitung' took an influential pre-Nazi Berlin newpaper (sic!) of conservative format and liberal anti-Nazi reputation as its model, the 'Vossische Zeitung'." So Harald
Hurwitz als späteres OMGUS-Mitglied (seit 1946) 1954. Zitiert nach: Frohner, 51.

[286] Vgl. Ebda.

[287] Hans Wallenstein wurde 1907 als Sohn des ehemaligen Ullsteindirektors, Dr. Ernst Wallenberg, geboren und arbeitete bis 1933 im Haus seines Vaters als Redakteur der *Vossischen Zeitung*, *Berliner Morgenpost* und *Tempo*. Erst 1937, nachdem er bis dahin in einer Berliner
Druckerei gearbeitet hatte, ging er in die amerikanische Emigration. Seit 1943 im amerikanischen Stab der PWD, nahm er als aktiver Soldat an den Feldzügen in Afrika, Italien und Frankreich teil. Als er nun Ende Juli 1945 zum erstenmal das Druckhaus in Tempelhof wiedersah,
"wußte er genau, wo er sich befand, und jedermann im Hause wußte, wer er war. Jene, die es
noch nicht wußten, spürten es bald an der impulsiven Energie, mit welcher er sich an die Arbeit
machte." Ab 1946 war er - zunächst zusammen mit Hans Habe - Chefredakteur der *Neuen
Zeitung*, des am 18.10.45 in München gegründeten, überregionalen und offiziellen Publikationsorgans der amerikanischen Armee. Nach 1953 arbeitete er für den Berliner Springer-Verlag,
zunächst in New York, ab 1961 in Berlin in dessen Marketingabteilung. Vgl. zu den biographischen Daten: Metz, 73f; Oschilewski, 242; Zitat: De Mendelssohn, 534. Zu den genannten
Mitarbeitern: Frohner, 53; Jans, 51.

Seine besondere Kenntnis der Berliner Pressesituation im allgemeinen und des *Ullsteinverlag(s)* im besonderen machte es möglich, daß ihm 14 Tage genügten, eine Redaktion aufzubauen. Sie hatte ihren Sitz in dem ehemaligen Ullsteinschen Druckhaus in Tempelhof.[288] Die Redaktion bestand in ihrer Mehrzahl aus jungen deutschen Mitarbeitern, die entweder auf Empfehlung oder von sich aus zu Wallenberg gekommen waren und dort nun das journalistische Handwerk nach amerikanischen Vorstellungen lernten. Unter diesen Redakteuren und Mitarbeitern befanden sich u.a. Egon Bahr, der hier seine politische Heimat gefunden hatte, der später als *Bild*-Chefredakteur und bundesdeutscher Regierungssprecher bekanntgewordene Peter Boenisch und der Theaterkritiker Friedrich Luft. Als freie Mitarbeiter schrieben zahlreiche deutsche Professoren und Wissenschaftler, darunter der bekannte Historiker Friedrich Meinecke.[289] Allgemein wurde das Betriebsklima zwischen Wallenberg und seinen deutschen Mitarbeitern als außergewöhnlich gut bezeichnet. Egon Bahr und Friedrich Luft betonten in Interviews ausdrücklich die Unabhängigkeit der deutschen Mitarbeiter von den amerikanischen Vorgesetzten - und doch unterlag die *AZ* bis Oktober 1945 der Vorzensur durch die Berliner Informationskontrolle.[290] Trotz aller programmatisch angelegten Liberalität lag die alleinige Entscheidungsbefugnis bei den amerikanischen Offizieren.

Aufgrund des akuten Papiermangels erschien die *AZ* nur dreimal wöchentlich - alternierend mit dem ebenfalls nur alle zwei Tage erscheinenden Blatt *Der Berliner*. Allerdings zeigte die hohe Auflage der *AZ* den hohen Stellenwert, den diese Publikation in der Umerziehungspolitik der Amerikaner genoß. So wurde die Anfangsauflage der *AZ* von 200.000 schnell auf 350.000 Exemplare erhöht. Die *AZ* war damit kurzzeitig die Zeitung mit der höchsten Auflage in Berlin.[291]

Trotz ihres in der Regel nur vierseitigen Umfangs und ihres autoritären Charakters als offizielles Besatzungsorgan war die *AZ* aufgrund ihres breiten Themenspektrums eine 'richtige' Zeitung, die möglichst alle Aspekte des damaligen Welt- und Lokalgeschehens abzudecken versuchte. So beschrieb Gisela Frohner, die

---

[288] Zu den technischen und organisatorischen Details vgl. De Mendelssohn, 534f; Riess, 390ff.

[289] Zu den im Text genannten festen und freien Mitarbeitern, vgl. Frohner, 53ff. Bahr, Boenisch und Luft wurden als Volontäre bei der *AZ* ausgebildet. Kürze und Konzentration auf die wesentliche Information standen im Vordergrund der journalistischen Ausbildung. Vgl. das Gespräch von Jochen Vorfelder mit Egon Bahr, in: Jochen Vorfelder, Der Neuaufbau der Berliner Tagespresse zwischen April und Dezember 1945 durch die Alliierten Siegermächte, unveröffentlichte Magisterarbeit am FB Kommunikationswissenschaften der FU Berlin 1985, 81.

[290] Bahr fühlte sich "völlig unabhängig", seine Arbeit sei "im Prinzip eine Reportertätigkeit" gewesen, "die nicht anders war, als sie heute ist". Zitiert nach: Ebda, 79. Zur Vorzensur: Vgl. die Aussage Wallenbergs zu Frohner, in: Frohner, 55.

[291] Zu den Auflagenzahlen vgl. Frohner, 43.

1966 die *AZ* detailliert untersuchte, diese zusammenfassend "als eine Berliner Zeitung, die die internationale Berichterstattung in den Vordergrund stellte, in großem Umfang lokale Nachrichten und Reportagen brachte sowie regelmäßige kulturelle Ankündigungen und einen Sportteil druckte."[292] Die politisch-moralische Neuorientierung war aber zweifellos das wichtigste Anliegen der Redaktion. Diese Zielvorstellung war - wie Frohner abschließend konstatierte - der vordergründigen Funktion der *AZ*, der Berliner Bevölkerung die offiziellen Anordnungen der amerikanischen Besatzungsmacht anzuzeigen und sie ausführlich über lokale, kulturelle und globale Ereignisse zu informieren, als Leitlinie übergeordnet.[293]

Diese vorrangige Erziehungsaufgabe der *AZ* hob auch Generalmajor Parks, der erste amerikanische Stadtkommandant Berlins, in seinem Geleitwort zur ersten Ausgabe hervor, wenn er schrieb:

> "Es ist meine Hoffnung, daß die 'Allgemeine Zeitung' der Neuorientierung ihrer Leser dient, ohne sie über den Ernst der Lage hinwegzutäuschen, in die sie das besiegte Regime gebracht hat. Nichts kann der Schaffung des Friedens dienlicher sein als die Wahrheit in der Presse, mag diese Wahrheit auch oft bitter sein."[294]

In formaler Hinsicht bedeutete dies vor allem die bereits mehrfach erwähnte klare Trennung von subjektiver Meinung und objektiver Information, wie Parks in dem zitierten Geleitwort auch ausdrücklich bekannte.[295] Besonders deutlich wird dieses Leitmotiv in der ersten Ausgabe vom 8. August 1945, die den aufsehenerregenden ersten Atombombeneinsatz der Amerikaner in Hiroshima zum Titelthema hatte. Dieses wahrhaft historische Ereignis wurde auf der ersten Seite betont sachlich und rein faktenorientiert aufgemacht, während der Kommentar zu dem Ereignis - der deutsche Physiker Westphal sprach von der Atombombe als der neuen Hoffnung für den Weltfrieden - separat auf der zweiten Seite erschien.[296] Ebenso wie bereits dieses zentrale Strukturelement aller Zeitungen liberaler Grundorientierung - wie bereits genannt - auf die Erziehung der Deutschen zu

---

[292] Zitiert nach: Ebda, 65.
[293] Vgl. Ebda, 76.
[294] Zitiert nach: *AZ* vom 8.8.1945
[295] "Nachricht und Kommentar werden in der *AZ* deutlich erkennbar voneinander getrennt werden." Zitiert nach: Ebda.
[296] Akribisch und betont emotionslos wurden die technischen Daten über die Bombe auf der ersten Seite genannt. Vgl. Atombombe gegen Japan, in: *AZ* vom 8.8.1945. Auf der zweiten Seite: Die Atombombe, von Prof. Wilhelm Westphal, in: Ebda.

mündigen Bürgern zielte, prägte auch die inhaltlichen Beiträge in allen Ressorts der *AZ* ein pädagogisches Sendungsbewußtsein. So wurde z.b. dem antinazistischen Gedicht Bertolt Brechts "Lied der Panzerjäger" eine Erklärung vorangestellt, in der der Sinn des Gedichts kurz erläutert wurde.[297] Dem zentralen Bestreben der Redaktion, "deutsche Verhaltensweisen vor und während der nationalsozialistischen Zeit"[298] zu analysieren und damit einen politischen Umdenkungsprozeß der Deutschen einzuleiten, dienten die zahlreichen aufklärenden Aufsätze zu Geschichtslegenden der Weimarer Zeit, aber auch erste Beiträge über deutsche Widerstandsgruppierungen wie "Die Weiße Rose" und eine sehr ausführliche Berichterstattung über Vorbereitung und Entwicklung der Nürnberger Kriegsverbrecherprozesse.[299] Die betont sachlich angelegten Artikel, die nicht selten auch zu einer gewünschten Diskussion zwischen Leser und Redaktion führten, setzten auf die kognitive Einsicht der Deutschen und "folgte[n] damit den Maximen ihres [der Redaktion -CM] Weltbildes: den Leser als einen rationalen Argumenten zugänglichen Partner anerkennen".[300]

In komplementärem Zusammenhang mit dieser angestrebten 'Re-education' der Deutschen durch Aufklärung stand die teils direkte, teils indirekte Propagierung des anglo-amerikanischen Demokratiesystems als des Modells für die Zukunft Deutschlands. Dies läßt sich exemplarisch an einem Artikel des amerikanischen Publizisten William Hale vom 19. August 1945 zeigen. In diesem stellte er die politische Reaktion der Amerikaner auf die Weltwirtschaftskrise 1932 derjenigen der Deutschen gegenüber und hob damit die Vorzüge der demokratischen politi-

---

[297] So hieß es in der ersten Ausgabe der *AZ* in dem erklärenden Vorwort nach der Vorstellung des Dichters Brecht folgendermaßen: "Das im folgenden abgedruckte Gedicht aus der Folge 'Furcht und Elend im Dritten Reich (sic!)', (...), ist ein Zeugnis für die kämpferische Haltung des Dichters". Zitiert nach: Ebda.

[298] Zitiert nach: Frohner, 93.

[299] So schrieb Friedrich Meinecke am 7.9.1945 einen Artikel über die 'Dolchstoßlegende'. In diesem klärte er die Leser über dieses Propagandamittel Hitlers auf, das "eine geschichtliche Tatsache fälschte und eine geschichtliche Schuld damit verschob". Dem Leser wurde die Absicht, mit der die Legende gebildet wurde, und ihre Folgen geduldig erklärt, um damit auch über das Wesen der nationalsozialistischen Propaganda aufzuklären: "Die neue Demokratie wurde geschmäht, als sei sie die Folge des Dolchstosses, den die Heimat dem kämpferischen Heere versetzt habe, ja als sei sie überhaupt die Ursache jenes Dolchstoßes gewesen. Die Demokratie also sei an all unserem Unglück schuld." Der Artikel "Kein Dolchstoß" zitiert aus: Ebda, 96. Zum Artikel über die "Weiße Rose" vom 9.9.45: Vgl. Ebda, 99. Zu den zahlreichen Beiträgen zur den Nürnberger Prozessen und ihrer pädagogisch-moralischen Zielrichtung: Vgl. Ebda, 114ff.

[300] Zitiert nach: Ebda, 103. Um die Frage der inneren und äußeren Emigration entwickelte sich im Feuilleton der *AZ* eine kontroverse Diskussion, die durch im In- und Ausland ansässige Intellektuelle geführt wurde. Diese Diskussion wurde von der Redaktion nicht nur gefördert, sie äußerte sich teilweise auch selbst als Diskussionspartner. Vgl. Ebda, 107ff; Metz, 73.

schen Institutionen der USA hervor.[301] Zwar sind in der *AZ* keine negativen Äußerungen über die Sowjetunion zu finden - Kritik an der anderen großen Siegermacht galt noch als unantastbares Tabu[302], doch es lag in der Natur der Sache, daß eine solche Werbung für das liberale westliche Demokratiemodell die *AZ* zwangsläufig in Opposition zu den sowjetischen Demokratievorstellungen führen mußte. Einen wahrscheinlich eher ungewollten 'Beweis' für diesen grundsätzlichen ideologischen Widerspruch lieferte die *AZ* selbst im Leitartikel der ersten Ausgabe, in dem der reibungslose Wechsel von Roosevelt zu Truman und Churchill zu Attlee während der Konferenzen von Jalta und Potsdam als Ausdruck wahrer demokratischer Gesinnung gefeiert wurde. So hieß es darin wörtlich:

> "Im Falle Roosevelts hatte das Schicksal, im Falle Churchills eine Volksentscheidung den Personenwechsel erzwungen. Beide Fälle sind Schulbeispiele für das Funktionieren *gesunder* Demokratien, die ihre Existenz nicht in die Hände einzelner legen, und die keinen einzelnen mit einer Macht ausstatten, die sie ihm nicht wieder abnehmen und ohne weiteres auf einen andern übertragen können, ohne dabei das Staatsgefüge in seinen Grundfesten zu erschüttern. Wären Männer wie Roosevelt und Churchill die Produkte eines Führerwahns gewesen, so hätten sie als höchstes Ziel die Unersetzlichkeit erstreben müssen. (...) Nur Staatsmänner, die es mit ihren Völkern nicht ehrlich meinen, sonnen sich im Bewußtsein ihrer Unentbehrlichkeit. Für die wahrhaft Großen jedoch ist die schönste Bestätigung ihres Werkes, daß es weitergeht, auch wenn sie selbst nicht mehr das Lenkrad in der Hand halten (...)."[303]

---

[301] Ausgangspunkt dieses Artikels war die Feststellung Hales, daß die relative Anzahl der Arbeitslosen in den USA 1932 doppelt so hoch gewesen sei als in Deutschland. Doch während in Deutschland "die absolute Macht (...) in die Hände einer Gruppe überliefert" wurde, "die sich einer radikalen Lösung verpflichtet hatte", wurde in den USA mit demokratischen Mitteln ein Programm der wirtschaftlichen Erholung "unter dem Namen 'New Deal' in die Wirklichkeit umgesetzt". Damit sollte m.E. nicht nur - wie Frohner hervorhebt - die weit verbreitete Meinung, die katastrophale wirtschaftliche Lage Anfang der Dreißiger Jahre hätten die Deutschen in die Hände Hitlers getrieben, widerlegt werden, sondern auch die Lösungskompetenz pluralistisch-demokratisch regierter Staaten wie der USA demonstriert werden. Auszüge des zitierten Artikels abgedruckt, in: Ebda, 97f. Im weiteren wurde besonders bei Schul- und Bildungsfragen direkt auf das vorbildliche demokratische System der USA verwiesen. Vgl. die zahlreichen Beispiele, in: Ebda, 123-129.
[302] So Wallenberg gegenüber Frohner. Vgl. Ebda, 55.
[303] Zitiert nach: Truman und Atlee, von H.W. (höchstwahrscheinlich Hans Wallenberg), in: *AZ* vom 8.8.1945. Hervorhebung von mir.

Natürlich hatte hierbei in erster Linie das nationalsozialistische Terrorregime als negative Vergleichsfolie gedient, doch zusammen mit der im Text nicht kommentierten, aber durchaus betonten Tatsache, daß der durch keine freie Wahl legitimierte "Marshall" bzw. "Generalissimus"[304] Stalin als einziger der 'Großen Drei' an allen alliierten Kriegskonferenzen teilnahm, wurde damit auch der essentielle Unterschied der beiden Demokratiekonzepte deutlich gemacht.

Die *AZ* erfreute sich in der Berliner Bevölkerung aufgrund ihrer sachlichen und informativen Berichterstattung größten Zuspruchs. Sie galt nach einer amerikanischen Umfrage als die mit Abstand meistgelesene Zeitung in Berlin.[305] Trotz ihrer Beliebtheit wurde die *AZ* nach 42 Ausgaben am 11. November 1945 planmäßig eingestellt, vierzehn Tage, nachdem mit *Der Tagesspiegel* (im weiteren: *TS*) die erste deutsche, von den Amerikanern lizenzisierte Zeitung erschienen war.

3.2.2. *Der Tagesspiegel* als amerikanische Reaktion auf die Berliner Pressesituation

Die Suche de Mendelssohns nach geeigneten Verantwortlichen für die erste deutsche Lizenzzeitung schien zunächst schnell und problemlos zu verlaufen. Aus den zahllosen Kandidaten, die sich in der Zentrale der Berliner Informationskontrolle meldeten, kristallierte sich um Heinz Ullstein, dem einzig in Berlin verbliebenen Mitglied der traditionsreichen Presse- und Verlagsdynastie, schnell ein aussichtsreicher Bewerberkreis heraus, dem u.a. Wiegler von der *AZ*, Rudolf Kurtz und der von der *BZ* kommende Helmut Kindler angehörten.[306] De Mendelssohn favorisierte zunächst den Gedanken der Reanimierung einer Ullstein-Zeitung in amerikanischem Gewand, auch weil er damit glaubte, angesichts der Erfahrungen der Ullstein-Familie in den zurückliegenden zwölf Jahren "ein(en) Akt der Wiedergutmachung und der selbstverständlichen moralischen Gerechtigkeit"[307] leisten zu können. Dieses Vorhaben scheiterte aber relativ schnell, als de Mendelssohn die fehlende geforderte journalistische Seriosität der Bewerber bemerkte und in mehreren kontroversen Beratungen deutlich wurde, daß die 'Ull-

---

[304] Zitiert nach: Ebda.
[305] Vgl. Hurwitz, Stunde Null, 89.
[306] Vgl. De Mendelssohn, 541f; Kindler, 323. Die von Heinz Ullstein heftig umworbene, frühere Journalistin des *BT*, Magaret Boveri lehnte eine Mitarbeit bei der geplanten Zeitung ab. Vgl. Boveri, Zeitungen, 293 bzw.296f.
[307] Zitiert nach: De Mendelssohn, 542. Das Ullsteinsche Verlagsimperium wurde von den Nazis enteignet; die jüdischen Familienmitglieder mußten fliehen.

stein-Gruppe' entgegen seiner erklärten Absicht ein populäres Boulevardblatt plante.[308]

3.2.2.1 Erik Reger als politischer Kopf des Lizenzträgergremiums des *Tagesspiegel*

Das Scheitern der Verhandlungen mit der 'Ullstein-Gruppe' wog allerdings nicht so schwer. Denn inzwischen war de Mendelssohn von dem Berliner Großpapierhändler und langjährigen Mitarbeiter des amerikanischen Geheimdienstes[309], Heinrich von Schweinichen, ein Bewerbungsschreiben in Form eines Memorandums - betitelt als "Grundsätzliche Gedanken zum Wiederaufbau der deutschen Presse" - übergeben worden, das durch seine "kompromißlose Gedankenarbeit" auf ihn "einen starken Eindruck machte. [D]ie Zeitung, die in dieser Denkschrift gefordert wurde, entsprach genau dem Bild, welches de Mendelssohn vorschwebte."[310] Der Autor dieses Memorandums war der spätere 'Hauptherausgeber' des *TS*, Erik Reger. In Reger, der bis zu seinem Tod 1954 das politische Profil des *TS* entscheidend prägte, fand Mendelssohn nun einen idealen Kopf für sein Konzept einer im amerikanischen Sinne liberalen, von profilierten deutschen Persönlichkeiten herausgegebenen 'freien' Presse. Eine kurze biographische Skizze Regers und die Darstellung der wesentlichsten Punkte seines besagten Memorandums verdeutlichen im folgenden die prinzipielle politische Übereinstimmung zwischen de Mendelssohn und Reger.[311]

---

[308] Nachdem de Mendelssohn das von der 'Ullstein-Gruppe' vorgelegte Probeexemplar abgelehnt hatte, soll der Sprecher der Gruppe, Rudolf Kurtz, zu ihm gesagt haben, daß man "natürlich auch so etwas wie die Vossische Zeitung machen" könne, "wenn dies das Vorhaben von Mendelssohn sei". Zitiert nach: Jans, 60. Die Skepsis vieler führender amerikanischer Presseoffiziere gegenüber den ehemaligen Mitarbeitern der Ullstein-Presse, ob diese zu einem wirklichen Neuanfang im deutschen Pressewesen fähig seien, schien sich damit zu bestätigen. Auch de Mendelssohn sprach nun von der deutschen Pressetradition Ullsteinscher Prägung als "a jouralistic tradition (...) dated, outmoded, and even discredited." Die spannungsreichen, von Mißtrauen und Arroganz geprägten Verhandlungen werden in Jans' Studie unter Auswertung der wöchentlichen Rechenschaftsberichte der Berliner Informationskontrolle detailliert geschildert. Vgl. insgesamt zu den vorherigen Ausführungen: Jans, 58-61; Riess, 397. Mendelssohns Zitat aus einem in seinem Nachlaß gefundenen vertraulichen Vermerk. Zitiert nach: Schievelbusch, 247 (Anm. 403).

[309] Vgl. Schivelbusch, 250.

[310] Alle drei Zitate nach: De Mendelssohn, 542.

[311] Die folgenden Ausführungen zu der politischen Biographie Erik Regers stützen sich auf folgende Sekundärquellen: Jans, 69-73; Schivelbusch 248f; Jan Berg u.a. (Hg.), Sozialgeschichte der deutschen Literatur von 1918 bis zur Gegenwart, Frankfurt 1981, 350; Erhard Schütz, "...der Wille zur Empfänglichkeit..." - Erik Reger. Leben und Werk, in: ders. (Hg.),

Reger wurde als Hermann Dannenberger 1893 im rheinischen Bensdorf geboren. Nach einem wegen des Kriegsausbruches abgebrochenen Studiums der Literatur- und Kulturgeschichte arbeitete er ab 1920 in der Presseabteilung des Essener Krupp-Konzerns und wertete Zeitungen aus. Parallel dazu schrieb er zahlreiche kulturpolitische Artikel, die unter dem Pseudonym Erik Reger in verschiedensten Zeitungen veröffentlicht wurden. Seinen Literaturnamen, den er eigentlich nur zur Tarnung seiner von Krupp nicht erwünschten journalistischen Nebentätigkeit benutzte, behielt er bei, als er 1927 kündigte und nun auch offiziell als freier Schriftsteller und Journalist arbeitete. Als in höchstem Maße eigensinniger Publizist von liberal-aufklärerischer Grundüberzeugung war er primär auf seine Unabhängigkeit bedacht. Er veröffentlichte zahllose scharfzüngige, gesellschafts- und kulturkritische Artikel, Pamphlete und Erzählungen in den verschiedensten Publikationen, ohne jemals bei einer Zeitung fest angestellt zu sein. Er galt hierbei inhaltlich als entschiedener Kämpfer gegen die "Phraseologie und Bewußtseinsindustrie jener Zeit"[312], der jedweden weltanschaulichen Programmen prinzipiell ablehnend gegenüberstand. Diese für Regers politische Haltung charakteristische Kombination aus radikaler Individualität und unbedingtem gesellschaftskritischen Aufklärungspathos läßt sich exemplarisch an seinem 1931 mit dem Kleistpreis ausgezeichneten Reportageroman *Union der festen Hand* festmachen, in dem er - kaum verhüllt seine eigenen Erfahrungen im Krupp-Konzern verarbeitend - die enge Verflechtung von Schwerindustrie und Politik darstellte. Er entwarf dabei gleichzeitig ein umfassendes sozialkritisches und pessimistisches Panorama der Klassengesellschaft im Industriezeitalter. Dieses 'urlinke' Thema verband Reger allerdings mit ätzender Kritik an der Arbeiterbewegung und speziell ihres führenden Exponenten, der KPD, in deren revolutionärer Energie er nur kleinbürgerliche Sehnsüchte erkannte und deren kollektives Pathos er angriff.[313] Sein prinzipieller Antikommunismus zeigte sich auch deutlich dadurch, daß er einer der wenigen Autoren war, der 1931 den stramm antikommunistischen Vorstand der Schriftstellervereinigung gegen die linksliberale Majorität

---

Erik Reger - Kleine Schriften, Bd.2, Berlin 1993, 317-349; Walther Killy (Hg.), Literaturlexikon - Autoren und Werke deutscher Sprache, Bd.9, München 1982, 333f.
[312] Zitiert nach: Christian Tauschke, Vivisektion der Zeit - Studien zur Darstellung und Kritik der Zeitgeschichte in Publizistik und Romanwerk Erik Regers (1924-1932), Hamburg 1997, 14.
[313] Vgl. auch die besonders kritische Betrachtung des Buchs in der DDR-Literaturgeschichtsschreibung, in: Autorenkollektiv unter Leitung von Hans Kaufmann (Hg.), Geschichte der deutschen Literatur 1917-1945, Bd.10, Berlin 1973, 356f.

unterstützte.[314] Früh setzte er sich mit dem Phänomen des Nationalsozialismus auseinander. Er hielt Vorträge und in der *Vossischen Zeitung* wurde 1931 seine Artikelserie über die "Naturgeschichte des Nationalsozialismus" veröffentlicht. Die zwölf Jahre des Nationalsozialismus verbrachte er ab 1937 als Lektor im gleichgeschalteten *Deutschen Verlag* in Berlin. Er publizierte weiterhin Romane und vorzugsweise feuilletonistisch und rein unterhaltende Artikel, die bewußt jeden politischen Bezug vermieden. Den sowjetischen Einmarsch in Berlin erlebte er in Mahlow. Beseelt von dem Gedanken, "nach zwölf Jahren der Verdammung zur Unproduktivität"[315] durch Schreiben wieder politisch wirken zu können, war er der festen Überzeugung, daß "der Aufbau eines geordneten und gesitteten Staatswesens" vor allem innerer Umkehr der Deutschen bedürfe und damit in erster Linie "ein geistiges Problem sei"[316]. Unmittelbar nach Kriegsende wandte er sich an die zuständigen sowjetischen Stellen, um die Erlaubnis zur Gründung einer Tageszeitung zu erhalten.

Angesichts seiner radikal aufklärerischen Haltung ist es wohl verständlich, daß der Antrag bei den sowjetischen Verantwortlichen nicht weiter verfolgt wurde.[317] Wie kongruent dagegen die Pressevorstellungen Regers und der Amerikaner waren, zeigt sich in dem von Schweinichen übergebenen Memorandum.

In diesem erkannte Reger als die eigentliche Ursache der Katastrophe des Nationalsozialismus die deutsche Sonderentwicklung des 19. Jahrhunderts. Sie zeichnete sich danach durch die Gleichzeitigkeit von extremen wirtschaftlichen, gesellschaftlichen Umbrüchen (Industrialisierung und die dadurch entstandene 'soziale Frage') und ausgeprägten politischen Demokratiedefiziten (monarchisches Prinzip, etc.) aus. Diese führte zu einer Spaltung in der Entwicklung von Geist und Technik und zu einem auf der Vernachlässigung von ethischen Grundlagen beruhenden "Mangel an kontinuierlichem Denken"[318]. Ziel müsse es demnach sein, die Deutschen wieder zur westlichen Kultur und damit auch ihrem Demo-

---

[314] Vgl. Schivelbusch, 329f., Anm. 414.

[315] Reger in seinem Tagebuch. Zitiert nach: Jans, 71.

[316] So Reger in seinem Antrag auf Zulassung einer Lizenz an die SMAD, der in seinem, in der Akademie der Künste verwahrten Nachlaß zu finden ist. Zitiert nach: Ebda, 72; auch: Schütz, 333.

[317] Aus der von Wolfgang Harich in seinen posthum veröffentlichten autobiographischen Aufzeichnungen aufgestellten These, daß Reger, den er persönlich kannte und den er aufgrund seiner *Union der festen Hand* für einen linken Gesinnungsgenossen hielt, "sich von den Amerikanern" hat "kaufen lassen", spricht mehr ideologische Überzeugung und persönliche Enttäuschung als genaue Kenntnis des politischen Standorts Regers. Vgl. Wolfgang Harich, Ahnenpass - Versuch einer Autobiographie, Berlin 1999, 150ff. Zitat: 152.

[318] Aus dem Memorandum Regers vom 25.7.1945, von dem sich sechs Seiten des ingesamt 13-seitigen Manuskripts in seinem Nachlaß befinden. Jans wertete in seiner Studie das Memorandum detailliert aus. Zitiert nach: Jans, 62.

kratieverständnis 'zurück-zu-erziehen'. "In dieser Hinsicht könnte man die Presse eine Fortsetzung der Schule mit anderen Mitteln nennen."[319] Eine solche Presse müsse strikt parteiunabhängig sein, besonders angesichts der bisher bestehenden Zeitungen, von denen wegen ihrer Parteibindung keine "repräsentativ"[320] sei. Ausdrücklich betonte Reger auch die funktionale Bedeutung einer dezidiert westlichen Zeitung im Hinblick auf die östlichen Orientierung der bisherigen Berliner Presselandschaft. So schrieb er:

> "In dem Bestreben, Rußland Gerechtigkeit widerfahren zu lassen, werden Westeuropa und die USA bis zu einem Punkte vernachlässigt, an dem es scheinen könnte, als sei der Sieg über Hitlerdeutschland ausschließlich das Werk der Sowjetunion und die USA mit Großbritannien nur in der Rolle einer bescheidenen Hilfestellung gewesen."[321]

Regers unbedingtes Eintreten für das westliche, liberale Demokratiemodell und seine lebenslange Abneigung gegen den Kommunismus - für ihn mit dem Faschismus prinzipiell wesensgleich - entsprach also dem Idealbild der amerikanischen Presseplanung ebenso wie sein konkretes Zeitungskonzept. Seine relative Bekanntheit in der Weimarer Republik als unangepaßter, eigenständig denkender Publizist konnte auch zweifellos die Glaubwürdigkeit des *TS* in der mißtrauischen deutschen Öffentlichkeit erhöhen, eine unabhängige und 'freie' deutsche Zeitung zu sein. Solche politisch schwerwiegenden Argumente dürften wohl der Grund gewesen sein, warum die Mitgliedschaft Regers in der Goebbelschen Reichskulturkammer - entgegen der intendierten Entnazifizierungspraxis - für die Amerikaner bei der Lizenzvergabe keine Rolle spielte. [322]
Als formal gleichberechtigte Lizenzträger für den *TS* wurden ihm von de Mendelssohn der profilierte Radikalpazifist und frühere Herausgeber der *Weltbühne*, des publizistischen Flaggschiffes der Linksintellektuellen in der Weimarer Kulturszene, Walther Karsch[323], der hochgebildete Kunsthistoriker und ehemalige

---

[319] Aus dem benannten Memorandum: Zitiert nach: Schütz, 334.
[320] Aus dem benannten Memorandum: Zitiert nach: Jans, 63.
[321] Zitiert nach: Ebda, 64.
[322] Die *TR* warf Reger von Anfang an "Kollaboration mit den Nazis" vor. Seine Mitgliedschaft in der Reichskulturkammer und seine publizistische Tätigkeit während der 'dunklen Jahre' belegt immerhin, daß er nicht zum aktiven Widerstand gegen die Nazis gehört hatte. Vgl. Peter Köpf, Schreiben nach jeder Richtung - Goebbels' Propagandisten in der westdeutschen Nachkriegspresse, Berlin 1995, 41f. Allgemein zur amerikanischen Entnazifizierung: Kleßmann, 86ff.
[323] Der 1906 in Dresden geborene Karsch arbeitete seit seinem Studienbeginn (Germanistik, Geschichte, Philosophie) als politisch links stehender Journalist in zahlreichen intellektuellen

Reichskulturwart Edwin Redslob[324] und der für die wirtschaftliche Belange zuständige Geschäftsmann Heinrich von Schweinichen zur Seite gestellt. Walther Karsch war 1945 kurzzeitig Mitglied der KPD und sollte damit die demokratische Offenheit der Amerikaner gegenüber der radikalen Linken dokumentieren. Redslob als leidenschaftlicher Wissenschaftler klassischer Prägung und passionierter Goetheliebhaber sollte dagegen "die Brücke zur älteren Generation schlagen"[325], wie sich de Mendelssohn vieldeutig ausdrückte. Daß dies von den Amerikanern vielleicht nicht nur im kulturellen, sondern auch bewußt im politischen Sinne verstanden wurde, legt die Tatsache nahe, daß Redslobs Vergangenheit - während der gesamten zwölf Jahren war er als 'freier Schriftsteller' tätig - deutlich braune Flecken aufwies.[326] Ebenso wie bei den Sowjets schien auch bei den Amerikanern die moralische Frage angesichts der besonderen politischen Konstellation in Berlin bei der Besetzung von Führungspositionen schnell in den Hintergrund getreten zu sein.

Diese scheinbare Heterogenität bei der Besetzung des Herausgebergremiums entsprach dem skizzierten amerikanischen "panel"-Prinzip. Gleichzeitig konnte damit aber auch gegenüber dem sowjetischen Alliierten die vordergründige weltanschauliche Neutralität des Blattes dokumentiert werden.

Publikationsorganen, bis er nach Carl von Ossietzkys Verhaftung 1932 für ein knappes Jahr die *Weltbühne* übernahm. Im Dritten Reich war er einer der äußerst seltenen Literaten, die keine einzige Zeile veröffentlichten. Stattdessen verdiente er ab 1937 als Handelsvertreter seinen Lebensunterhalt. Er blieb als einziger der vier Lizensenten als führender Theaterkritiker dem *TS* Jahrzehnte lang treu. Er starb 1975. Vgl. zu den biographischen Angaben: Jans, 73; Die Ausnahmeerscheinung eines positiven Kritikers, in: *TS* vom 11.10.1991.

[324] Der 1884 in Weimar geborene, aus gutbürgerlichen Verhältnissen stammende Redslob war mit 61 der mit Abstand älteste Lizenzträger des *TS* und bereits ein hochangesehener Kunst- und Kulturwissenschaftler. Seit seiner Dissertation 1907 hatte er Studien zu Literatur, Kunst und Architektur veröffentlicht. Auch als Autor bekannter kunsthistorischer Bücher und Organisator zahlreicher Ausstellungen machte er sich einen Namen. Von 1920 bis 1933 war er beim Innenministerium als Reichskulturwart tätig. Nach der Nazizeit, die er mit intensiven Goethe-Studien verbracht hatte, übernahm er 1948 an der von ihm mitgegründeten "Freie(n) Universität" den Lehrstuhl für Kunst- und Kulturgeschichte. Er starb 1973 in Berlin. Zu den Ausführungen vgl. Jans, 74; Killy, 329f.

[325] Zitiert nach: De Mendelssohn, 544.

[326] So sind in der nationalsozialistischen 'Intelligenz'-Postille *Das Reich* mindestens zwei Artikel Redslobs nachweisbar, in dem er Goethe zu einem Ahnherrn des völkischen Denkens machte. Jans zitiert in seiner Studie auch ausführlich Textpassagen aus seinem 1943 erschienenen Buch "Des Reiches Straße", in dem er die Expansionspolitik Hitlers und den Gewinn 'deutschen Lebensraums' im Osten bejubelte. Vgl. hierzu: Köpf, 43; Jans, 76f.

Die These, daß der *TS* trotz aller auch von Reger vorgetragenen Neutralitätsge-
lübde[327] von Anfang an primär als Sprachrohr der 'amerikanischen Ideologie'
konzipiert war, soll im weiteren vertieft werden.

So war der privat schwierige und arbeitswütige Reger[328] nicht nur als der ge-
wählte Sprecher der vier Lizenzträger gegenüber den amerikanischen Presseoffi-
zieren sozusagen auch offiziell 'primus inter pares'[329], sondern auch innerhalb der
Zeitung der unumstrittene politische Kopf. Walther Karschs journalistisches Interesse lag zuvorderst in Belangen der Kultur. So schrieb er hauptsächlich Thea-
terkritiken, und überließ Reger, mit dem er nach seinem Abschied aus der KPD
schnell auf einer "politischen und weltanschaulichen Linie lag"[330], die Politik.
Redslob war in der Diktion Schivelbuschs "von Anfang an nur als Honarationen-
Schmuck dabei"[331]. Er enthielt sich im allgemeinen völlig der inhaltlichen Gestaltung des Blattes, wenn auch das am 1. Januar 1946 erstmalig im Zeitungskopf
enthaltene Vergil-Zitat "Rerum cognoscere causas" auf seine Initiative zurück-
ging und bis heute nicht nur für die Redaktion die offizielle Leitlinie darstellt,
sondern auch das bildungsbürgerliche 'Image' des *TS* in der Öffentlichkeit wesentlich prägt.[332] Neben seinen wenigen Artikeln im *TS* arbeitete er hauptsächlich
an bildungspolitischen Projekten.[333]

---

[327] So sprach Reger anfangs noch vom Ziel der Herstellung "eine(r) wahre(n) Beziehung zwischen der Sowjetunion und den westlichen Demokratien." Damit sollte wahrscheinlich das
bereits deutlich vorhandene Mißtrauen der Sowjets gegenüber Reger abgebaut werden. Vgl.
Hurwitz, Stunde Null, 311. (Dort auch Zitat).

[328] Redslob sprach von einer "schwierigen Persönlichkeit, der seine Mitarbeiter "mehr von der
negativ-kritischen Seite als von der aufmunternd-positiven her" anzuregen versuchte. Mitarbeiter beklagten konkret seine pedantische Besserwisserei und "dogmatische Sturheit". Positiv
hervorgehoben wurde sein fast manischer Arbeitseifer. Tag und Nacht hätte er für den *TS* gearbeitet. Nach eigener Auskunft hatte Reger kein Privatleben. Vgl. Jans, 100f. Zitate nach: Edwin
Redslob, Von Weimar nach Europa, Jena o.J., 308; Jans, 101.

[329] So heißt es in einem undatierten Brief Regers an den amerikanischen Kontrolloffizier der
Berliner Informationskontrolle, Bernt Fielden, daß er "von den Mitunterzeichnern als der gegenüber der amerikanischen Militärregierung verantwortliche Sprecher" gewählt wurde. Zitiert
nach: OMGBS 4/11-2/1.

[330] Zitiert nach: Schivelbusch, 254. Exemplarisch für die feuilletonistischen Artikel Karschs
vgl. Theater aus Vorzeit, Zeit und Ewigkeit, in: *TS* vom 27.9.1945.

[331] Zitiert nach: Schivelbusch, 254.

[332] Vgl. Redslob, 236. Das vollständige Zitat lautet: Felix, qui potuit rerum cognoscere causas.
Exemplarisch für seine Artikel im *TS*: Vom schlichten Prunk der Sprache -Auch eine Sprach-
betrachtung, in: *TS* vom 18.11.1945. Die hohe Bedeutung des anspruchsvollen lateinischen
Mottos auch noch für die tägliche Redaktionsarbeit des *TS* in der heutigen Zeit betont das ehe-
malige Redaktionsmitglied Heinz Ohff in einem Artikel zum fünfzigsten Geburtstag des *TS*.
Vgl. Die rechten Männer zur rechten Stunde, von Heinz Ohff, in: *TS* vom 27.9.1995.

[333] Vgl. Oschilewski, 246.

Wie sehr Reger als dem politischen Vordenker des *TS* nicht nur amerikanische Werte, sondern auch das konkrete amerikanische System als direktes Muster für die neu zu errichtende deutsche Demokratie vorschwebten, ging aus einem internen Bericht Regers vom 3. Februar 1946 an die Berliner Informationskontrolle hervor. In diesem faßte er die politische Zielsetzung der redaktionellen Arbeit des *TS* in sieben Punkten zusammen.[334] Danach sieht sich der *TS* - neben dem Gedanken der Umerziehung zu "historischer Erkenntnis", dem Ziel des Weltfriedens und der Entnazifizierung - vor allem als Vertreter der "Freiheit des Individuums bis zur Grenze, die von der Verantwortung und den elementaren Staatsnotwendigkeiten gezogen sind." Weiter "wünscht" der *TS* "der weiteren Vermassung Einhalt zu gebieten, indem er darauf hin arbeitet, dass sich möglichst grosse Gruppen von zur Urteilsfähigkeit und selbständigem Denken erzogener Menschen bilden können. Er versucht den Blick des Menschen (...) auf das Einzelne und den Einzelnen hinzulenken."

Konkret hieß dies für ihn das bewußte Eintreten für einen konsequenten Föderalismus analog zur amerikanischen Staatsstruktur. Noch deutlicher wirkte das Vorbild des amerikanischen Parteiensystems, wenn er als letzten Punkt schrieb:

> "Der Tagesspiegel wünscht das Seine zu tun, um das politische Leben langsam, systematisch, aber wenn nötig auf taktischen Umwegen in die Bahnen des Zweiparteiensystems zu lenken. Er sieht und begünstigt die Ansätze dazu in den Strömungen des marxistischen und christlichen Sozialismus, wie er sich in der SPD Richtung Schumacher und der CDU manifestiert."

Angesichts solcher Äußerungen verwunderte es nicht, daß Reger bei der amerikanischen Kontrollbehörde und hierbei insbesondere dem de Mendelssohn Ende 1945 nachfolgenden Kontrolloffizier für den *TS*, dem österreichische Emigranten Bernt Fielden, besonderes Vertrauen genoß. Für Fielden war der *TS* denn auch "the most like an American newspaper"[335]. Unter diesen Umständen konnte es sich die Berliner Informationskontrolle auch erlauben, dem Wunsch Regers zu entsprechen und auf eine Vorzensur zu verzichten.[336]

---

[334] Vgl. Stellungnahme des Tagesspiegels vom 3.2.1946, unsigniert, als Anlage zu dem Memorandum M.A. Greenoughs an den Leiter der Berliner Informationskontrolle Leonhard vom 20.1.1946, in: OMGBS 4/17-1/8. Daraus alle folgenden Zitate.

[335] Bernt Fielden am 26.12.1946 in einem Bericht an die amerikanische Informationskontrolle. Zitiert nach: OMGBS 4/17-1/8.

[336] Reger in einem Vortrag 1948 über die "Neue deutsche Presse". Vgl. Jans, 95. De Mendelssohn bestätigte dies in seinen Erinnerungen. Vgl. De Mendelssohn, 544.

Eine konsequente pro-amerikanische Haltung war aber nicht nur erwünscht, sie war vielmehr auch die grundlegende Voraussetzung für eine Mitarbeit beim *TS*. Die bis 1947 in der amerikanisch kontrollierten Presse totgeschwiegene[337], fristlose Entlassung Heinrich von Schweinichens durch die amerikanische Informationskontrolle am 24. Juni 1946 machte dies besonders deutlich. Der sogenannte 'Fall Schweinichen' ist zwar bis heute nicht völlig aufgeklärt, doch lassen die wenigen verfügbaren Quellen eindeutig die kritische Haltung Schweinichens gegenüber der einseitigen politischen Ausrichtung des *TS* als die wesentliche Ursache für seine Demission erkennen. Der zutiefst katholische, aus dem schlesischen Adel stammende von Schweinichen war während des Zweiten Weltkrieges mit Helmut von Moltke, dem führenden Kopf der intellektuellen Widerstandsgruppe "Kreisauer Kreis", eng befreundet und wohl seitdem von der Notwendigkeit einer politischen Brückenfunktion Deutschlands überzeugt.[338] Deutschland sollte nach seiner Überzeugung als Mittler zwischen Ost und West eine unabhängige, eigenständige Position entwickeln.[339] Das zu dem Eklat führende Memorandum von Schweinichens von Mitte 1946 an Reger ist zwar nicht mehr auffindbar, es dürfte sich inhaltlich aber an der genannten politischen Zielrichtung orientiert haben. So hieß es in einem Bericht des Leiters der Berliner Informationskontrolle, Oberstleutnant Leonhard, daß von Schweinichen in dem Memorandum " his dissatis-

---

[337] Erst am 22.11.1947 nahm die *Neue Zeitung* zu der Angelegenheit Stellung, nachdem wenige Tage zuvor die *TR* erstmals öffentlich darüber berichtet hatte. Vgl. Schivelbusch, 331, Anm.423.

[338] Der "Kreisauer Kreis" war ein weltanschaulich äußerst heterogenes Gebilde, das aus kirchlichen Nazigegnern (Alfred Delp), religiösen Sozialisten (Adolf Reichwein) und Sozialdemokraten (Julius Leber) bestand und auch Kontakt zum militärischen (Stauffenberg), konservativen (Carl Goerdeler) und kommunistischen Widerstand hatte. Der "Kreisauer Kreis" unter Führung der adligen Moltke und Adam von Trott zu Solz sah es als seine Aufgabe an, die allgemeinen politisch-moralischen Richtlinien für den staatlichen Neuaufbau nach dem Ende des Nationalsozialismus zu formulieren und hierbei alle relevanten gesellschaftliche Kräfte zu integrieren. So gingen beispielsweise die staatspolitischen Vorstellungen (Dezentralisierung, radikale Demokratisierung durch mehr Partizipationsrechte für das Volk, Verbot jeglicher staatlicher Zwangsorganisationen) einerseits von einem radikalen Individualismus aus, während die wirtschaftlichen und sozialen Planungen (radikales Mitspracherecht der Arbeiter, staatlich garantiertes Recht auf Arbeit) andererseits eher sozialistischen Vorstellungen entsprachen. Derartige Vorstellungen, die auch von einem spezifischen deutschen Kulturerbe ausgingen, liefen eher auf einen 'Dritten Weg' als eine reine Übernahme der liberalen Demokratie westlicher Prägung hinaus. Vgl. hierzu: Ger van Roon, Widerstand im Dritten Reich, München 1981, 156-175; Ian Kershaw, Der NS-Staat -Geschichtsinterpretationen und Kontroversen im Überblick, Hamburg 1994, 267-315. Hier besonders: 274f.

[339] Vgl. hierzu: Schivelbusch, 257f. Zu der Bekanntschaft von Schweinichens mit Moltke die Auskunft Nelly von Schweinichen. Vgl. Ebda, 331, Anm.426.

faction with the policies of DER TAGESSPIEGEL"[340] ausgedrückt habe. "He indicated that he believed it should become more nationalistic and less pro-American in its trend." [341] Von Schweinichen sei deswegen ein "undesirable individual" im Lizenzträgergremium des *TS*. Daraus wurde der Schluß gezogen: "It would be in the best interests of DER TAGESSPIEGEL that Dr. von Schweinichen be removed as one of the co-licensees (....)."[342]

Wie versuchte nun die Redaktionsleitung des *TS* um Erik Reger, in Inhalt und Aufmachung der Zeitung dem skizzierten politischen Anspruch konkret zu genügen?

3.2.2.2. Inhaltliches und formales Profil des *Tagesspiegel*

Nach der Übergabe der Lizenzurkunde, die den vier Lizenzträgern die wesentlichen Modalitäten der Zeitung vorschrieb, konnte am 27. September 1945 die erste Ausgabe des *TS* erscheinen.[343] Die Auflage des zunächst nur alle drei Tage herausgegebenen *TS* betrug zunächst 200.000 Exemplare. Eine richtige Tageszeitung wurde aus dem *TS* erst, als die amerikanische Militäradministration die *AZ* am 11.November 1945 einstellte. Ihre Auflage wurde gleichzeitig auf 300.000 erhöht.[344]

Die unter der Führung des Lizenzträgerquartetts arbeitende Redaktion, deren genaue Zusammensetzung schwierig zu rekonstruieren ist[345], hatte ihren Sitz in dem

---

[340] F.N. Leonhard an den Direktor der amerikanischen Informationskontrolle in einem Bericht vom 18.6.1946. Zitiert nach: OMGBS 4 /11-2/1.

[341] F.N. Leonhard am 26. Juni 1946 an die amerikanische Informationskontrolle. Zitiert nach: Ebda. Darin ebenso das folgende Zitat.

[342] Zitiert nach: Anm.340.

[343] Zu dem Erscheinungsdatum vgl. Pressemitteilung des "Public Relation Services" der amerikanischen Militärregierung vom 25.9.1945, in: OMGBS 4/1-1/1. Zu den Einzelheiten des Lizenzierungsprozesses vgl. De Mendelssohn, 543f; Jans, 78-81.

[344] Zu den Zahlen vgl. Hurwitz, Eintracht, 97.

[345] Da die eingesehenen Unterlagen über die offizielle Ressortverteilung und ihre jeweiligen Mitglieder keine Auskunft geben, ist man hierbei auf Erinnerungsberichte angewiesen. Helmut Kindler hat nach eigener Auskunft kurze Zeit als Chef vom Dienst beim *TS* gearbeitet. Auch der ehemalige *BZ*-Redakteur Gerhard Grindel war anfangs als Redakteur beim *TS* tätig. Jans nennt Dr. Walther Kluge als Leiter der Feuilleton-, Dr. Robert Arzet als Leiter der Wirtschaftsabteilung. Außerdem war der Theaterkritiker Herbert Pfeiffer beim *TS* ab 1946 tätig. Die in den OMGBS- Dokumenten zahlreich vorhandenenen Entnazifizierungsdokumente über die Mitarbeiter des *TS* (z.B. Dr. Rudolf Bauer, Walter Wollenschläger), die auch die sonstige prinzipielle Strenge der Amerikaner in Fragen der Entnazifizierung verdeutlichen, ermöglichen zwar Rückschlüsse auf den Mitarbeiterstamm des *TS*, geben aber nicht Auskunft über ihre jeweilige hierarchische Stellung im *TS*. Allgemein charakteristisch war jedoch das hohe akade-

von den Amerikanern verwalteten Druckhaus Tempelhof. Auch in produktionstechnischer Hinsicht war der *TS* völlig von den amerikanischen Behörden abhängig.[346] Durch amerikanische Kredite vorfinanziert[347], wurde die Zeitung in Form einer GmbH auf privatkapitalistischer Basis geführt. Sie war damit - neben seiner politischen Mission - auch auf ökonomischen Gewinn ausgerichtet. Bereits Mitte 1946 soll der Wert des Verlages bei mehreren Millionen Mark gelegen haben.[348]

Von Anfang an entsprach die Aufmachung der Zeitung der genannten Absicht des *TS*, eine qualitativ hochwertige Zeitung zu sein und damit in erster Linie die gebildeten Bevölkerungsschichten anzusprechen. So war die erste von den gewöhnlich vier Seiten ausschließlich den aktuellen Nachrichten gewidmet. Die Überschriften waren oftmals einer offiziellen Bekanntmachung der amerikanischen Militärregierung vorbehalten. Die Nachrichten, deren überregionale Ausrichtung unübersehbar war, folgten hierbei keiner erkennbaren Ordnung. Sie waren auf den reinen Informationsgehalt konzentriert und daher in der Regel knapp und sachlich gehalten.[349]

Das eigentliche Charakteristikum des *TS* waren seine breitangelegten, intellektuell anspruchsvollen Artikel auf den übrigen Seiten, die nicht selten das Niveau akademischer Abhandlungen besaßen. In diesen wurden bevorzugt geschichtliche und kulturelle Fragen zu vielen Bereichen des gesellschaftlichen Lebens thematisiert. Gemäß Regers Vorstellung von der Zeitung als einer Einheit waren die verschiedenen Themenbereiche auch hier nicht durch Sparten voneinander getrennt.[350] Meist unauffällig zwischen den geistesgeschichtlichen Abhandlungen versteckt, kommentierte Erik Reger in einer Art programmatischen Leitartikel

---

mische Niveau aller Redakteure des *TS* (nur Promovierte). Vgl. zu den Ausführungen: Kindler, 324-331; Borgelt, 82ff; Jans, 110ff. Die Entnazifizierungsdokumente, in: OMGBS 4/17-1/10.

[346] Nach einem Abkommen vom 27.11.1945 war der von den Amerikanern treuhänderisch verwaltete *Deutsche Verlag* für die Papierversorgung, die Herstellung des Satzes, den Druck und den Vertrieb der Zeitung zuständig. Der *TS* hatte von Anfang an überhöhte Preise an den Verlag zu zahlen. Offiziell sollten damit die durch die Sowjets verursachten Demontageverluste ausgeglichen werden. Vgl. hierzu: Schreiben des Tagesspiegel an die amerikanische Militärregierung (ohne direkte Anrede), in: OMGBS 4/11-2/1.

[347] Der *TS* mußte den zu erwartenden Gewinn mit seinen Schulden verrechnen. Vgl. De Mendelssohn, 545.

[348] So die Aussage Heinrich von Schweinichens vom 8.10.1946. Vgl. Jans, 97.

[349] Vgl. hierzu die erste Seite der ersten Ausgabe des *TS* vom 27.9.1945. Als Titelaufhänger wurde unter der Überschrift "Drei süddeutsche Staaten" die entsprechende Proklamation General Eisenhowers abgedruckt. Die nachfolgenden Meldungen thematisierten - von der Amtsmüdigkeit des japanischen Kaisers Hirohito bis zur ersten Modeschau in Paris - die verschiedensten Ereignisse aus aller Welt.

[350] Reger glaubte damit die Leser zwingen zu können, die gesamte Zeitung zu lesen. Vgl. De Mendelssohn, 546.

scharfzüngig das tägliche Geschehen. Im folgenden werden nun zentrale Passagen aus dem ersten Leitartikel Regers zitiert, weil in ihm sowohl der literarische Stil als auch das unbedingte Umerziehungspathos des *TS* prägnant zum Ausdruck kommt. Reger deutete hierin den Nationalsozialismus geistesgeschichtlich als Ausdruck des schizophrenen deutschen Wesens. So schrieb er:

"Dieses Deutschland hat der Welt eine Unzahl von Talenten und einige Genies schenken können, es ist jedoch mit dem Einbruch des naturwissenschaftlichen Zeitalters mehr und mehr verlorengegangen oder unsichtbar geworden. Gewiß verlief schon seit Tagen des ersten 'furor teutonicus' die kriegerische Linie neben der geistigen. Jetzt aber wurde der verhängnisvolle Bruch im Charakter enthüllt, nämlich der bedenkenlos materialistische Grundzug bei aller idealistischen schwärmerischen Sehnsucht. Von diesem Augenblick an war das Geistige dem Kriegerischen untergeordnet und damit das deutsche Schicksal für ein Jahrhundert entscheiden. (...) Welch ein Abstand zwar von Bismarck, dem gebildeten Realpolitiker, zu Hitler, dem eingebildeten Dummkopf - und doch welch bezeichnende Gleichheit in Nährboden, Natur und Zielsetzung! Von der Gewalttätigkeit zur Bestialität, von der diplomatischen Intrige zu unverschleiertem Lug und Trug, vom miles gloriosus zum Bramarbas ist, wenn die letzten Schranken der Sittlichkeit und der christlich-religiösen Bindung einmal gefallen sind, eben nur ein Schritt, der im Zeitmaß der Geschichte gerade vierzig Jahre benötigte."[351]

Den totalen Zusammenbruch Deutschlands und die daraus resultierende Besatzungsherrschaft sah Reger als positive Chance, sich auf die besten Traditionen deutschen Geisteslebens zu besinnen und damit die Grundlage für den Aufbau einer liberalen Demokratie zu schaffen.

"Da stehen wir nun - oder richtiger: wir liegen am Boden. Nach dem 'totalen Krieg' der totale Zusammenbruch: ein Naturgesetz. (...) Wir haben einen klaren Anfang. (...) Niemals ist, so betrachtet, die Situation für jeden einzelnen Deutschen so günstig gewesen - : er steht wie Gottvater am Anbeginn der Schöpfung, die Erde ist für ihn wüst und leer, aber sein Geist darf sich unbeschwert entfalten, um den schon von Goethe schmerzlich empfundenen Widerspruch aufzuheben, daß Deutschland nichts ist, obwohl der einzelne Deutsche viel ist. Es muß möglich sein, die achtbaren Individuen zu einer achtbaren Nation zu summieren. (...). Die Zukunft ist, mathematisch ausgedrückt, Vergangenheit plus Gegenwart plus x. Dieses X, die unbekannte Größe, ruht

---

[351] Zitiert nach: Anfang und Zukunft, von Erik Reger, in: *TS* vom 27.9.1945. Dort auch das folgende Zitat.

nur zum Teil im Schoße des Schicksals, außerhalb von uns selbst. Zu einem anderen Teil richtet es sich nach dem Geist, in dem wir die Tradition zu beurteilen, zu zergliedern und fruchtbar zu machen wissen. (...) Wir werden in Zukunft streng unterscheiden zwischen denen, die sich in Schönrednertum erschöpfen, und denen, die sich ihrer Aufgabe in Demut unterziehen. Demut ist ein sehr tiefes Wort unserer Sprache. Nach seiner Wurzel bedeutet es den Mut zum Dienen. Da wir ohne den Sieg der alliierten Heere wohl niemals mehr zu uns gekommen wären, haben wir sozusagen alle als Kriegsgewinnler zu gelten. (...) Deutschland ist in vieler Beziehung merkwürdig und absonderlich, aber daß es nicht genug Männer hätte, eine demokratische Republik Deutschland demokratisch zu regieren und getarnte Feinde ebenso wie unfähige Freunde zu überwinden, ist ein Irrtum. Diese Männer sind zu einem 'geistigen' Volkssturm aufgeboten, um durch ihr Selbstvertrauen dem deutschen Volk das Maß an Vertrauen der Welt zu gewinnen, das neben vielem anderen nach den Erklärungen des Präsidenten Truman und des Generals Eisenhower auch die Dauer der Besetzung unseres Landes bestimmen wird."

Der humanistische Gestus mit seinen Anspielungen auf klassisches Bildungsgut und sein emphatischer, an klassischer Rhetorik geschulter Schreibstil, der in den zitierten Passagen zum Ausdruck kommt, kennzeichnen praktisch alle Artikel des *TS*. Der insgesamt feuilletonistische Charakter des *TS* war aber mehr als nur eine bildungsbürgerliche Attitüde, vielmehr war dieser ausschließlich politisch motiviert. So galt, wie in den zitierten Passagen auch inhaltlich formuliert wurde, in den Augen der Lizenzträger des *TS* die Rückbesinnung auf die humanistischen Werte deutscher Kulturgeschichte als ein elementarer Bestandteil für die intendierte innere Selbstreinigung der Deutschen. Durch geistesgeschichtliche Reflexionen sollten die demokratischen Wurzeln deutscher Tradition bewußt gemacht werden. Das hohe Bildungspathos war damit also kein schöngeistiger Selbstzweck, sondern wurde in erster Linie als die unabdingbare Voraussetzung für die angestrebte Demokratisierung der politischen Kultur angesehen. Das angesprochene Bildungsbürgertum sollte also nicht nur durch aufklärerische Artikel über die nationalsozialistische Zeit[352], sondern auch insbesondere durch 'moralische

---

[352] Der *TS* berichtete selbstredend auch ausführlich über die alliierten Kriegsverbrecherprozesse und unternahm erste Versuche, durch Darstellung von Fakten historische Aufklärung über das nationalsozialistische Regime zu leisten. Vgl. z.B. Teuer bezahlt - Die Wahrheit über die Sudetenkrise 1938, in: *TS* vom 2.10.1945; Neue Enthüllungen über Dönitz, in: *TS* vom 20.10.1945; IG-Farben - Staat im Staate, in: *TS* vom 23.10.1945. Am 21.11.1945 beschäftigte sich fast die gesamte Ausgabe des *TS* mit dem Beginn des Nürnberger Kriegstribunals; er zeichnete u.a. ausführliche Profilstudien der Angeklagten und druckte die gesamte Anklageschrift ab. Vgl. Das Weltgericht in Nürnberg, in: *TS* vom 21.11.1945.

Predigten' in einer Art intellektueller Katharsis zu einem westlichen Demokratie-verständnis erzogen werden.

In diesem Sinne gab es im *TS* praktisch keinen unpolitischen Artikel. *Jeder* Artikel war - nach den Worten eines Redakteurs - "in Worte gegossene politische Überzeugung", die "den Leser erziehen, umerziehen"[353] wollte. So gab es im *TS* zunächst auch keinen Sportteil oder sonstige ausschließlich unterhaltsame Rubriken.

Diese primär moralisch-pädagogische Ausrichtung aller Artikel wurde ergänzt durch im engeren Sinne politische Artikel, die unzweideutig das Vorbild der amerikanischen Staats- und Gesellschaftsordnung für den Neuaufbau eines demokratischen Deutschland hervorhoben. So betonte Reger bereits in einem Leitartikel vom 16.10.1945 die Notwendigkeit eines föderativen Staatsaufbaus nach amerikanischem Muster[354], zustimmende Artikel deutscher Professoren wurden auf der ersten Seite plaziert[355], und eine Serie über den "Föderalismus als Lebens-

---

[353] So der *TS*-Redakteur Grindel zu Hans Borgelt, der sich um eine Mitarbeit beim *TS* bemühte. Zitat nach: Borgelt, 83. Borgelts primär auf Unterhaltung angelegte Artikel wurden vom *TS* abgelehnt. "Ich bitte Sie, sehen Sie sich unsere Zeitung an. Das ist Politik von der ersten bis zur letzten Zeile, auch da, wo es zunächst nicht so aussieht" (Ebda). So zitierte Borgelt die Begründung Grindels aus seiner Erinnerung. Zur geistig-moralischen Erneuerung gehörte für den "Sprachzuchtmeister" Reger besonders die Reinigung der Sprache, d.h. jeder von den National-sozialisten mißbrauchter Begriff wie Volk, Reich, Macht war auf ihre ursprüngliche Bedeutung zu untersuchen. Ziel war nach Grindel die "Rehabilitierung der deutschen Sprache" (Ebda). Dies bestätigt die ehemalige Redakteurin Susanne Drechsler, wenn sie über die redaktionelle Arbeit im April 1946 folgendes schreibt: "Im Vordergrund: Umerziehung der Deutschen zu Demokratie. (...) Im Besonderen wurde auf einwandfreies Deutsch Wert gelegt. Alle Ausdrük-ke, die an die Phrasen der vergangenen zwölf Jahre erinnerten, wurden verboten." Zitiert nach: Schivelbusch, 251f. Durch diese Haltung, "daß mit dem Geist der Sprache die geistige und politische Sauberkeit auf engste verbunden sind", wie der *TS* am 23.10.1945 ausdrücklich betonte, hatte jeder Artikel eine genuin politische Aufgabe. Zitat über Reger, in: Die rechten Männer zur rechten Stunde, von Heinz Ohff in: *TS* vom 27.9.1995.

[354] "Nun, wenn der Purpur fällt, muß auch der Herzog nach', sagt Schillers Verrina, während er Fiesko ins Meer stürzt. Mit dem purpurnen Mantel, in diesem Falle dem Ausdruck 'Reich', kann es nicht sein Bewenden haben. Der Herzog, in diesem Falle der staatsrechtliche Körper, muß nach. So, wie unser Vaterland niemals mehr 'Deutsches Reich' heißen darf, so wie wir die klare, saubere, eine wirkliche Abrechnung und Abkehr enthaltende, einen wirklich neuen histo-rischen Abschnitt einleitende Bezeichnung R e p u b l i k D e u t s c h l a n d fordern, so fordern wir das Gefüge eines Staatenbundes, in dem die deutschen Länder größere Selbständigkeit und Bedeutung haben als je zuvor." Später betonte Reger in diesem Leitartikel, daß die Basis einer solchen föderativen Ordnung die Neubildung von Ländern sei, "wie sie jetzt durch Eisen-hower in Hessen, Baden und Württemberg geschah". Zitiert nach: Vom zukünftigen Deutsch-land, von Erik Reger, in: *TS* vom 16.10.1945. Als negative Vergleichsfolie hierbei stets das angeblich vom Wesen her militaristische, nationalistische Preußen. Vgl. exemplarisch: Löst Preussen auf - Deutschlands künftige Verfassung, in: *TS* vom 3.11.1945.

[355] So wurde auf der erste Seite unter der Überschrift "Föderatives Deutschland" eine in den USA gehaltene Ansprache von Prof. Arnold Bergsträsser abgedruckt. Hierbei führte er u.a. aus:

form" aufgelegt[356]. In anderen Artikeln wurde das amerikanische Pressewesen erläutert und ihr freiheitlicher Charakter hervorgehoben.[357] In ökonomischen Fragen orientierte man sich eindeutig an einer "Marktordnung, die nach kapitalistischen Prinzipien aufgebaut sein sollte."[358]

Der elitäre *TS* gewann schnell die Gunst großer Teile der Bevölkerung und wurde - vor allem nach der Einstellung der beliebten *AZ* - zu einer der meistgelesenen Zeitungen Berlins.[359] Die formale und inhaltliche Ähnlichkeit mit dem traditionsreichen, großbürgerlich-liberalen *BT* mag hierbei auch eine wichtige Rolle gespielt haben.[360] Das traditionell im Südwesten Berlins ansässige gehobene Bürgertum war der Hauptabnehmer des *TS*, das nun, wie es in einem Leserbrief an die Redaktion hieß, endlich wieder "Intelligenz und Geist geniessen"[361] durfte.

"Allzu lange war der Einfluß Preußens mit seinem Militarismus und seiner Bürokratie verhängnisvoll. Wir wollen zu einer Gliederung kommen, die ähnlich wie in den Vereinigten Staaten große, sich selbst verwaltende Länder umfaßt." Zitiert nach: *TS* vom 1.11.1945.

[356] Neben den USA wurde der Staatsaufbau der Schweiz, England und auch der Sowjetunion erläutert, wobei Reger in einem späteren Artikel den nur formalen Charakter des sowjetischen Föderalismus kritisch hervorhob. Vgl. *TS* vom 1.11., 8.11, 15.11., 20.11, 29.11.1945.

[357] So z.B. Freiheit des Nachrichtenwesens, von Charles Mitchell, in: *TS* vom 16.10.1945 ; New Yorker Weltbetrachtungen - Themen der amerikanischen Presse, unsigniert, in: *TS* vom 2.10.1945; Über die Pressefreiheit - Betrachtungen, Grundsätze, Tatsachen, unsigniert, in: *TS* vom 23.2.1945.

[358] Zitiert nach: Jans, 128. Dort auch beispielhafte Artikel aus dem *TS*.

[359] Nach einer Umfrage der amerikanischen Militäradministration war der *TS* im Juli 1946 die meistgelesene Zeitung in ganz Berlin, Vgl. Hurwitz, Stunde Null, 358.

[360] Schivelbusch vermutet in dem Titel "Tagesspiegel" eine bewußte Anleihe an das *BT*. Vgl. Schivelbusch, 254.

[361] So Elisabeth Mann aus Potsdam in einem Brief an den *TS* vom 17.11.1945, in: OMGBS 4/18-2/18. (Dort auch weitere in der Regel positive Leserbriefe an den *TS*). Der *TS* hatte im Südwesten der Stadt (Charlottenburg, Zehlendorf etc.) die mit Abstand meisten Vertriebsgeschäftsstellen. Ende 1946 hatte der *TS* berlinweit 186.000 eingeschriebene Abonnenten, von denen nur 34.000 im Ostteil wohnten. Vgl. Jans, 108f.

Synopsis II

Erst wenige Monate waren seit dem völligen Zusammenbruch vergangen. Trotz widrigster Umstände und allgemeinen Papiermangels war mit acht Zeitungen in Berlin eine auf dem deutschen Besatzungsgebiet einmalige Pressevielfalt entstanden. Knüpfte Berlin damit auf den ersten Blick an seine der Weimarer Zeit geschuldeten Tradition als Hochburg des Pressewesens an, war die Situation doch in jeder Beziehung eine fundamental andere. So waren alle im Nachkriegsberlin erschienenen Zeitungen von den Alliierten künstlich geschaffene Neuschöpfungen. Sie waren Produkte der alliierten Pressepolitik, die primär die Aufgabe hatten, das übergeordnete politische Ziel der Demokratisierung Deutschlands durch das Medium Zeitung zu verwirklichen. Die unterschiedlichen inhaltlichen Vorstellungen der Amerikaner und Sowjets über das Wesen der Demokratie offenbarten sich in ihren jeweiligen Presseerzeugnissen. Wie anhand der vorherigen knappen formalen, inhaltlichen und personellen Analyse der beiden offiziellen alliierten Publikationsorgane, der *TR* und der *AZ*, deutlich wurde, fungierten diese neben ihrer Funktion als Informationsmedium primär als 'Schaufenster' ihres Weltbildes, das die eigenen Gesellschaftsverhältnisse als vorbildliches Muster für die demokratische Zukunft Deutschlands herausstellte.[362] Die *BZ* und der *TS* als die deutschen Zeitungen der jeweiligen Besatzungsmacht ergänzten bzw. im Fall des *TS* ersetzten die offiziösen Besatzungszeitungen. Sie blieben aber - wenn auch vor allem die *BZ* aus taktischen Erwägungen eher indirekt agierte - den jeweiligen politischen Zielen der Alliierten verpflichtet. Dafür sorgten auch deren Kontrollmechanismen. Durch die Lizenzierungspraxis, die es ihnen erlaubte, jederzeit einen Lizenzträger zu entlassen,[363] und durch die alliierte Herrschaft über

---

[362] Der Leiter der amerikanischen Informationskontrolle Brigadegeneral Robert McClure gestand eine solche werbende Funktion der amerikanisch kontrollierten Presse auch unumwunden ein, als er auf einer Pressekonferenz am 2.8.1945 zu deren Aufgaben u.a. folgendes ausführte: "We want to remove the individual German's misconceptions about Germany and its relationsship to the world and to prepare him for ideological and political reorientation by confronting him with objective historical facts and truthful world news. Part of this reorientation will be toward correcting the German people's misconceptions about the United States by making them aware of the reasonableness and justice of American views, and the decency and attractiveness of American institutions." Zitiert nach: Statement by BrigGen Robert A. McClure, Berlin, 2.August 1945, in: OMGBS 4/1-1/1. Die Sowjets hatten die 'agitatorische' Funktion ihrer Presse bekanntlich ganz offen im Geleitwort zur ersten Ausgabe des *TR* betont. Vgl. Anm.213.
[363] Die Lizenzerteilung durch die Alliierten war - in juristischer Diktion - ein einseitig verpflichtendes Rechtsgeschäft. Die Lizenz stellte kein Eigentumsrecht dar, sie war jederzeit von den Alliierten widerrufbar. Vgl. Jans, 94. Die *BZ* erhielt ihre Lizenzurkunde nach erfolgreicher

die 'Produktionsmittel' wie Papierversorgung und Nachrichtenagenturen[364] blieben die deutschen Zeitungen in jeder Beziehung von dem Willen ihrer jeweiligen alliierten Schutzmacht abhängig. Die unterschiedliche Handhabung der Zensur durch die Amerikaner und Sowjets änderte daran nichts Prinzipielles. So verzichteten die Amerikaner beim *TS* von Anfang an auf eine Vorzensur, während die SMAD trotz ausgewählten Führungspersonals auf eine solche erst nach den verlorenen Wahlen vom Oktober 1946 zu verzichten glaubte.[365] Dagegen versuchten die Amerikaner bereits durch die sorgsame Auswahl von Lizenzträgern, die mit ihren politischen Zielen ohnehin übereinstimmten, die gewünschte politische Stoßrichtung sicherzustellen. Offensichtliche Zensurmaßnahmen konnten so vermieden werden.[366] Der Lizenzentzug von Schweinichens machte allerdings deutlich, daß auch die amerikanischen Behörden bereit waren, im Zweifelsfall hart durchzugreifen.

Die diametral entgegengesetzten politischen Zielvorstellungen im Zusammenhang mit dem spezifischen Berliner Vier-Mächte-Status führten gleichzeitig von Anfang an naturgemäß zu interalliierten machtpolitischen Grabenkämpfen. In diesem Sinne konnte auch schon die Entstehung und die besondere Entwicklung der Berliner Presselandschaft als erstes machtpolitisches Ringen der Alliierten

---

Proteste der Westalliierten gegen ihren Status als Organ des Magistrats erst am 12.2.1946 von der SMAD ausgehändigt. Eine fotographische Wiedergabe der Lizenzurkunde für die *BZ* findet sich in: Kegel, 448. Dazu im Widerspruch spricht eine im Landesarchiv gefundene Mitteilung vom 11.12.1945 als dem Lizenzierungsdatum. Vgl. LAB (STA),B Rep.120 /Nr. 795, Bl.1

[364] Wie bisher nur beiläufig angedeutet, war natürlich auch die Herrschaft über die Nachrichtenagenturen ein wichtiger alliierter Kontrollmechanismus. Die Sowjets bauten sofort nach ihrer Ankunft in Berlin das "Sowjetische Nachrichtenbüro" auf. Ab September 1945 versorgte die "Deutsche Allgemeine Nachrichten-Agentur" aus Bad Nauheim die amerikanisch lizenzierten Zeitungen mit Informationen. Vgl. Frei, Presse, 383f.

[365] Vgl. Strunk, Zensoren, 107.

[366] Daß diese unterschiedliche Vorgehensweise der beiden Alliierten sich keineswegs auf die untersuchten Zeitungen beschränkte, sondern prinzipiell galt, belegt ein Vergleich der amerikanischen und sowjetischen Druckverordnungen. Brauchten nach amerikanischer Anweisung "Drucksachen (...) dann keine Bestätigung, wenn sie von einem amerikanischen Militärregierung lizenzierten Verleger in Auftrag gegeben wurden", war nach sowjetischer Bestimmung jeder "Besitzer oder Leiter der Druckereien verpflichtet" sowohl "Kopien aller für den Druck vorgesehenen Schriften" als auch "die Korrekturabzüge der für den Druck fertigen Ausgaben" dem Zensor zur Genehmigung vorzulegen. Die sowjetische Druckverordnung ("Vorläufige Regeln über die Arbeitsordnung der auf dem Territorium der SBZ in Deutschland bestehenden und neu eröffnenden Druckereien, die sich in der amtlichen Verfügungsgewalt der Magistrate der örtlichen Selbstverwaltung oder im Besitz von Privatpersonen befinden" vom 2.8.1945) und die amerikanische Druckverordnung ("Die Vorschriften für die Drucker im amerikanischen Sektor von Berlin", undatiert) in: LAB (STA), B Rep.120/Nr.526, unnummeriert bzw. Bl.24. Zugespitzt formuliert, sagen die Titel der jeweiligen Druckverordnungen bereits viel über die jeweilige Zensurpraxis aus.

um die ideologische Hegemonie über die Bevölkerung gedeutet werden. So nützte die sowjetische Besatzungsmacht ihr dreimonatiges Machtmonopol in Berlin zielstrebig dazu aus, ein Pressewesen aufzubauen, das sich in seiner Gesamtheit an der bereits in den skizzierten Nachkriegsplanungen formulierten 'Bündnispolitik' ausrichtete. Deren wesentliches machtpolitisches Ziel war es, kommunismuskritische, also in der Regel bürgerliche Schichten in die angestrebte 'antifaschistisch-demokratische Umwälzung' zu integrieren und dadurch den kommunistischen Einflußbereich zu vergrößern. In diesem Sinne ließ die SMAD als publizistische Entsprechung zur Bildung der 'antifaschistischen Einheitsfront' neben einer KPD- auch schnell jeweils eine SPD-, CDU- und LDPD-Parteizeitung zu. Daneben ließ die in allen sowjetisch kontrollierten Zeitungen - auch in der offiziellen *TR* - auffallende liberale Offenheit und Qualität der Kulturberichterstattung auf das Bürgertum als umworbene Zielgruppe schließen. Der unmittelbare, fast 'idealtypische' Ausdruck der genannten politischen Bündniskonzeption war in personeller und inhaltlicher Weise die nach außen überparteiliche, als Sprachrohr des Magistrats fungierende *BZ*, die darüberhinaus auch betont als Lokalblatt auftrat.

Die Amerikaner reagierten auf diesen beträchtlichen kommunikationspolitischen Vorsprung der Sowjets - entgegen der ursprünglichen Planung - mit der sofortigen Vorbereitung einer westlich orientierten deutschen Lizenzzeitung. Die als Vorbild einer solchen Zeitung konzipierte *AZ* löste der in Inhalt und Form bewußt die Intelligenz ansprechende *TS* ab. Das amerikanische Augenmerk lag also ebenso auf dem Bürgertum, das mit einer ausgesprochen intellektuellen Zeitung für das westliche Demokratieverständnis gewonnen werden sollte.

Dieser schon in der Entstehungsphase der neuen Berliner Presselandschaft erkennbaren ideologischen Konkurrenzsituation zwischen den Alliierten stand die gemeinsame Verantwortung aller vier Alliierten für Berlin gegenüber, die zu gemeinsamen Richtlinien auch für die Presse zwang. Die von dem Alliierten Kontrollrat am 12. Oktober 1946 verabschiedeten "Richtlinien für die deutschen Politiker und die deutsche Presse"[367] war die einzige von den Alliierten gemeinsam beschlossene Direktive, die grundsätzlich die leitenden Prinzipien für die Arbeit der deutschen Presse und die ihr zustehenden Freiheiten benannte. Neben dem fast selbstverständlichen Verbot, "nationalistische, pangermanische, militaristische, faschistische oder antidemokratische Ideen zu verbreiten", war es danach der deutschen Presse offiziell erlaubt, "deutsche politische Probleme frei zu be-

---

[367] Richtlinien für die deutschen Politiker und die deutsche Presse, Direktive 40 der Alliierten Kontrollbehörde, Kontrollrat vom 12.10.1946, in: LAB (STA), B Rep. 120/ Nr. 29, Bl.80. Daraus auch die folgenden Zitate.

sprechen" und die Politik der Besatzungsmächte zu kommentieren. Gleichzeitig durfte aber die Einheit der Siegermächte nicht in Frage gestellt werden. So war es strengstens untersagt, "Gerüchte zu verbreiten, die zum Ziel haben, die Einheit der Alliierten zu untergraben, oder welche Mißtrauen oder Feindschaft des deutschen Volkes gegen eine der Besatzungsmächte hervor[zu]rufen." Verboten waren ebenfalls Kritiken, "welche die Deutschen zur Auflehnung gegen demokratische Maßnahmen, die die Zonenbefehlshaber in ihren Zonen treffen, aufreizen." Diese alliierte Verpflichtung der deutschen Presse, die interalliierte Solidarität zu respektieren, war allerdings bereits zu dem Zeitpunkt der Direktive schon mehr ein alliierter Versuch der Autosuggestion als ein gültiges Gebot für die Presse. Denn tatsächlich war im Herbst 1946 aus der anfänglichen Machtrivalität bereits ein interalliierter Pressekampf auf allen Ebenen geworden, bei dem sich die beiden gegnerischen weltanschaulichen Lager immer deutlicher herauskristallisierten.

Diese mediale Auseinandersetzung der Alliierten um die Deutungshoheit in der Öffentlichkeit, die sowohl *durch* als auch *in* den jeweiligen Pressepublikationen ausgefochten wurde, steht nun im Mittelpunkt des letzten Teils dieser Untersuchung. Bevor an der Debatte um die Frage der Vereinigung der beiden Arbeiterparteien im Frühjahr 1946 im *TS* auf der einen und der *TR* und der *BZ* auf der anderen Seite dargestellt wird, wie die jeweiligen Zeitungen zu einem Kampfmittel für die unterschiedlichen Demokratievorstellungen wurden, steht zunächst die Frage im Vordergrund, wie die Alliierten - allen voran die Sowjets - selber durch Ausweitung ihres Presseangebots versuchten, sich im Kampf um die öffentliche Meinung Vorteile zu verschaffen.

C. Quantitative und Qualitative Aspekte des ideologischen 'Pressekrieges' in Berlin 1945-1947

I. Das "Zeitungsparadies Berlin" als Ergebnis des interalliierten Machtkampfs um die Deutungshoheit in Berlin

Die SMAD beobachtete die Gründung der westlich orientierten Zeitungen nach Ankunft der Westalliierten in Berlin mit großem Argwohn. Ebenso wie auf der lokalen politischen Ebene die Divergenzen der Alliierten früh deutlich wurden[368], sahen die Sowjets von Anfang an die Presseerzeugnisse der Westsektoren nicht als die eines gemeinsamen Bündnispartners, der zwar als Konkurrent, aber doch mit gleichem Ziel die Liquidierung des nationalsozialistischen Gedankenguts anstrebte. Vielmehr betrachtete die sowjetische Propagandaabteilung diese sehr früh primär als Produkte einer reaktionären Gesinnung, die sich in erster Linie gegen die Sowjetunion richtete. So wurde in einem Bericht des Informationsbüros der SMAD vom 3. November 1945 der *Berliner*, die *AZ* und der *TS* folgendermaßen charakterisiert:

> "Sie sind Sprachrohre der anglo-amerikanischen Propaganda, drucken tendenziöse Berichte und erlauben sich nicht selten Ausfälle an die Adresse der Sowjetunion, der Roten Armee und der sowjetischen Besatzungsbehörden."[369]

Besonders mißtrauisch waren die Sowjets gegenüber dem *TS*. Dies lag einerseits an der umstrittenen Person Erik Reger, andererseits aber auch an dem offiziellen 'unabhängigen' Status der Zeitung. Die Tatsache, daß die amerikanische Lizenz an einzelne Personen und nicht an eine irgendwie geartete Organisation vergeben wurde, widersprach bekanntlich dem sowjetischen Presseverständnis elementar und bewies dadurch nur deren reaktionären, weil kapitalistischen Charakterzug. So hieß es weiter in dem genannten Bericht:

---

[368] So wurde das von der SMAD eingeführte sogenannte 'Obleutesystem' von der amerikanischen und englischen Besatzungsmacht in ihren Sektoren mit dem Hinweis auf das nationalsozialistische 'Blockwartsystem' sofort abgeschafft. Der interne Schriftverkehr der amerikanischen Behörden sprach in diesem Zusammenhang barsch von "petty tyrants", die "almost entirely communists" seien. Vgl. hierzu: Hurwitz, Eintracht, 188ff. (Zitate: 189).

[369] Zitiert nach: Über die politische Lage in Deutschland - Bericht des Informationsbüros der SMAD vom 3.11.1945, in: Bonwetsch (Hg.), 20-33. Hier: 26

"Die sogenannte private Zeitung 'Der Tagesspiegel' hebt die amerikanische Demokratie und alles Amerikanische in den Himmel und versucht
mit Schmeichelei bis zur Peinlichkeit, die Amerikaner für sich einzu-
nehmen. Es ist leicht zu erraten, daß die Zeitung mit Hilfe amerikanischen Geldes herausgegeben wird. Manche Artikel ähneln einer Quit-
tung, ausgestellt von einer Redaktion, die auf ihren Seiten davon Zeugnis ablegt, daß sie ihr Gehalt völlig von den Amerikanern erhalten
hat."[370]

Die sowjetische Propagandaabteilung reagierte auf diese neue Situation mit verschärften Zensurmaßnahmen gegenüber den nichtkommunistischen Parteizeitungen, die vorsorglich vor Ankunft der Westalliierten in den sowjetischen Sektor
verlegt worden waren.[371] Dies betraf insbesondere das CDU-Parteiorgan *Neue
Zeit*, dessen bis dahin bemerkenswert liberale, 'bürgerliche' Grundausrichtung den
sowjetischen Zensoren immer mehr ein Dorn im Auge war.[372] So äußerte sich
Alfred Gerigk, Redaktionsmitglied der *Neuen Zeit*, schon Anfang August nach
Darstellung der Berliner Informationskontrolle folgendermaßen:

"Er legte dar, daß die sowjetische Zensur sich in den letzten Tagen beträchtlich verschärft hätte. Material, daß den Westmächten freundlich
gesonnen sei, würde von den Zensoren für viele Tage zurückgehalten
und in manchen Fällen überhaupt nicht die Zensur passieren. Eine pro-
sowjetische Ausrichtung würde den nichtkommunistischen Parteizeitungen immer mehr aufgezwungen."[373]

So wurden die Redaktionen der drei nichtkommunistischen Parteizeitungen zum
Druck von Berichten verpflichtet, die sich kritisch mit den Verhältnissen in den
amerikanisch besetzten Gebieten - z.B. mit deren fehlenden Entnazifizierungs-
maßnahmen - auseinandersetzten.[374] Im weiteren verschärfte sich auch der politische Druck der SMAD auf die CDU.[375]

---

[370] Zitiert nach: Ebda, 26f.
[371] Vgl. Hurwitz, Stunde Null, 306.
[372] De Mendelssohn sprach in einem Memorandum vom 14.9.1945 von der *Neue(n) Zeit* als
dem "by far most lively, attractive and best-written paper in Berlin". Zitiert nach: Hurwitz,
Eintracht, 93.
[373] Halbwöchentlicher Rechenschaftsbericht Nr.10 der Berliner Informationskontrolle vom
11.8.1945. Zitiert nach: Jans, 84. Übersetzung durch Jans.
[374] Vgl. Hurwitz, Eintracht, 94. Dort auch weitere Beispiele.
[375] Emil Dovifat wurde im Oktober 1945 wegen seiner akademischen Tätigkeit im 'Dritten
Reich' entlassen. Außerdem wurde Andreas Hermes und sein Stellvertreter Walther Schreiber
im Dezember 1945 als CDU-Vorsitzende abgesetzt, als sie Kritik an der Durchführung der
Bodenreform in der SBZ übten. Vgl. Wolfgang Ribbe, Berlin zwischen Ost und West, in: ders.

Gleichzeitig versuchte die SMAD die Reichweite der genuin kommunistischen Zeitungen durch die rapide Aufstockung ihrer Auflagenzahlen zu erhöhen. So wurde nach dem Erscheinen der *AZ* die Auflage der *TR* zunächst auf 450.000 verdoppelt und im weiteren kontinuierlich bis Ende 1946 auf bis zu 850.000 gesteigert. Ebenso wurde die Auflage der *BZ* und der *Deutschen Volkszeitung* auf bis zu 300.000 bzw. 350.000 mehr als verdoppelt.[376]

Die Lizenzierung zweier neuer organisationsgebundener Pressepublikationen ergänzte diese quantitative Ausweitung der bereits bestehenden Zeitungen. Knapp zwei Wochen nach dem erstmaligen Erscheinen des *TS* erschien am 9. Oktober 1945 *Die freie Gewerkschaft* als das Verlautbarungsorgan des kurz davor gegründeten, kommunistisch beherrschten "Freie[n] Deutsche[n] Gewerkschaftsbund[es]" (FDGB). Um die Durchsetzung der bereits in Angriff genommenen Bodenreform propagandistisch zu unterstützen, wurde am 1. November 1945 zusätzlich die Wochenzeitung *Der freie Bauer* aufgelegt.[377]

Folgten diese Neugründungen noch dem bekannten parteilichem Presseverständnis der Sowjets, reagierte die sowjetische Propagandaabteilung mit dem am 7. Dezember 1945 erschienenen *Nachtexpress* (im weiteren: *NE*) erstmals deutlich erkennbar auf den Erfolg der westlich orientierten Blätter in der Berliner Bevölkerung und wich von ihren traditionellen Zeitungsmustern ab. Unmittelbarer Anlaß war der Erfolg der am 12. November von den Franzosen lizenzierten, als Boulevardblatt konzipierten Zeitung *Der Kurier*, die nicht nur das erste Abendblatt in der neu entstandenen Presselandschaft war und damit an eine Berliner Tradition anknüpfte, sondern auch wegen seiner sachlich-distanzierten Berichterstattung, seinem anspruchsvollen Feuilleton und seinem großen Sportteil bei den Berlinern aller sozialen Schichten äußerst beliebt war.[378] Der *NE* erschien nun

---

(Hg.), Geschichte Berlins, II.Bd, München 1988, 1028-1084. Hier: 1040f; vgl. insgesamt ausführlich: Strunk, Zensoren, 127-137.

[376] Die Auflage der *BZ* blieb bis Ende 1946 fast unverändert, während die der *Deutsche[n] Volkszeitung* bzw. später des *Neue[n] Deutschland[s]* kontinuierlich auf 450.000 erhöht wurde. Vgl. insgesamt zu den Zahlen das Schaubild in: Strunk, Pressekontrolle, 159f.

[377] Die *Freie Gewerkschaft* wurde am 5.1.1947 in *Tribüne* umbenannt. *Der freie Bauer* wurde zunächst offiziell von der Deutschen Verwaltung für Land- und Forstwirtschaft herausgegeben, ab 18.7.1948 fungierte sie unter dem neuen Namen *Bauern-Echo* als Zentralorgan der Demokratischen Bauern Partei (DBD). Die Auflage des *freie(n) Bauer[s]* lag für Berlin und Brandenburg bei ungefähr 240.000 Exemplaren. Für die *Freie Gewerkschaft* konnten für das erste Jahr keine Zahlen ermittelt werden; nach Frei wurden im Sommer 1947 von der *Tribüne* 200.000 Exemplare aufgelegt. Vgl. hierzu: Oschilewski, 235f; Frei, Presse, 380. Zur propagandistischen Funktion der Publikationsorgane vgl. Raue, Journalismus, 58 bzw. 87f.

[378] De Mendelssohn nannte den *Kurier*, der anfangs von Dr. Carl Helfrich, dann von Paul Bourdin geleitet wurde, eine "ausgesprochen elegante Zeitung". Vgl. insgesamt: De Mendelssohn, 547ff. (Zitat: 548). Dort auch die Titelseite des ersten *Kurier[s]* abgedruckt. Reinhardt

zwar auch als Abendblatt - das eigentlich Neue war allerdings das hierbei von den Sowjets verfolgte Zeitungskonzept, das sich inhaltlich, stilistisch und personell diametral von der bisher verfolgten Praxis unterschied.[379] So war der *NE* auf den ersten Blick ein mit großen Schlagzeilen marktschreierisch aufgemachtes Boulevardblatt, das mit viel Sport, Unterhaltung eher an die 'meinungslose' Massenpresse der zwanziger Jahre erinnerte. In der politischen Berichterstattung verzichtete man anfangs weitgehend auf parteipolitisch orientierte Kommentare. Stattdessen durften auch Meldungen aus den westlichen Nachrichtenagenturen abgedruckt werden. Ein in der Regel auf der ersten Seite plazierter "Pressespiegel" publizierte kommentarlos auch westliche Meinungsäußerungen vom *TS* bis zur amerikanischen *New York Times* ab. Auch nach außen hin erschien das Blatt unabhängig. So wurde die Lizenz für den *NE* von der SMAD einer einzelnen Person erteilt. Als Chefredakteur wurde Rudolf Kurtz genannt, also der ehemalige Ullstein-Filmjournalist, der von de Mendelssohn als Lizenzträger abgelehnt worden war. Unter den ausschließlich deutschen Redakteuren leitete der ebenfalls zum damaligen Bewerberkreis gehörende, ehemalige Literaturkritiker der *AZ*, Paul Wiegler, das Feuilleton. Dieses Konzept einer 'privaten Zeitung', die auch inhaltlich zunächst überparteilich ausgerichtet war und keiner strengen Vorzensur unterlag, war für die Sowjets ein notwendiger Tribut an die spezifische Konkurrenzsituation in Berlin. Dies bestätigte auch der leitende Kulturredakteur der *TR*, Alexander Dymschitz, der das Ziel der Zeitung auf die Formel brachte: "Es ist uns sehr wichtig, daß möglichst die Mehrheit der Berliner den 'Nacht-Express' für eine amerikanische Zeitung hält."[380]

Tatsächlich bestimmte nicht der an Politik völlig uninteressierte Rudolf Kurtz, sondern der bereits die Gründung der *BZ* vorbereitende, inzwischen zum Major beförderte sowjetische Kulturoffizier Feldmann die politische Ausrichtung des Blattes. Im Laufe der sich ab 1946 verschärfenden politisch-ideologischen Span-

---

nennt den *Kurier* ein "pfiffiges Blatt", das "den Händlern förmlich aus der Hand gerissen wurde". Zitiert nach: Reinhardt, 44. Das qualitativ hochstehende Feuilleton, für das anfangs auch der Kommunist und spätere *TR*-Mitarbeiter Wolfgang Harich schrieb, machte den *Kurier* auch zur "beliebten bürgerlichen Zeitung, nicht nur bei linksliberalen, sondern auch bei kommunistischen Intellektuellen in Berlin". Zitiert nach: Hurwitz, Eintracht, 98. Vgl. auch: Schivelbusch, 260.

[379] Vgl. insgesamt zu den nachfolgenden Ausführungen zum *NE*, der am 30.4.1953 eingestellt wurde, wenn nicht anders vermerkt: Strunk, Zensoren, 88f; Schivelbusch, 258-265; Barbara Baerns, Deutsch-deutsche Gedächtnislücken: Zur Medienforschung der Besatzungszeit, in: Rolf Geserick/Arnulf Kutsch (Hg.), Publizistik und Journalismus in der DDR, München u.a. 1988, 61-114 (im weiteren: Baerns, Gedächtnislücken). Dort auch der Abdruck zweier Titelseiten des *NE* (100f.)

[380] Zitiert nach: Schivelbusch, 263.

nungen wurde die sowjetische Herkunft des Blattes zwar offensichtlicher, doch Feldmann verstand es "sehr geschickt, die für eine Leserschaft formulierte Nachricht mit der eigenen politischen Tendenz zu verbinden",[381] wie Alfred Gerigk 1947 fast bewundernd bemerkte. Denn obwohl die Berliner Informationskontrolle, die die Gründung des *NE* zunächst irritiert verfolgt hatte[382], bereits im September 1946 den *NE* als eine "flashier version of *Neues Deutschland*" und "the most anti-American afternoon paper"[383] betrachtete, hielten im Sommer 1946 77% der Berliner den *NE* für ein politisch neutrales Blatt, das sich gegen keine Besatzungsmacht richtete.[384] Die Hoffnung der SMAD, mit dem wegen "seiner reißerischen Aufmachung"[385] beliebten 'überparteilichen' *NE* den politisch eher uninteressierten oder indifferenten, "in zweifelnder Unsicherheit befangenen Schichten" die richtige "geistige Orientierungshilfe" zu geben, wie die spätere offizielle DDR-Pressegeschichtsschreibung formulierte[386], erschien also zunächst durchaus realistisch.

Die SMAD unternahm hier also erkennbar den Versuch, durch Übernahme westlicher Praktiken auch den Erfolg der westlich orientierten Zeitungen zu kopieren. Gleichzeitig begann die unmittelbar nach der Ankunft der Westalliierten entstandene Agitations- und Propagandaabteilung der KPD, die später in "Abteilung Werbung und Presse" umbenannt wurde[387], mit Hilfe der sowjetischen Besat-

---

[381] Zitiert nach: Alfred Gerick, Zwei Jahre nachher. Ein pressegeschichtlicher Versuch, in: Neue deutsche Presse, (1947), Jg.1, H.1, 3-8. Hier: 4.

[382] So hielt die Berliner Informationskontrolle, wie in einem Bericht vom 14.12.1945 formuliert, den *NE* zunächst für "wholly non political." Zitiert nach: Baerns, Gedächtnislücken, 67. In einem Bericht der amerikanischen Presseoffiziere vom 21.12.1945 sprach man in diesem Zusammenhang sogar von einem Wechsel ("change") der russischen Informationspolitik. Vgl. hierzu: Jans, 86.

[383] Beide Zitate nach: Hurwitz, Eintracht, 98.

[384] Vgl. Ebda, 98f.

[385] Zitiert nach: Reinhardt, 44. Nach Baerns lag die Auflage des *NE* zunächst bei 250.000 Exemplaren, die bis Mitte 1946 auf 320.000 Exemplare erhöht wurde. Zu den Zahlen: Baerns, Gedächtnislücken, 113.

[386] Zitiert nach: Raue, Journalismus, 75. Richerts Einschätzung des *NE*, daß dieser "eher als Kuriosum denn als Politikum zu werten" sei, zeigt deutlich, wie irritierend auch für die frühere westdeutsche, antikommunistisch orientierte Pressegeschichtsschreibung der 'überparteiliche' Charakter des *NE* war. Zitiert nach: Richert, 90.

[387] Die "Abteilung Agitation und Propaganda" unterstand von September 1945 bis Januar 1946 Fred Oelßner, ab Januar 1946 wurde sie in "Abteilung Presse und Information" umbenannt. Nach Intervention Bokows wurde der Apparat erweitert (nun fünf eigenständige Referate) und die Leitung Bruno Köhler übertragen. Vgl. hierzu: Michael Kubina, Der Aufbau des zentralen Parteiapparats der KPD 1945/6, in: Manfred Wilke (Hg.), Die Anatomie der Parteizentrale - Die KPD auf dem Weg zur Macht, Berlin 1998, 93ff bzw. 109-111. Im weiteren: Kubina, in: Wilke (Hg.).

zungsmacht mit dem Ausbau der technischen Kapazitäten, um damit den "Aufbau eines Zeitungsimperiums"[388] zu begründen. So gab der am 30. Juli 1945 gegründete parteieigene Verlag *Neuer Weg*, der zusammen mit dem im Zuge der Vereinigung entstandenen Verlag *Einheit* später in dem *Dietz-Verlag* der SED aufging[389], schnell neben den Klassikern des Marxismus-Leninismus wie Lenin oder Engels auch zahlreiches aktuelles Propagandamaterial wie Broschüren und Bücher heraus.[390]

Wie stark dieser Ausbau des Propagandaapparats mittels Zeitungen und Zeitschriften von der Anwesenheit der westlichen Alliierten beeinflußt war, soll im folgenden exemplarisch an der Integration der *BZ* in den neu gegründeten *Berliner Verlag* vertieft werden.

Bereits im August 1945 wurde in einem im ehemaligen Stadtarchiv gefundenen Exposé eines unbekannten kommunistischen Angehörigen des Magistrats die Gefährlichkeit der westlich orientierten Presse beschworen und die Gründung eines Großverlags als notwendige Gegenmaßnahme vorgeschlagen. Dort hieß es wörtlich:

Bis 1947 wurde die Informationsabteilung kontinuierlich ausgebaut. In der wahrscheinlich Anfang 1947 entstandenen "Abteilung Werbung, Presse und Rundfunk beim ZK der SED", die von Otto Winzer geleitet wurde, gab es bereits zahllose Unterabteilungen, von denen zwei sich hauptsächlich mit der gegnerischen Presse beschäftigten. So war es die Aufgabe des Referats "Presselenkung" (Leitung: Heinz Wieland), die "systematische Beobachtung der gesamten Presse, der kritischen Bearbeitung der SED- und KPD-Presse, der Ausarbeitung der einzelnen Zeitungen in bestimmten Zeitabständen [... und] d[ie] Herausgabe von kurzen Informationen über den Inhalt der parteipolitisch nicht gebundenen und gegnerischen Presse für einen internen Kreis von Genossen" zu organisieren. Das Referat "Allgemeine Information" hatte sich nur um die "systematische Beobachtung der Agitation der gegnerischen Organisationen unserer Partei (Versammlungen, Werbematerial, Informationsblätter und Presse)" zu kümmern. Vgl. hierzu insgesamt: SAPMO-BArch, DY 30/IV2/9.02/2, Bl. 1-45. Zitate: Bl. 41c bzw. 15.
[388] Zitiert nach: Kubina, in: Wilke (IIg.), 92.
[389] Als Gesellschafter des Verlags *Neuer Weg* fungierten Walter Ulbricht, Anton Ackermann und Fritz Schälicke. Der im Zuge der Vereinigungsbestrebungen von SPD und KPD, bereits am 7.2.1946 (!) genehmigte Verlag *Einheit GmbH* wurde paritätisch von KPD- (Ackermann, Oelßner) und SPD-Funktionären (Erich Gniffke, Richard Weimann) geleitet. Der Verlag *Neuer Weg* ging bereits am 1.7.1946, der Verlag *Einheit* erst 1948 in dem am 18.6.1946 gegründeten *Dietz-Verlag* auf. Vgl. hierzu: SAPMO-BArch, DY 30/IV2./9.13, Bl. 3,5,19,31.
[390] Eine Liste der marxistisch-leninistisch ausgerichteten Bücher und Broschüren, unter deren Autoren u.a. Ulbricht, Leonhard und Paul Wandel zu finden sind, befindet sich, in: SAPMO-BArch, NY 4036/672, Bl.9-40. Zusätzlich zu den im Verlag *Neuer Weg* erschienenen theoretischen Zeitschrift *Neuer Weg* wurden ab April 1946 im Verlag *Einheit* u.a. die Zeitschrift *Einheit* als weitere theoretische Monatsschrift und die zweimonatlich erscheinenden *Sozialistische(n) Bildungshefte* veröffentlicht. Vgl. Ebda, Bl. 16f. Vgl. auch: Kubina, in: Wilke (Hg.), 92, Anm. 254.

"Im Berliner Pressewesen besteht zur Zeit die Gefahr, dass durch Zersplitterung der Kräfte keine einheitliche Linie gewahrt werden kann. In der ehemaligen Druckerei des Deutschen Verlags, der augenblicklich leistungsfähigsten in Berlin, beabsichtigen die Amerikaner dreimal wöchentlich eine Zeitung herauszugeben. Ferner erscheint dreimal wöchentlich die englische Zeitung 'Der Berliner' in einer Wilmersdorfer Druckerei. Unter englischer Kapitalführung ist beabsichtigt, im Deutschen Verlag unter der Regie von Heinz Ullstein eine Privatzeitung herauszugeben.(...) Um dieser politischen Gefahr entgegentreten zu können, müsste ein Gross-Verlag entstehen, der büromäßig sowohl der Berliner Zeitung als auch der Deutschen Volkszeitung zur Verfügung steht und über eine gemeinsame technische Anlage verfügt. In der sowjetischen Zone stehen zerstreut unausgenutzt genügend Maschinen, die zusammengefasst eine hochleistungsfähige Druckerei ergeben könnten. Mit Unterstützung des Herrn sowjetischen Stadtkommandanten wäre es möglich, hier eine Grossverlag zusammenzustellen, der allen kommenden politischen und propagandistischen Aufgaben gewachsen ist und konkurrenzfähig arbeiten kann. (...) Soll die Gefahr einer Überwucherung und einer unerwünschten Einwirkung auf die Meinungsbildung des Volkes durch Privatinitiative vorgebeugt werden, so bedarf die Verwirklichung des Planes sofortige Inangriffnahme der skizzierten Maßnahmen.[391]

Diese Einschätzung wurde auch von der KPD-Führung und Rudolf Herrnstadt geteilt. Denn bereits am 4. September trafen sich Herrnstadt und Pieck zu einer Besprechung, in der die Modalitäten eines solchen "Pressekonzern(s)"[392] diskutiert wurden. Ein zuerst geplanter stadteigener Verlag wurde mit Hinweis auf mögliche politische Kräfteverschiebungen ("Veränderung im Regime") abgelehnt. Um die für die öffentliche Wirksamkeit der *BZ* wichtige Verbindung zum Magistrat nach außen zu wahren und gleichzeitig die "zweckmäßige[r] (...) Kon-

---

[391] Zitiert nach: LAB (STA), B Rep.101/Nr. 202, Bl.1 (Hervorhebung im Text). Zwar weist das Exposé kein Datum auf, doch läßt die im Text formulierte Annahme, daß Heinz Ullstein der Lizenzträger der im Ullsteinverlag erscheinenden neuen Zeitung sei, auf den August 1945 schließen. Desweiteren läßt sich aus dieser Quelle schließen, daß die KPD, wenn auch mit Fehler im Detail (englische Kapitalführung), sehr gut über die Pressepläne der westlichen Alliierten informiert war. Später wurde - wahrscheinlich auf Initiative von Wilhelm Pieck - mindestens eine kommunistische 'Agentin' in die Redaktion des *TS* nachweisbar eingeschleust. Vgl. Schivelbusch, 329, Anm. 412.

[392] So eine Notiz in den im Nachlaß von Wilhelm Pieck gefundenen Aufzeichnungen zu seinem Gespräch mit Rudolf Herrnstadt vom 4.9.1945. Die Notiz: "Ullstein liegt im amerikanischen Sektor" bestätigt die Einschätzung, daß bei der Besprechung die westliche Konkurrenz im Zentrum ihrer Überlegungen stand. Zitiert nach: SAPMO-BArch, NY 4036/672, Bl.1. Dort auch die beiden nächsten Zitate.

trolle der Partei" über den zu errichtenden Verlag zu sichern, entschied man sich für die Gründung einer *Berliner Verlag(s) GmbH*, in der neben dem Magistrat mit 500.000 RM der Verlag *Neuer Weg* und die KPD-nahe *Gesellschaft für zeitgenössische Dokumente* mit insgesamt 800.000 RM mehrheitliche Teilhaber waren.[393] Der Magistrat stimmte am 1. Oktober 1945 in einer Sitzung der neuen Verlagsgründung zu, mit der Auflage, "die Weiterführung der Politik des antifaschistischen Blocks sicherzustellen."[394] Trotz der von Herrnstadt geforderten Eile verzögerte sich aufgrund bürokratischer Hürden die rechtliche Reglementierung.[395] Erst am 24. Januar 1946 wurde der Gründungsvertrag der *Berliner Verlag(s) GmbH* zwischen den drei Parteien geschlossen. Darin wurde festgeschrieben, daß die "'Berliner Zeitung' (...) als nicht an eine einzelne Partei gebundene antifaschistische Tageszeitung zu leiten" sei. "Jegliche Änderung in dieser Hinsicht erfordert die Zustimmung sämtlicher Gesellschafter." Rudolf Herrnstadt wurde zum Geschäftsführer mit Einzelvertretungsmacht ernannt.[396]

Trotz dieser 'kommunistischen Privatisierung' der *BZ* und der immer heftiger werdenden Proteste der Amerikaner gegen den offiziellen Status der Zeitung, beharrte die SMAD lange Zeit auf dem Status der *BZ* als amtliches Publikationsorgan des Magistrats. Erst am 26. Februar 1946 erklärte ein sowjetischer Beauftragter in der Alliierten Kommandatur, daß die *BZ* nicht mehr Sprachrohr des Magistrats sei. Der dementsprechende Hinweis im Titelkopf der Zeitung wurde zwar ab 14. März nicht mehr gedruckt, aber die von den Amerikanern geforderte eindeutige Erklärung auf der ersten Seite erschien nicht, so daß den meisten Le-

---

[393] Die Zahlen sind einem unsignierten Schreiben der *BZ* an den Magistrat vom September 1945 entnommen, das mit "Betrifft: Gründung einer 'Berliner Zeitung'" überschrieben ist. Die am 26.9. gegründete *Gesellschaft für zeitgenössische Dokumente*, die 200.000 RM in den neuen Verlag investierte, hatte - nach Darstellung des genannten Schreibens - für den Verlag auch einen direkten politischen Nutzen. Das Dokumentenmaterial würde "uns große[n] politische[n] Möglichkeiten" in die Hand geben. Vgl. LAB (STA), B Rep.101 /Nr.1211, Bl.1-5. Zitat: Bl.4. Zu den Einzelheiten der *Gesellschaft für zeitgenössische Dokumente*, vgl. SAPMO-BArch, NY 4036/672, Bl. 15f.

[394] Magistratsvorlage für die Sitzung vom 1. Oktober vom 18.9.1945 zwecks "Beschließung der Teilhabe an dem neu zu gründenen 'Berliner Verlag GmbH'". Zitiert nach: LAB (STA), B Rep.101/ Nr. 1211, Bl.7.

[395] So mußte die Lizenzierung der beiden Teilhaberverlage durch die SMAD abgewartet werden. Herrnstadt schrieb mehrfach an Karl Maron, den stellvertretenden Oberbürgermeister Berlins, um den bürokratischen Prozeß zu beschleunigen. Ein weiteres Indiz für die hektische Betriebsamkeit Herrnstadts angesichts der westlichen Pressekonkurrenz. Vgl. hierzu: Ebda, Bl.17-20.

[396] Vgl. hierzu: Gesellschaftsvertrag zur Gründung der *Berliner Verlags GmbH* vom 24.1.1946, in: Ebda, Bl. 8-14. Zitate: Bl.9. Zum stellvertretenden Geschäftsführer wurde Gerhard Kegel ernannt

sern dieser Umstand verborgen blieb.[397] Die *BZ* avancierte später zum Organ der Berliner SED-Bezirksleitung, gab sich aber als solches nicht eindeutig zu erkennen.[398] Alle Versuche des späteren SPD-dominierten Magistrats, Zeitung und Verlag unter seine Kontrolle zu bringen, wurden abgewehrt und blieben erfolglos.[399]

Stattdessen gab der nun mit leistungsfähigen Druckereien ausgestattete *Berliner Verlag*[400], der in der späteren DDR zu einem der größten Presseunternehmen wurde[401], bald neben der *BZ* auch mehrere Zeitschriften heraus, die den programmatischen Zielen der 'antifaschistisch-demokratischen Umwälzung' verpflichtet waren.

Bereits im Oktober 1945 war die erste Ausgabe der *Neue[n] Berliner Illustrierte[n]* erschienen. Sie versuchte mit Reportagen aus dem Arbeiteralltag und zahlreichen emotionalisierenden Bildern die Leser von der Richtigkeit der politischen Maßnahmen, anfangs vor allem der Bodenreform, zu überzeugen.[402] Nach Aussage Kegels wollte die *Neue Berliner Illustrierte* damit inhaltlich an die Tradition der *Arbeiter-Illustrierten-Zeitung*, gleichzeitig aber auch bewußt in Titel und Aufmachung an den Erfolg der Ullsteinschen *Berliner Illustrierte(n)* in der Weimarer Zeit anknüpfen.[403] Im Laufe der Jahre 1946 und 1947 brachte der *Berliner Verlag* zahlreiche weitere auf bestimmte Zielgruppen ausgerichtete Zeitschriften - z.B. die Frauenzeitschriften *Frau von heute* und *Für Sie* oder die Jugendzeit-

---

[397] Vgl. insgesamt zu vorherigen Ausführungen: Hurwitz, Stunde Null, 308. Zur Wahrnehmung der Berliner von der *BZ* vgl. Anm.237.

[398] Vgl. Strunk, Zensoren, 88.

[399] Vgl. Ausarbeitung der rechtlichen Situation des Magistrats gegenüber der "Berliner Zeitung", unsigniert und undatiert, in: LAB (STA), B Rep. 101/ Nr. 1211, Bl. 33f bzw. 37ff. Auch: Keiderling, Staatspartei, 339.

[400] Vgl. zu den Einzelheiten: Kegel, 520-529.

[401] Vgl. SAMPO-BArch, DDC 9/Lizenzakte 177. Diese Akte enthält detaillierte Auflagenstatistiken und Lizenzurkunden der *BZ* vor allem aus den achtziger Jahren.

[402] Die *Neue Berliner Illustrierte* erschien zunächst im *Allgemeinen Verlag*, einem Subverlag des *Berliner Verlag[s]*. Chefredakteure bis 1950 waren Bernt von Küngelgen und Lily Becher. Rudolf Reinhardt leitete von 1957-1958 die *Neue Berliner Illustrierte*. Vgl. hierzu: SAPMO-BArch, DY 63/2018, Bl.110. Die im Text erwähnte Intention der *Neue[n] Berliner Illustrierte(n)*, über emotional wirkende Bilder das Vertrauen der Bevölkerung zu gewinnen ('Bildnachricht'), zeigte sich deutlich in der Dezember-Ausgabe der *Neue(n) Berliner Illustrierte(n)*, die sich weitgehend der Bodenreform widmet. Ein Titelfoto mit der Überschrift "Zum eigenen Land das eigene Vieh" zeigt zwei fröhlich lachende Bauern inmitten ihrer Tiere vor einer idyllischen Landschaft. Demselben Strickmuster folgte die dreiseitige Bildreportage "Landverteilung in Mecklenburg - Aus Junkerland wurde freie Bauernerde" im Heftinneren. Vgl. *Neue Berliner Illustrierte* 4/1945. Vgl. insgesamt auch: Raue, Journalismus, 95f.

[403] Vgl. Kegel, 523.

schrift *START* - und die Boulevardzeitung *BZ am Mittag* heraus.[404] Wie noch zu sehen sein wird, waren die genannten Zeitschriften mehr oder weniger Aktionen gegen oder Reaktionen auf entsprechende Produkte der Westalliierten. In jedem Fall waren sie auf die Popularisierung der KPD bzw. SED-Politik respektive der Maßnahmen der SMAD ausgerichtet. Exemplarisch soll hierfür ein Artikel der *BZ* vom 8. Juni 1946 über die erste Ausgabe der Jugendzeitschrift *START* zitiert werden, weil in ihm nicht nur das politische Credo der Zeitschrift, sondern auch mit seiner Anspielung auf den *TS* die damit implizierte prinzipielle Gegnerschaft zu den westlichen Presseerzeugnissen deutlich zum Ausdruck kommt. So hieß es darin:

> "Gestern erschien erstmalig eine zwölfseitige reich bebilderte Zeitung der jungen Generation bei den Berliner Zeitungshändlern: der 'Start' war gestartet. Es soll der Start in eine bessere Zukunft sein, heißt es im Leitartikel der ersten Nummer, in eine Zukunft, um die die Jugend kämpfen muß, die ihr nicht geschenkt wird. So richtet der 'Start' von Anfang an seinen Blick vorwärts. (...) 'Demokratisiert die Demokratie!' fordert der 'Start', der überhaupt mit Forderungen und Kritik nicht hinterm Berg hält, und wir lesen Berichte von mißverstandener und wahrer Demokratie. Hier das Maul halten nach alter deutscher Überlieferung, dort die vollendete Meinungsfreiheit in der Diskussion, die einem Jugendlichen und einem Heimkehrer zum Erlebnis wird. Wie treffend dazu das satirische Bild der Weltkugel, die sich -Leukoplast über den Augen- die Ohren zuhält und die Unterschrift: 'So nicht!'. Ja, wir müssen alle noch viel lernen, nicht nur die Jugend. (...) Wie der 'Start' mitteilt, will er das Sprachrohr der Kritik der jungen Generation sein, was darauf schließen läßt, daß wir noch manches Interessantes von ihm erwarten können, das uns weiterhilft auf dem Weg zu einer deutschen Demokratie."[405]

Die amerikanische Informationskontrolle war durch Klagen von Mitarbeitern der sowjetisch lizenzierten bürgerlichen Presse über die sowjetische Pressepolitik informiert und reagierte auf diese allerdings zunächst defensiv. So antwortete man

---

[404] Ein Brief des *Berliner Verlag(s)* an die Abteilung Volksbildung des Magistrat vom 30.9.1947 nennt außerdem noch den monatlich erscheinenden *Demokratischen Aufbau*. Vgl. LAB (STA), B Rep. 120/ Nr. 795/ Bl. 11. Ein in der SAPMO-BArch gefundener handschriftlicher Belegbogen weist noch die am 10.1.1946 gegründete Frauenzeitschrift *Für Dich* aus. Vgl. SAPMO-BArch, DY 63/ 2018. Die 1946 erschienene *BZ am Mittag* war ein sehr ansprechendes Boulevardblatt und blieb auch in der DDR sehr beliebt. Vgl. Reinhardt, 54.
[405] Zitiert nach: START - Illustriertes Blatt der jungen Generation, in: *BZ* vom 8.6.1945. Eine von dem Spruchband "Rerum cognoscere causas" eingerahmte Weltkugel schmückte den Titelkopf des *TS*.

auf die Beschwerde Gerigks über die sowjetische Zensur im August 1945 schroff, daß man weder willens noch in der Lage sei, auf die sowjetischen Zensurmaßnahmen Einfluß zu nehmen.[406]

Man hoffte, daß die Lizenzierung des *TS* - neben der offiziellen *AZ* - als publizistischem Antipol zur sowjetischen Presse genügen würde und versuchte ansonsten, eine offene Konfrontation mit den sowjetischen Verbündeten zu vermeiden. Diese passiv-abwartende Haltung wich aber angesichts der expansiven Steigerung an Anzahl und Auflagenzahl der sowjetisch kontrollierten Presse bis Ende 1945, als den insgesamt 650.000 Exemplaren aller drei westlich orientierten Zeitungen nunmehr fast zwei Millionen Exemplare der mehr oder weniger kommunistisch ausgerichteten Presse gegenüberstanden[407], immer mehr zunehmender Skepsis und schärferer interner Kritik gegenüber der sowjetischen Pressepolitik. So wurde in einem resümierenden Memorandum der amerikanischen Informationskontrolle vom 1. Januar 1946 die inhaltliche Einseitigkeit der sowjetisch kontrollierten Presse und der insgesamt aggressive und diktatorische Charakter der sowjetischen Pressepolitik deutlich verurteilt. Dabei wurden zum erstenmal unverholene Vergleiche zu nationalsozialistischen Propagandamethoden gezogen. So konnte man dort u.a. lesen:

> "Angesichts der deutschen Furcht vor dem Kommunismus, die durch russische Medienkontrolle, Zensur und politischen Druck bestärkt wird, schätzen die Deutschen hier in Berlin zunehmend die Möglichkeit zu freier Rede und unbehinderter Diskussion. Uns wurde immer wieder erzählt, das russsische Informationsgebaren folge der altbekannten Methode Goebbels's (sic!). Viele Deutsche haben genug von fabrizierter Information. Viele von ihnen kennen ihre Kennzeichen und wissen, daß sie zuviel Informationskontrolle zu fürchten haben. Sie begrüßen das amerikanische Vorgehen, da es als einziges den Deutschen erlaubt, unter vernünftigen Sicherungen und Kontrollen ihren eigenen Standpunkt zu entwickeln. (...) Alle Indizien deuten darauf hin, daß die amerikanischen und britischen Zeitungen bei der Berliner Bevölkerung die populärsten sind. Doch der Markt wird vom Angebot reguliert. (...) Es handelt sich um eine 'Bauchredner-Presse'. Alle sowjetisch gesponserten Blätter, die Zeitungen der politischen Parteien eingeschlossen, dienen den kontrollierenden sowjetischen Autoritäten als Sprachrohre."[408]

---

[406] So: Halbwöchentlicher Rechenschaftsbericht Nr.10 der Berliner Informationskontrolle vom 11.8.1945. Vgl. Jans, 85.
[407] Zu den Zahlen: Hurwitz, Eintracht, 95.
[408] So: Memorandum on Information Media Berlin with particular reference to press and radio, Amerikanische Informationskontrolle vom 1.1.1946. Zitiert nach: Frei, Medienpolitik, 37f. Daraus auch das folgende Zitat.

Den sowjetischen Propagandazielen wurde im folgenden die demokratische Mission der Amerikaner entgegengehalten, deren Absicht es sei,

> "Den Deutschen amerikanische Ideen zu vermitteln - Freiheit der Rede, Freiheit des politischen Handelns, Regierung durch das Volk, Verantwortlichkeit des einzelnen, Kompromisse zwischen politischen Gruppen, Rassentoleranz, Gegenseitigkeit und Fairplay in nationalen und internationalen Angelegenheiten -[.] Das sind Konzepte, die nicht so sehr durch Propaganda entwickelt werden können, sondern vielmehr mittels einer freien Presse und der vollen Möglichkeit sich auszudrükken, unter vernünftigen und klaren Sicherungen und der freundschaftlichen Führung durch unsere Besatzungsautoritäten."

Die von der Richtigkeit ihrer Mission zutiefst überzeugten Verantwortlichen in der amerikanischen Berliner Informationskontrolle irritierte zunächst weniger die prinzipielle ideologische Gegnerschaft zu den Sowjets. Diese war wohl spätestens seit der Ankunft in Berlin allen an dem Aufbau einer amerikanisch orientierten Berliner Presse Beteiligten klar. Vielmehr beunruhigte die Tatsache, daß sich die SMAD mit ihrer Presse bewußt in Konkurrenz zu den westlichen Zeitungen stellte und diese damit verdrängen wollte. So bemerkte ein wöchentlicher Bericht der Berliner Informationskontrolle vom 28. Dezember 1945 im Hinblick auf die Einführung des *NE* wörtlich:

> "It is interesting to note that the Russians appparantly do not intend to leave any field of information exclusively in the hands of Western Allies. The first evidence to that effect was supplied by the appeareance of the evening paper *Nacht Express* in competition with the French-licensed *Der Kurier*."[409]

Angesichts des extremen Papiermangels im amerikanischen Sektor und dem vor allem auf der hohen diplomatischen Ebene immer noch gültigen Gebot der Eintracht der Siegermächte gegenüber den Deutschen, das eine zu aggressive Reaktion verbot, war die publizistische Gegenoffensive der amerikanischen Informationskontrolle zunächst allerdings recht bescheiden. Sie beschränkte sich im wesentlichen auf den Zeitschriftensektor. Neben dem Vertrieb der überregionalen

---

[409] So: Wöchentlicher Bericht der OMGBS vom 28.12.1945. Zitiert nach: Hurwitz, Eintracht, 267, Anm.4.

amerikanischen "overt periodicals", der eher unterhaltsamen *Heute* und der anspruchsvolleren *Amerikanischen Rundschau*, können in diesem Zusammenhang besonders die im Dezember 1945 erstmals erschienene, ebenfalls im Druckhaus Tempelhof redigierte Frauenzeitschrift *Sie* und die im Januar 1946 aufgelegte, 'flott' gemachte amerikanische Jugendzeitschrift *Horizont* genannt werden. Letztere erschien der SMAD als so gefährlich, daß sie dem von ihr beherrschten Radio Berlin befahl, das Magazin zu verschweigen.[410]

Die *Sie* war viel mehr als 'nur' eine Frauenzeitschrift im klassischen Sinne.[411] Die *TS*-Redakteure Kindler und Grindel machten die wöchentliche Zeitschrift unter der offiziellen Regie von Heinz Ullstein - die Amerikaner hatte ihm quasi als Entschädigung für die vorherige Ablehnung die Lizenz erteilt - zu einem eminent politischen, d.h. "ausgesprochen antikommunistische[n]"[412] Blatt. Diese 'populäre Schwester' des *TS*, wie man die *Sie* aufgrund ihrer engen personellen und organisatorischen Verzahnung mit dem *TS* durchaus nennen kann[413], bezog bereits im Februar 1946 gegen die Kulturpolitik in den Ostsektoren eindeutig Stellung. Bei der Berliner Leserschaft sehr beliebt, galt sie auch in amerikanischen Augen bis zu ihrer Einstellung 1950 als wirksames Korrektiv im Zeitschriftenbereich.[414]

Im Bereich der Zeitungen agierten die Amerikaner - wie schon erwähnt - zunächst eher zurückhaltend. Die Auflage des *TS* wurde nur geringfügig erhöht.[415] Allerdings zeigte die Tatsache, daß die *Neue Zeitung*, das überregionale Zentralorgan der amerikanischen Militärregierung aus München, seit November zweimal die Woche nach Berlin transportiert wurde, deutlich, daß die planmäßige Ein-

---

[410] Vgl. Ebda, 100.

[411] Insgesamt zu den Ausführungen zur *Sie* vgl. Riess, 398-402. Der Grund für die auffallend vielen Frauenzeitschriften, die von allen Alliierten herausgegeben wurden - die Amerikaner lizenzierten später auch noch die *Revue* und die *Frauenhilfe* - war der extrem hohe Frauenanteil (fast 2/3) an der Berliner Bevölkerung nach dem Zweiten Weltkrieg.

[412] Zitiert nach: Anm.410.

[413] In der *Sie* arbeiteten mit Grindel und Kindler nicht nur leitende Redakteure des *TS*, vielmehr konnte sich die Redaktion auch auf die aktuelle Nachrichtenzusammenstellung des *TS* stützen. Insgesamt war das amerikanisch verwaltete Druckhaus Tempelhof besonders seit dem Frühjahr 1946 zum Zentrum der publizistischen Aktivitäten der drei Westmächte geworden, als dort zeitweise neben der *Sie* und dem *TS* mehrere Zeitschriften und auch der *Berliner* und der *Kurier* gedruckt wurden. Vgl. zu den Ausführungen: Jans, 105f.

[414] Riess glaubt zu wissen, daß die *Sie* einen "größeren politischen Einfluß hatte als irgendeine Tageszeitung im Westen Berlins." Zitiert nach: Riess, 401. Diese Einschätzung wird durch einen Bericht der Berliner Informationskontrolle über die Zeitschriftenlandschaft in Berlin Anfang 1947 bestätigt. So hieß es dort über die *Sie*: " 'SIE' is one of the leading women's magazine and it played an important role in the city elections campaigns last year." Zitiert nach: OMGBS 4/17-1/8.

[415] Die Auflage des *TS* wurde ab 1.1.1946 lediglich von 300.000 auf 335.000 Exemplare erhöht. Vgl. Jans, 107.

stellung der äußerst populären *AZ*, gegen die sich schon im Oktober vor allem der Leiter der Berliner Informationskontrolle, Leonhard, ausgesprochen hatte[416], inzwischen als Fehler erkannt worden war. Aber nicht nur ihre geringe Auflagenzahl und ihre fehlende Aktualität, sondern auch ihr fehlender Bezug zur besonderen Berliner Situation führte dazu, daß die Zeitung von den Berlinern wenig beachtet wurde und dadurch kaum Wirkung auf die politische Meinungsbildung ausüben konnte.[417] Erst im März 1947 brachte Hans Wallenberg eine spezielle Berliner Ausgabe der *Neuen Zeitung* heraus, um in dem nun offen ausgebrochenen Kalten Krieg auch zu aktuellen lokalen Problemen öffentlichkeitswirksam Stellung beziehen zu können.[418]

Dagegen sorgten in erster Linie die Engländer mit ihrer Lizenzierung von drei weiteren Zeitungen bis Herbst 1946 dafür, daß die Breite des politischen Meinungsspektrums auf dem Berliner Zeitungsmarkt gewahrt wurde. Der sowjetische Druck bei den Fusionsbestrebungen von KPD und SPD im Frühjahr 1946 hatte nicht zuletzt auf höchster diplomatischer Ebene ein Umdenken weg von der Priorität der Einheit der Siegermächte hin zu einer verstärkten Abwehr gegenüber dem kommunistischen Expansionsdrang eingeleitet. In der berühmten 'Fulton-Rede' von Ex-Premierminister Churchill vom 5. März 1946, die das Wort vom 'Eisernen Vorhang' prägte, fand dies ihren ersten öffentlichen Ausdruck.[419] Auch auf der lokalen Ebene in Berlin versuchte man jetzt verstärkt, den antikommunistischen Kreisen der Sozialdemokratie öffentliches Gehör zu verschaffen. In diesem Sinne wurde am 5. März das von dem Sozialdemokraten Erich Lezinsky ge-

---

[416] Leonhard sprach sich noch am 30.10.1945 dafür aus, die *AZ* für mindestens sechs Monate neben dem *TS* weiterlaufen zu lassen. Als Grund für diesen Vorschlag wurde neben ihrer Popularität auch die unterschiedlichen Zielgruppen beider Zeitungen genannt. Vgl. hierzu: Ebda, 87f.

[417] So gaben in einer Umfrage der amerikanischen Militärregierung über die beliebteste Zeitung im Juni 1946 nur 1% der Berliner die *Neue Zeitung* an. Vgl. Hurwitz, Eintracht, 125.

[418] Zur Entwicklung der *Neue(n) Zeitung* in Berlin vgl. Hurwitz, Stunde Null, 349-356.

[419] Zu der sich seit Februar 1946 andeutenden Richtungsänderung in der allgemeinen britischen Deutschlandpolitik (Das Ziel einer deutschen Zentralverwaltung für alle Zonen sollte nur noch nach außen hin vertreten werden; dagegen ökonomische Stärkung der eigenen Zone "to keep it immune from Communism" und Vorbereitung einer Zusammenlegung der amerikanischen und englischen Zone) vgl. Falk Pingel, Die Russen am Rhein? - Zur Wende der britischen Besatzungspolitik im Frühjahr 1946, in: VfZG 30 (1982), H.1, 98-116 (Zitat: 108). Zur Bedeutung des Berliner Fusionskampfs für diese Entwicklung: 104f. Als Reaktion auf die aggressive, die kommunistische Gefahr beschwörende Rede Churchills ("Das ist nicht das befreite Europa, für das wir gekämpft haben. Es ist auch kein Europa, das die Wesenszüge eines dauerhaften Friedens trägt.") bezeichnete Stalin zwei Tage später Churchill in einem Interview als den "neuen Hitler." Vgl. hierzu: Andreas Hillgruber, Europa in der Weltpolitik der Nachkriegszeit 1945-1963, München 1993. (Dort auch Zitat aus Rede Churchills). Auch die sowjetische Presse in Berlin reagierte martialisch. Vgl. Churchill klirrt mit den Waffen, in: *TR* vom 12.3.1946.

leitete *Spandauer Volksblatt* lizenziert.[420] Weit wichtiger für die öffentliche Meinungsbildung als dieses mit 150.000 Exemplaren hauptsächlich im direkten lokalen Bereich verbreitete Blatt war allerdings die Gründung des *Telegraf* durch die Engländer am 22. März. Der überzeugte Sozialdemokrat und entschiedene Gegner der Kommunisten, Arno Scholz, der sich seit längerem um die Lizenz für eine eigene Tageszeitung bemühte, hatte nach heftiger interner Diskussion von den Briten die Verantwortung für die Gestaltung dieses Blatts erhalten. Nach Peter de Mendelssohn, der nun in britischen Diensten stand und bei der Lizenzierung des *Telegraf* federführend agierte, war der *Telegraf* "ein volkstümliches Blatt von sozialdemokratischer Grundhaltung, das unabhängig von der Parteipresse war und jene weiten Kreise des Bürgertums ansprach, welche der 'Tagesspiegel' nicht erfaßte und die folglich notgedrungen die sowjetisch-kontrollierte Parteipresse las."[421] Er umschrieb damit elegant die strikt antikommunistische Parteilinie des aggressiven, mit großen Schlagzeilen und Bildern arbeitenden Boulevardblatts.[422] Ein großer, aber eher populär redigierter Kulturteil machte den *Telegraf* auch für ein bürgerliches Publikum attraktiv. Die enorme Beliebtheit des *Telegraf* bei der Berliner Bevölkerung[423], dem von der Gegenseite wahlweise "politische Brunnenvergiftung"[424] oder "übelste tendenziöse Entstellungen, aufreizende Verleumdungen und Hetzereien"[425] vorgeworfen wurde, führte dazu, daß der *Berliner* als offizielles Presseorgan der britischen Militäradministration am 30. April 1946 eingestellt und die Startauflage von 150.000 kontinuierlich bis

---

[420] Zu den redaktionellen Details des *Spandauer Volksblatt[s]* vgl. Oschilewski, 250-253.

[421] Zitiert nach: De Mendelssohn, 551.

[422] Zwei Belege sollen für diese Einschätzung genügen. So schreibt Arno Scholz in einem Leitartikel vom 11.8.1946 über den beginnenden Wahlkampf der SED u.a. folgendes: "Die Propagandamethoden nähern sich immer mehr den sattsam bekannten und eben überwundenen. Es fehlt nur noch das Plakat 'Ein Volk, Ein Reich, eine Partei'. Plakate wie 'Durch Kampf zum Sieg' gibt es schon wieder. (...) Propaganda ist der Partei alles. Selbst die prekäre Ernährungslage muß herhalten. Obwohl unzweifelhaft ist, daß jede politische Partei, überhaupt jeder Mensch in Deutschland, das Bestreben hat mitzuhelfen, die Schwierigkeiten der Ernährung zu beheben, macht eine Partei [die SED - CM] ein politisches Geschäft mit dem Hunger." Zitiert nach: Brot und Spiele, von Arno Scholz, in: *Telegraf* vom 11.8.1946. Zwölf Tage später glaubte Scholz in der SED die "Herrschaft der Ungeistigen" zu erkennen. Vgl. *Telegraf* vom 23.8.1946.

[423] Der *Telegraf* war nach einer Umfrage der amerikanischen Militärregierung ab September 1946 die mit Abstand beliebteste Zeitung sowohl in den West- als auch in den Ostsektoren. Vgl. Hurwitz, Eintracht, 125.

[424] Dies ist in einer Resolution des SED-Stadtbezirks Friedrichshagen vom 14.8.1946 zu lesen. Zitiert nach: LAB, C Rep. 901/ Nr. 323, unnummeriertes Blatt.

[425] So in einer Denkschrift Wolfgang Harichs an Otto Meier über die "Notwendigkeit einer sofortigen Intensivierung unserer Presse- und Propagandaarbeit in den Westzonen" vom 8.7.1947. Zitiert nach: SAPMO-BArch DY 30/IV2/9.02/64, Bl. 22.

Ende 1946 auf über eine halbe Million gesteigert wurde.[426] Der *Telegraf*, dem ab 1. April auch der ehemalige sozialdemokratische Reichstagspräsident Paul Löbe und Annedore Leber, die Frau des hingerichteten sozialdemokratischen Widerstandskämpfers Julius Leber, als Mitlizensenten angehörten, wurde gerade wegen seiner breiten Massenwirkung zur wahrscheinlich effektivsten publizistischen Waffe des westlichen Demokratiekonzepts in Berlin.

Bereits die Lizenzierung des *Telegraf* war im Grunde eine Reaktion auf den sowjetischen Druck auf die sozialdemokratischen Fusionsgegner. Die von den Engländern genehmigte, am 3. Juni 1946 erstmals erschienene Parteizeitung *Der Sozialdemokrat* resultierte nun unmittelbar aus der Machtverschiebung innerhalb des parteipolitischen Koordinatensystems, welche durch die am 21. April 1946 in den Berliner Ostsektoren vollzogene Verschmelzung der SPD und KPD zur SED zugunsten der Kommunisten entstanden war. Durch die nur in den Westsektoren stattfindende Urabstimmung der Sozialdemokraten über den Zusammenschluß, in der sich am 31. März 1946 82% der West-Berliner Sozialdemokraten gegen einen sofortigen Zusammenschluß mit der KPD entschieden, war nämlich die paradoxe Situation entstanden, daß die SPD in den westlichen Sektoren als eigenständige Organisation bestehen blieb, während sie in den Ostsektoren in der SED aufging. Die aus den antikommunistischen Fusionsgegnern bestehende Rest-SPD war zwar nach heftigsten Auseinandersetzungen in der Alliierten Kommandatur am 31. Mai 1946 in allen vier Sektoren neben der SED als autonome Partei zugelassen worden, doch besaß sie seit der Gründung der SED zunächst keine publizistische Plattform mehr. Das sozialdemokratische Presseorgan *Das Volk* war seit dem 21. April 1946 zusammen mit der kommunistischen *Deutsche[n] Volkszeitung* eingestellt worden und in dem neuen Parteiblatt der SED *Neues Deutschland* aufgegangen.[427] Eine weitere von dem fusionswilligen Zentralausschuß von SPD und KPD bereits am 9. April 1946 herausgegebene Zeitung schmückte sich mit dem Titel des früheren SPD-Organs *Vorwärts*. Sie wurde nach der Vereinigung das offizielle Publikationsorgan der Berliner Landesleitung der SED und diente damit als ein weiteres öffentliches Forum der Einheitspartei.[428] Die Lizensierung des *Sozialdemokrat*, der von Gustav Klingenhöfer geleitet wurde[429], sollte nun

---

[426] Zu den Zahlen vgl. Hurwitz, Eintracht, 127.

[427] Zu redaktionellen Details des *Neuen Deutschland* vgl. Strunk, Zensoren, 73f. Das *Neue Deutschland* wurde ab 25.7.1950 das offizielle Organ des Zentralkomitees der SED. Heute - zehn Jahre nach dem historischen Umbruch - ist das *Neue Deutschland* eine PDS-nahe "sozialistische Tageszeitung".

[428] Der *Vorwärts* wurde später zur Morgenausgabe des *Neuen Deutschland*. Vgl. zu *Vorwärts*: Ebda, 72; Oschilewski, 235.

[429] Zu den redaktionellen Details des *Sozialdemokrat* vgl. Oschilewski, 266-270.

helfen, dieses publizistische Ungleichgewicht zwischen der SPD und der SED auszugleichen und gleichzeitig die Chancen für die antikommunistische SPD bei den Wahlen am 20. Oktober 1946 zum Berliner Magistrat erhöhen.[430] Angesichts der massiven Bevorzugung der SED durch die SMAD im Wahlkampf 1946[431] entschlossen sich schließlich auch die Amerikaner, die Gegner der SED durch eine Zeitung zu unterstützen. So wurde am 10. Oktober 1945 das Boulevardblatt *Der Abend* "with terrific strain and terrific speed", wie Fielden im nachhinein konstatierte[432], ins Leben gerufen, um - so die offizielle Sprachregelung - die Möglichkeiten "für einen freien Meinungsaustausch aller politischen Parteien in Berlin vor den Wahlen"[433] zu verbessern. Die Leitung des zunächst mit 100.000 Exemplaren vertriebenen Abendblatts wurde den konservativen Christdemokraten Müller-Jabusch und Hans Sonnenfeld übertragen. Ihnen war dabei ausdrücklich erlaubt worden, "to reflect conservative or rightist political views"[434]. Obwohl kein Parteiorgan, sollte *Der Abend* den bürgerlichen Kräften als Forum dienen, die in dem streng zensierten offiziellen CDU-Organ *Neue Zeit* nicht zu Wort kamen.

Ende 1946 gab es in Berlin insgesamt 16 Tageszeitungen und zahlreiche Zeitschriften.[435] Wie dargestellt, war dieser im deutschen Besatzungsgebiet einmalige Boom an Zeitungsneugründungen - Rudolf Reinhardt spricht in diesem Zusammenhang von dem "Zeitungsparadies Berlin"[436] - in erster Linie der besonderen

---

[430] Vgl. Hurwitz, Eintracht, 128f. Die Auflage des *Sozialdemokrat* lag bei 50.000 Exemplare. Vgl. Ebda, 129.

[431] Neben der bereits genannten drastischen Auflagensteigerung aller sowjetisch kontrollierten Zeitungen (vgl. Anm.378) - die offizielle SED-Presse *Neues Deutschland* und *Vorwärts* kam auf 400.000 bzw. 300.000 Exemplare - versuchte die Propagandaabteilung Tjulpanows auch z.B. durch öffentliche Denunzierung mißliebiger Politiker als ehemalige Nazis oder durch den Versuch, die SPD von 'Agenten' unterwandern zu lassen, die gegnerischen Parteien zu schwächen. Vgl. hierzu: Creuzberger, 84-92. Besonders: 89f. Zu den Auflagen der SED-Presse: Strunk, Zensoren, 72f.

[432] Bernt Fielden in einem Bericht an den Leiter der Berliner Informationskontrolle, Oberstleutnant Leonhard vom 26.5.1947, in: OMGBS 4/17-1/8.

[433] Zitiert nach: Hurwitz, Stunde Null, 347.

[434] So in der Lizenzgenehmigung der amerikanischen Informationskontrolle für den *Abend* vom 1.10.1946. Zitiert nach: Hurwitz, Eintracht, 128.

[435] Die genaue Anzahl der Zeitschriften in Berlin Ende 1946 konnte nicht ermittelt werden. Der bereits erwähnte Bericht der amerikanischen Informationskontrolle über die Presselandschaft in Berlin von Anfang 1947 nennt 23 Zeitschriften, die unter amerikanischer Lizenz erschienen. Eine vergleichbare Quelle über die genaue Anzahl der sowjetisch lizenzierten Zeitschriften lag dem Autor leider nicht vor. Vgl. OMGBS 4/17-1/8.

[436] Vgl. Reinhardt, 32.

ideologischen Frontstellung in Berlin geschuldet. In der Zeit zwischen 1945 und 1946, in der Berlin zwar weltanschaulich, aber noch nicht faktisch gespalten war, also die Zeitungen jeder politischer Coleur in der Regel an den Kiosken in allen Sektoren der Stadt frei käuflich waren[437], versuchten die Sowjets zunächst, ihren in den ersten drei Monaten erarbeiteten kommunikationspolitischen Vorsprung durch Auflagensteigerungen, neue 'westliche' Zeitungskonzepte und den Aufbau parteieigener Verlage weiter auszubauen. Die Westalliierten ihrerseits, allen voran die Engländer, begannen dem publizistischen Übergewicht der Sowjets bewußt entgegenzusteuern, indem sie die Erlaubnis zur Herausgabe von Zeitungen mit akzentuiert antikommunistischer Grundhaltung erteilten.

Auslösender Moment für diesen ab Frühjahr 1946 immer deutlicher erkennbaren Konfrontationskurs der Westalliierten gegenüber den Sowjets war nicht so sehr die Gründung der SED selbst als vielmehr die in ihren Augen undemokratische Art und Weise, wie der Zusammenschluß der SPD und KPD zu einer neuen einheitlichen Arbeiterpartei zustande gekommen war.

So hatte der massive Druck der Sowjets auf die sozialdemokratischen Fusionsgegner und ihr Versuch, diese auch öffentlich 'mundtot' zu machen, den *TS* im Frühjahr 1946 veranlaßt, die diktatorischen Methoden bei der geplanten Vereinigung der beiden Arbeiterparteien offen anzugreifen und den antikommunistischen Sozialdemokraten ein Teil des Blattes als Sprachrohr zu überlassen. Dieser erste 'ideologische Krieg' zwischen dem amerikanischen *TS* und der sowjetisch kontrollierten Presse soll nun abschließend nach dem Aspekt rekonstruiert werden, daß hier zum ersten Mal die Zeitungen als Mittler des jeweiligen Demokratieverständnisses deutlich auftraten. Diese Auseinandersetzung bildete in ihren Grundzügen - hier Kampf für die liberale Demokratie, dort Kampf für Sozialismus und gegen die Reaktion - das Muster aus, das von da an bis 1948 in immer schärferer und drastischerer Form die inhaltlichen Auseinandersetzungen zwischen östlichen und westlichen Zeitungen prägte. Dieser erste offene ideologische Machtkampf um die Frage der Vereinigung von SPD und KPD, der im folgenden an der Berichterstattung der *TR* und *BZ* einerseits und des *TS* auf der anderen Seite chronologisch in seinen wesentlichen Zügen dargestellt wird, steht daher nicht nur paradigmatisch für das qualitative Moment des 'Berliner Presse-

---

[437] Die Sowjets beschlagnahmten zwar bereits Ende 1945/Anfang 1946 einzelne Ausgaben des *TS*, doch wurde der Vertrieb von westlich lizenzierten Presseerzeugnissen erst Ende 1946 offiziell verboten, worauf auch die Westalliierten die Einfuhr östlicher Zeitungen und Zeitschriften einschränkten. Vgl. hierzu: Hurwitz, Eintracht, 102; Balfour, 330. Am 25.6.1947 wurde in einem Beschluß des Alliierten Kontrollrats der freie Austausch von Zeitungen in allen Zonen und Sektoren vereinbart. Dieses Gebot wurde in Berlin allerdings von allen Seiten kaum in die Wirklichkeit umgesetzt. Vgl. hierzu: Baerns, Ost und West, 46ff.

kriegs' der Nachkriegsjahre. Er kann gleichzeitig auch als ein Vorspiel zum erst später offen ausbrechenden Kalten Krieg betrachtet werden. Dieser begann 'offiziell' erst ein Jahr später, als der amerikanische Militärgouverneur Clay am 28. August 1947 gemäß der im März verkündeten 'Truman-Doktrin' und als Reaktion auf die scharfen antiamerikanischen Attacken in der Presse und die im September auf der Kominform verkündeten 'Zwei-Lager-Theorie' die sogenannte "Operation Talk back" ankündigte und damit eine breit angelegte antikommunistische Propagandakampagne einleitete.[438]

II. Ein Fallbeispiel: Die Fusion von SPD und KPD im Spiegel der Zeitungen

Am Anfang der Kontroverse stand ein Beschluß. Unter der Leitung von Otto Grotewohl und Wilhelm Pieck trafen sich am 22. Dezember 1945 führende Berliner Funktionäre der SPD und KPD zu einer gemeinsamen Konferenz und entschieden, die Zusammenarbeit der beiden Parteien zu intensivieren und die Vorbereitungen für einen baldigen Zusammenschluß zu treffen. Dieser Entscheidung waren kontroverse Diskussionen in beiden Parteien seit Juni 1945 vorausgegangen.[439] Die SPD war anfangs ein entschiedener Verfechter der Einheit. Sie nahm diese Haltung nach ihren schlechten Erfahrungen mit der KPD in der 'antifaschistischen Einheitsfront' allerdings zunächst zurück und beharrte auf ihrer Eigenständigkeit. Ebenso wie der Sprecher der SPD in den Westzonen, Kurt Schuma-

---

[438] Zur "Operation talk back" vgl. Hurwitz, Stunde Null, 333-339; kritischer und ausführlicher als die eher apologetische Darstellung von Hurwitz: Barbara Mettler, Demokratisierung und Kalter Krieg - Zur amerikanischen Informations- und Rundfunkpolitik 1945-1949, Berlin 1975, 54-82. Hier besonders: 61-66. Die am 12.3.1947 vom amerikanischen Präsidenten Truman verkündete, scheinbar neue, in Wirklichkeit dem bereits skizzierten amerikanischen Selbstverständnis entsprechende außenpolitische Richtlinie besagte, daß die USA jeden Staat, dessen Freiheit bedroht sei, militärisch und ökonomisch unterstützen werde. Diese, obwohl nicht ausdrücklich erwähnt, gegen den Expansionsdrang des Kommunismus gerichtete Doktrin wurde auf der Gründungskonferenz der Kominform am 27.9.1946 mit der 'Zwei-Lager-Theorie' beantwortet. Danach stehen sich das amerikanische "imperialistische und antidemokratische" und das sowjetische "antiimperialistische und antifaschistische" Lager in einem unversöhnlichen globalen Kampf gegenüber. Vgl. Wolfgang Benz, Die Gründung der Bundesrepublik Deutschland, München 1989, 47ff.

[439] Die folgenden, auf das Wesentliche reduzierten Ausführungen zur Vorgeschichte der politischen Auseinandersetzungen um die Vereinigung von KPD und SPD stützen sich auf: Müller-Engbergs, 72-77; Jans, 150ff; Ribbe, 1040-1043; Leonhard, 476-493; Fredericke Sattler, Bündnispolitik als politisch-organisatorisches Problem des zentralen Parteiapparats der KPD 1945/6, in: Wilke (Hg.), 167-180. Im weiteren: Sattler, in: Wilke (Hg.).

cher, der die SPD nur in der Rolle des 'Blutspenders' für die KPD sah, lehnte dabei auch Grotewohl zunächst eine Vereinigung ab, weil er eine Dominanz der KPD befürchtete. Der Diskussionsprozeß innerhalb der KPD verlief indessen jenem der SPD genau entgegengesetzt. Erst als sich die anfangs gehegte Hoffnung, gegenüber der SPD zur Massenpartei aufzusteigen, nicht erfüllte und die katastrophalen Wahlergebnisse der Kommunisten in Österreich und Ungarn ihre Angst vor den nächsten Wahlen steigerten, drängte die KPD und mit ihr die Propagandaverwaltung der SMAD verstärkt auf den Zusammenschluß mit der SPD und versuchte hierbei, die genannten Befürchtungen der SPD zu zerstreuen, indem man ihr scheinbar politisch entgegenkam.

So war als programmatische Grundlage einer neuen Einheitspartei vom Chefideologen der KPD, Anton Ackermann, die sogenannte "Theorie des besonderen deutschen Weges zum Sozialismus" formuliert worden. In dieser in direkter Tradition zu den skizzierten Nachkriegsplanungen stehenden Theorie wurde das sowjetische Sozialismusmodell ausdrücklich abgelehnt und stattdessen die sozialistische Umgestaltung auf dem Boden einer parlamentarischen Republik angestrebt. Als man auf der besagten Konferenz im Dezember 1945 Grotewohl zusicherte, daß die Einheit nur von einem gesamtzonalen Parteitag der SPD beschlossen werden könnte und darüber hinaus die völlige Gleichberechtigung zwischen Sozialdemokraten und Kommunisten gewährleistet sei, stimmte auch er der Vorbereitung einer Fusion zu.

Ideologischer Hintergrund der Fusionsbefürworter war die These, daß die Spaltung der Arbeiterbewegung in der Weimarer Republik wesentlich zum Sieg des Faschismus beigetragen habe. Die Einheit der Arbeiterklasse, die der Zusammenschluß von SPD und KPD parteipolitisch symbolisiere, sei aber nicht nur die Lehre aus den Fehlern der ersten deutschen Demokratie, sondern auch eine historische Notwendigkeit, "um zu verhindern, daß wie 1918 wieder die militaristischen und imperialistischen Kräfte zu neuer Stärke gelangen", wie Wilhelm Pieck am Neujahrstag 1946 in einem Grundsatzartikel "Warum Einheit der Arbeiterklasse?" in der *TR* ausführte.[440] Nur eine starke Arbeitermacht könnte die Demokratie und den Frieden sichern, indem sie als einzige politische Kraft einer Restauration der kapitalistischen Gesellschaftsstrukturen entgegenwirke, die den Faschismus hervorgebracht hätten. In dem genannten Artikel betonte Pieck im weiteren die Stärke der Gegner einer geplanten Vereinigung, sah darin allerdings nur die Richtigkeit einer einheitlichen Arbeiterpartei bestätigt. So schrieb er wörtlich:

---

[440] Zitiert nach: Warum Einheit der Arbeiterklasse?, von Wilhelm Pieck, in: *TR* vom 1.1.1946. Hieraus auch das folgende Zitat.

"In Erkenntnis der Notwendigkeit kann die Arbeiterklasse nur bestärkt werden durch die offenkundigen Bemühungen der reaktionären Kräfte, das Zustandekommen der Arbeitereinheit zu verhindern. Diese Kräfte wissen nur zu gut, daß ihnen mit der Vereinigung der beiden Arbeiterparteien und durch die Einheit der Arbeiterklasse jede Möglichkeit der Wiederaufrichtung ihrer Machtstellung genommen wird. Die Reaktion versucht ihr Spiel in der mannigfaltigen Art und Weise und erfreut sich dabei teils der Unterstützung der Feinde der Arbeitereinheit in der Arbeiterschaft selbst oder aber der Agenten, die unter der Maske der Demokratie den Arbeitern einzureden versuchen, daß es für sie vorteilhaft wäre, wenn sich die Arbeiterparteien gegenseitig bekämpfen und bei den Wahlen die Kräfte messen. (...) Aber es wäre die größte Torheit, die jetzt von der Arbeiterschaft begangen würde, und die größte Verantwortungslosigkeit der führenden Funktionäre der beiden Arbeiterparteien, wenn sie der Reaktion auf diesen Leim kriechen würde."

Die scharfe Attacke gegen die "Feinde der Arbeitereinheit in der Arbeiterschaft" galt in erster Linie Kurt Schumacher, dem sozialdemokratischen Sprecher in den Westzonen, der die Einheitsentscheidung des Berliner Zentralausschusses nicht anerkannte und aus prinzipiellem Mißtrauen gegenüber der KPD, in der er nur den "Handlanger der sowjetischen Besatzungsmacht"[441] sah, einen Zusammenschluß strikt ablehnte. Darüberhinaus wird aber auch in der dem zitierten Abschnitt implizierten These, daß ein Gegner der Einheit per definitionem ein Reaktionär sei, das im ersten Teil dieser Untersuchung skizzierte sozialistische Demokratieverständnis der Sowjetunion sichtbar, welches in den folgenden drei Monaten für den schnellen Verlauf des Vereinigungsprozesses den Befürwortern der Einheit als theoretische Rechtfertigung diente. So sei die Einheit der Arbeiterparteien überhaupt erst die unbedingte Voraussetzung für die Schaffung einer wirklich demokratischen Staatsmacht, also einer Staatsform, die nicht wie die untergegangene Weimarer Demokratie nur "formal vollkommen" sei, sondern in welcher "auch die wirtschaftlichen und andere gesellschaftspolitischen Bereiche wie Justiz in den Händen des Volkes seien ".[442]

Diese Vorstellung brachte Theodor Schulze am Schluß eines Artikels in der *TR* vom 11. Januar 1946 auf die knappe Formel:

---

[441] Zitiert nach: Harold Hurwitz, Die Anfänge des Widerstands, Teil 1 (Führungsanspruch und Isolation der Sozialdemokraten), Köln 1990, 354.

[442] Zitiert nach: Die künftige deutsche Demokratie, von Theodor Walden, in: *TR* vom 10.3.1946.

"Das deutsche Volk kann sich eine neue Existenz nur auf dem Boden der Demokratie aufbauen: diese Demokratie aber ist ohne eine politische geeinte Arbeiterschaft nicht möglich".[443]

Konsequenterweise konnte dann die *TR* acht Tage später in einem Kommentar zur "Frage der Einheit" konstatieren:

> "Nur unehrliche Demagogen können behaupten, daß das Vorhandensein zweier Parteien, das heißt die Spaltung der Arbeiterbewegung, ein Element der Demokratie sei. Die Demokratie wird keineswegs dadurch bestimmt, daß sie unbedingt eine Vielfalt von Parteien umfassen muß. Was die Arbeiterklasse betrifft, so gibt es in der heutigen Gesellschaft keinen folgerichtigeren Anhänger der Demokratie, als es die Arbeiterklasse ist."[444]

Eine solche Gleichsetzung von Demokratie und Einheitspartei machte nach dieser Logik jeden Gegner der Vereinigung nicht nur zu einem Reaktionär, sondern auch zu einem Feind der Demokratie schlechthin, gegen den mit allen Mitteln vorzugehen sowohl geboten als auch legitim sei. Der Kampf um die Einheit war also aus dieser Perspektive gleichzeitig ein Kampf um die Demokratie.

Der *TS* nahm erstmals am 28. Dezember 1945 gegen die Einheitserklärung Stellung. In einem Kommentar unter der Überschrift "Befehlsempfang in Berlin?" sprach sich der *TS* prinzipiell gegen Verschmelzungen von Parteien aus, kritisierte aber auch im konkreten Fall den Beschluß der Parteileitungen von oben und forderte die Möglichkeit zur freien Entscheidung eines jeden einzelnen Parteimitglieds. Bereits in dieser ersten Stellungnahme gab sich der *TS* als Anwalt des bürgerlichen, westlichen, dezidiert amerikanischen Demokratieverständnisses zu erkennen. So schrieb er über die Einheitserklärungen der beiden Parteigremien wörtlich:

> "Sie ganz abzudrucken, fehlt uns der Raum. Aber auch wenn er nicht fehlte, hatten die fünf Sätze genügt, in die unsere Leser gestern die Erklärung zusammengedrängt fanden, weil alles andere nur eine Wiederholung dessen ist, was seit dem verflossenen Juni in fünfhunderttausend Sätzen unaufhörlich gesagt wurde. (...) Obwohl wir uns für die

---

[443] Zitiert nach: Ohne geeinte Arbeiterschaft keine Demokratie - Lehren von gestern - Folgerungen für heute, von Theodor Schulze, in: *TR* vom 11.1.1946.
[444] Zitiert nach: Zur Frage der Einheit, von N. Orlow, in: *TR* vom 19.1.1946

politische Zukunft nichts von Verschmelzungen versprechen, die notwendigerweise der inneren Wahrhaftigkeit ermangeln müssen und nur taktischen Erwägungen entspringen, obwohl wir den offenen Kampf der Geister einem unterirdisch schwelenden vorziehen und nicht recht begreifen, wie jemand die Grundsätze verleugnen könnte, denen er schließlich seine Existenz verdankt, so kann natürlich die Entscheidung nur bei den Parteien selbst liegen. Allerdings müßten die Instanzen die B i l l i g u n g   d e r   M i t g l i e d e r einholen. (...) Eine solche Auseinandersetzung muß auf der Basis gleich zu gleich erfolgen, und Beschlüsse können nur in Anwesenheit aller Beteiligten gefaßt werden."[445]

Nach der Lesart der DDR-Geschichtsschreibung hatte der *TS* hiermit den Startschuß für das Auftreten der sozialdemokratischen Opposition in Berlin gegeben.[446] Dies ist insofern einzuschränken, als es auch in Berlin seit September 1945 von Anfang an starke innerparteiliche Widerstände gegen die Vereinigung gab, ohne daß die westlich orientierte Presse Notiz davon nahm.[447] Doch tatsächlich nahm sich von nun an der *TS* der Sache der antikommunistischen Sozialdemokraten zunächst vorsichtig und indirekt an. Diese die nächsten zwei Monate prägende, auf den ersten Blick merkwürdige politische Allianz zwischen dem elitären, bürgerlich-liberalen *TS* und einem Teil der Berliner Sozialdemokraten beruhte nicht auf parteipolitischer Übereinstimmung, sondern auf dem gemeinsamen Eintreten für die Freiheitsrechte des Einzelnen als Grundlage einer demokratischen Ordnung, also den Grundfesten des amerikanischen Freiheits- und Demokratieverständnisses. Diese politische Symbiose aufgrund der gemeinsamen Haltung zu den Basiswerten eines neuen Staatswesens belegte eine pathetische Rede des sozialdemokratischen Marburger Oberbürgermeisters Siebecke über das "Wetterleuchten der geistigen Auseinandersetzung im Abendland". Diese Rede, die stellvertretend für die Auffassungen der Sozialdemokraten in den Westzonen um Kurt Schumacher gesehen werden kann, druckte der *TS* am 31. Dezember 1945 ganzseitig ab und gab damit zweifellos den Berliner Fusionsgegnern erstmals eine Stimme, ohne sie selbst sprechen zu lassen. So konnte man in der genannten Rede Siebecks u.a. folgendes lesen:

---

[445] Zitiert nach: Befehlsempfang in Berlin? Zur Einheitserklärung der SPD und KPD, von "D.T." (höchstwahrscheinlich Erik Reger), in: *TS* vom 28.12.1945. Hervorhebung im Original.
[446] Vgl. Siegfried Thomas, Entscheidung in Berlin - Zur Entstehungsgeschichte der SED in der deutschen Hauptstadt 1945/6, Berlin 1967, 173.
[447] Vgl. Hurwitz, Eintracht, 98.

"Es gehört zum unleugbaren Wesen des demokratischen Prinzips, daß der demokratische Staat sich als die Erfüllung der sittlichen Forderung des Individuums betrachtet, und daß deshalb wahre Demokratie nur da denkbar ist, wo sich der einzelne in Freiheit entfalten und im Glauben an den Wert des Denkens und in der Ehrfurcht vor der Wahrheit zu einer denkenden Weltanschauung emporzubilden vermag. (...) Niemals darf die Gesellschaft stärker auf den einzelnen wirken, als der einzelne auf die Gesellschaft zurückwirken vermag, wenn anders nicht jene unheilvolle Spannung zwischen dem einzelnen und der Gesellschaft entstehen soll, die die Wirklichkeit gewordene Abstraktion des Staatsgedankens problematisch macht und zur Staatskrise führt. In der jüngsten Vergangenheit hat die Geschichte das erbarmungswürdige Schicksal des Individuums demonstriert, das durch den Kollektivismus seiner Menschenwürde entkleidet wurde und nun vor den richtenden Nationen die Kollektivschuld verantworten soll."[448]

Von diesen Grundwerten ausgehend, wandte sich Siebecke im weiteren klar gegen die Verschmelzung von Sozialdemokraten und Kommunisten, indem er die unüberwindlichen weltanschaulichen Gegensätze zwischen Kommunisten und Sozialdemokraten hervorhob. Denn

"[h]ier leuchtet die Antithese auf zwischen dem Sozialismus als ökonomisches Prinzip und dem Sozialismus als ideengeschichtliche Lebensform. (...). Warum verschlimmerten sie [die Kommunisten -CM] das politische Delirium des Proletariats und warum zerspalteten sie die moralischen Kräfte der einzigen wirklichen Träger des demokratischen Gedankens? Sie verließen unsere Reihen doch nur, weil sie sich zum Prinzip der sozialen Revolution und zum Ziele einer Diktatur des Proletariats entschlossen hatten. (...) Wir wenden uns gegen die Illusion, die die Freiheit in der Gesellschaft gesichert glaubt durch ihre Unterwerfung unter eine diktatorische Gewalt, die von der Gesamtheit der Werktätigen gegen jedes einzelne ihrer Glieder ausgeübt wird. Der Kampf gegen den Kapitalismus als die Form der Entrechtung der Masse des Volkes zugunsten weniger fordert mitnichten jene Diktatur als das einzige Mittel, die Rechte aller zu sichern."

Damit war der ideologische Rahmen der Auseinandersetzung innerhalb der deutschen Arbeiterbewegung um die Frage einer einheitlichen Arbeiterpartei abgesteckt. Es ging um nicht weniger als um die normativen Prinzipien einer künfti-

---

[448] Zitiert nach: Das Wetterleuchten der geistigen Auseinandersetzung im Abendland, von Horst Siebecke, in: *TS* vom 31.12.1945. Hieraus auch das folgende Zitat.

gen demokratischen Staatsordnung. Beharrten die einen auf der unbedingten Geltung der individuellen Grundfreiheiten und lehnten deswegen eine Vereinigung generell ab, so war diese Vereinigung für die anderen überhaupt die Voraussetzung dafür, demokratische Strukturen schaffen und damit erst die Freiheit für alle sichern zu können. Zugespitzt formuliert, standen hier also zum ersten Mal das amerikanische, 'formale' dem sowjetischen, 'inhaltlichen' Demokratieverständnis unversöhnlich gegenüber. Die sowjetisch lizenzierte Presse und der amerikanische *TS* als die öffentlichen 'Schutzpatrone' der jeweiligen Auffassungen konnten und wollten sich dem Konflikt nicht entziehen und wurden zum eigentlichen Schauplatz der sich im Februar und März 1946 zuspitzenden Auseinandersetzungen.

Trotz oder wahrscheinlich gerade wegen des Widerstands der Sozialdemokraten - ein Parteitag der West-Sozialdemokraten hatte am 8. Januar mit großer Mehrheit eine Vereinigung abgelehnt[449] - drängte die KPD und insbesondere die SMAD in ihrer Zone und in Berlin ab Januar 1946 verstärkt auf eine sofortige Vereinigung der beiden Parteien, die nach einem Bericht Walter Ulbrichts vom 6. Februar 1946 über eine Unterredung bei Stalin spätestens am 1. Mai vollzogen sein müsste.[450] Häufig unter massivem Druck und durch gewalttätige Einschüchterungsmaßnahmen der SMAD gegenüber den sozialdemokratischen Gegnern der Einheit - in der offizieller Diktion waren die sowjetischen Kommandaturen in der SBZ angewiesen, auf eine "ortsgruppenmäßige Vereinigung" von SPD und KPD "einzuwirken"[451] - wurde nun in rascher Abfolge von den verschiedensten Parteiorganisationen mehr oder weniger freiwillig der sofortige Zusammenschluß gefordert. Gleichzeitig startete die Agitationsabteilung der KPD mit massiver Unterstützung der SMAD eine breit angelegte Propagandakampagne für die Einheit. Neben zahllosen Flugblättern, Plakaten und der bereits erwähnten Herausgabe der Zeitschrift *Einheit* berichteten alle sowjetisch lizenzierten Zeitungen - insbesondere das offizielle SPD-Parteiorgan *Das Volk*, das durch erhöhte Papierzuteilung von der SMAD bevorzugt unterstützt wurde[452] - fast täglich über den angeblich überschwenglichen Willen aller Parteimitglieder zu einer Vereinigung. "Chemnitzer Arbeiter für Einheitspartei", "Sachsen fordert Einheitspartei", "Für die Vereinigung der Arbeiterparteien - einmütiger Beschluß der Parteiorganisa-

---

[449] Vgl. Sozialdemokratie im Westen gegen die Berliner Beschlüsse, in: *TS* vom 8.1.1946.

[450] Vgl. Bericht Walter Ulbrichts über eine Beratung bei Stalin am 6.2.1946 um 9 Uhr abends, in: Badstübner, 68f. Hier: 68.

[451] Zitiert nach: Besprechung von Wilhelm Pieck am 1.2.1946 in Karlshorst bei Bokow, in: Ebda, 66f. Hier: 66.

[452] Vgl. Hurwitz, Eintracht, 121.

tionen der SPD und KPD auf Kreisebene in Mecklenburg und Vorpommern"[453] -
so und so ähnlich lauteten ab Mitte Januar auch in der 'überparteilichen' *BZ* und
der *TR* fast täglich die Schlagzeilen. In den Berichten wurden ausschließlich bei-
geistert-zustimmende Stimmen der Arbeiter zur Einheitspartei zitiert. So wurde
der Eindruck einer großen Einmütigkeit innerhalb der Parteimitgliedschaften er-
weckt. Daß es eine Gegnerschaft der Verschmelzung innerhalb der Arbeiterschaft
gab, blieb dabei anfangs weitgehend unerwähnt und, wenn sie einmal angedeutet
wurde, gemäß der bereits skizzierten Argumentationsstruktur als ein Produkt reaktionären Wunschdenkens interpretiert. So konnte man in einem Artikel der *BZ*
zu den "Einheitsbesschlüssse[n] in Mecklenburg und Sachsen", in welchem die
Rede des KPD-Funktionärs Bürger paraphrasiert wurde, folgendes lesen:

> "Bürger berichtete weiter über die Verbreitung unsinniger Gerüchte,
> die, wie er sagte, 'aus der Goebbelsküche kommen', und die dazu an-
> getan sind, Verwirrung unter der Arbeiterschaft zu säen. Auch gegen
> die große Einheitsbewegung gehen derartige Gerüchte. Warum werden
> Gerüchte verbreitet, die besagen, daß die Einheit in der oder jener Zone
> abgelehnt worden ist? Ganz einfach deshalb, weil unsere wahren Geg-
> ner, die Reaktion, diese Einheit fürchten: denn wenn die Einheit der
> Arbeiterklasse erst einmal geschafft ist, kann es für Reaktion und Mi-
> litarismus keine Existenz in Deutschland mehr geben."[454]

Angesichts dieser einseitigen Kampagne der sowjetisch kontrollierten Zeitungen
und des offenkundigen Machtstrebens der Sowjets zeigte der *TS* ab Januar 1946
immer offener seine Sympathien für die antikommunistischen Fusionsgegner,
noch ohne direkt Partei zu ergreifen. So berichtete er betont ausführlich über die
Meinungen der Sozialdemokraten in den Westzonen[455] und veröffentlichte erste
Artikel, die nicht nur die geplante Einheit, sondern auch - wenn auch noch sehr
versteckt- die Methoden der geplanten Vereinigung kritisierte.[456] Das zunächst
erkennbare Bemühen des *TS* um möglichst sachliche und objektive Berichterstattung änderte sich endgültig ab dem 11. Februar, als der Zentralausschuß der

---

[453] Vgl. *BZ* vom 20.1.1946 bzw. 24.1.1946; *TR* vom 2.2.1946

[454] Zitiert nach: Einheitsbeschlüsse in Mecklenburg und Sachsen, in: *BZ* vom 25.1.1946.

[455] Vgl. z.B. Niederlage der Gefühle - Zu den Frankfurter Beschlüssen, in: *TS* vom 9.1.1946;
Redner und Führer, in: *TS* vom 24.1.1946. Gerade der letztgenannte Artikel ist eine geradezu
unkritische Hommage an den "Führer" der Westsozialdemokraten, Kurt Schumacher.

[456] Vgl. Der Mythos der Einheit, von Arno Ehrlich, in: TS vom 8.2.1946. Dort heißt es am Ende in kryptischer Art und Weise über die Methoden der Kommunisten: "Es wird erlaubt sein,
daß den, denen demokratische Freiheit Lebensluft ist, die demokratischen Bekennertöne mit
Skepsis aufnehmen. (...) Wenn die Kommunisten gleich der Majorität der Deutschen ernsthaft
demokratisch umlernen, dann wird die Einheit von selbst erwachen. Diese Einheit kann nur am
Ende eines Entwicklungsprozesses stehen."

Berliner SPD um Otto Grotewohl nach zweitägigen kontroversen Beratungen entschied, die Vereinigung mit der KPD von einem SPD-Parteitag der sowjetischen Zone einschließlich Berlin über die Ostertage beschließen zu lassen[457]. Damit wich der sozialdemokratische Berliner Zentralausschuß angesichts der ablehnenden Haltung der Sozialdemokraten in den Westzonen von der anvisierten gesamtdeutschen Entscheidungsfindung ab. Der *TS* erkannte nun in dieser Entscheidung den unbedingten Willen der SPD-Führung um Grotewohl, trotz der Vorbehalte vieler Sozialdemokraten die Fusion auch in Berlin schnell zu verwirklichen und entschloß sich in der Folgezeit zu einer aggressiveren Intervention.

Der sich bereits ab Januar 1946 besonders in den Berliner SPD-Kreisverbänden der Westsektoren formierende Widerstand gegen die Verschmelzung - ihre führenden Köpfen waren das Mitglied des Zentralausschusses, Karl Germer, Klaus-Peter Schulz und Franz Neumann - hatte sich bisher öffentlich nicht artikulieren können, weil deren Ansichten von dem eigenen Parteiorgan *Das Volk* bewußt unterdrückt worden waren. Schulz und Germer nahmen nun Anfang Februar Kontakt zum *TS* auf und Reger erklärte sich "ohne Umschweife"[458] bereit, ihre Auffassungen im *TS* zu publizieren. Unter ausdrücklicher Billigung des amerikanischen Kontrolloffiziers Fielden[459] erschien dann bereits am 16. Februar im *TS* ein Artikel von Karl Germer unter dem Titel "Persönlichkeit und Masse". Damit sprach sich erstmals ein führender Berliner Sozialdemokrat öffentlich gegen die Vereinigung aus. Bereits einen Tag später veröffentlichte der *TS* interne Parteitagsbeschlüsse der SPD[460], die Klaus-Peter Schulz wieder einen Tag später in seinem Artikel "Politische Zwischenbilanz" kommentierte, ohne daß hierbei allerdings der Name des Autors genannt wurde.[461]

Dieses nun immer klarer erkennbare Abrücken des *TS* von seiner 'überparteilichen' Linie rechtfertigte Reger in seinem bezeichnenderweise mit "Zeit der Entscheidung" betitelten Leitartikel vom 19. Februar 1946 mit der neuen Tyrannei, die nun durch eine kommunistisch dominierte Massenpartei drohe. In gewohnt prophetisch-missionarischer Manier, die sich nicht zuletzt an die bildungsbürgerliche Stammleserschaft richtete, schrieb er hierbei u.a.:

---

[457] Vgl. Berlin, Kampf, 354.

[458] Zitiert nach: Klaus-Peter Schulz, Auftakt zum Kalten Krieg. Der Freiheitskampf der SPD in Berlin 1945/6, Berlin 1965, 192.

[459] Vgl. Jans, 155.

[460] Vgl. Zur Frage der Verschmelzung SPD-KPD - Dokumente eines kritischen Stadiums, in: *TS* vom 17.2.1946.

[461] Vgl. Anm.458.

"Als der 'Tagesspiegel' gegründet wurde, hielten wir es, unter anderem, für die nächstliegende Verpflichtung ein politisches Leben zu wecken, das durch die scharfe Abgrenzung der Standpunkte, nicht aber durch reglementierende Verwischung der Gegensätze fruchtbringend zu wirken imstande ist. (...) Der Kommunismus ist uns als solcher ein gleich wesentlicher, historisch bedingter und nicht wegzudenkender Faktor wie jede andere geistige und politische Bewegung, die darauf bedacht ist, daß sie nicht mißdeutet werden kann und in ihr kämpferisches Arsenal keine Waffen eingeschmuggelt werden, die mit Erfolg nur im Dunkeln verwendbar sind. War dies schon immer Voraussetzung für die geistige Anerkennung einer Partei, die Wert darauf legt, auf einer höheren Ebene als der des Manövers zu bestehen, so ist es desto mehr der Fall nach einem Jahrzwölft, in dem Tarnungen aus bitterster Notwendigkeit groteskeste Formen annahmen. Mit Tarnungen muß es nun zu Ende sein, gleichwie es mit jeder Diktatur, jeder Tyrannei und allem, was auch nur entfernt nach totalitärem Staat aussieht, zu Ende sein muß. 'Massenparteien' haben nicht die Aufgabe, die Persönlichkeit der Masse unterzuordnen, sondern umgekehrt aus der Masse Persönlichkeiten herauszubilden. Sozialismus heißt nicht Proletarisierung des Bürgertums, sondern Aristokratisierung der Arbeiterschaft. Bisher, und gerade von 1920 bis 1933, ist alles den verkehrten Weg gegangen. Statt die unteren Schichten zu heben, zog man allein die oberen herab. Statt der Vermassung entgegenzuwirken, unterstützte man sie und mit ihr den einzigen Boden, auf dem die Tyrannei gedeiht. Der 'Tagesspiegel' ist unabhängig von Parteien, aber nicht parteilos. Seine Partei ist Recht und Gerechtigkeit, ist Wahrheit, Menschlichkeit und Menschenwürde, ist Freiheit, Friede und Völkerversöhnung. Seine Partei ist der Geist einer produktiven Toleranz, die den Kampf nicht scheut und dort ihre Grenzen hat, wo die Grundsätze der Demokratie in Frage gestellt sind, sei es durch Gesinnung, Haltung oder Phraseologie. (...) In welcher der Parteien irgend etwas davon sich regt, diese Partei wird unsere Bundesgenossenschaft haben. In welcher der Parteien das Pendel nach der anderen Seite ausschlägt, diese Partei wird unsere Gegnerschaft haben."[162]

Die oppositionellen Berliner Sozialdemokraten erhielten jetzt auch verstärkte Unterstützung auf der originär politischen Ebene. So war Kurt Schumacher unter dem Schutz und dem ausdrücklichen Willen der britischen Besatzungsmacht[163] am 20. Februar 1946 nach Berlin gekommen, um, wie Tjulpanow in einer Aktennotiz vom 14. März 1946 argwöhnte, "die Aktivitäten des rechten Flügels [der

---

[162] Zitiert nach: Zeit zur Entscheidung, von Erik Reger, in: *TS* vom 19.2.1946
[163] Vgl. Harold Hurwitz, Die Anfänge des Widerstands, Teil 2, (Zwischen Selbsttäuschung und Zivilcourage), Köln 1990, 1009. Im weiteren: Hurwitz, Widerstand.

Sozialdemokratie -CM] zu verstärken" und "ihn zum Angriff vorzubereiten"[464]. Tatsächlich sprach Schumacher in mehreren Versammlungen zu zahlreichen oppositionellen sozialdemokratischen Funktionären. Die größte Zusammenkunft fand am 23. Februar in einem Hinterzimmer eines Tempelhofer Gasthofs statt. Die Anwesenheit zahlreicher britischer und amerikanischer Offiziere machte das zunehmende, wenn auch noch geheime, Engagement der Besatzungsmächte für die Fusionsgegner deutlich. [465] Demonstrativ druckte der *TS* am 26. Februar ein längeres Interview mit Schumacher ab, in dem dieser die angestrebte Einheitspartei als eine Fortsetzung der KPD in anderer Form bezeichnete.[466] Bereits einen Tag vorher hatte er in einem Interview mit dem *Berliner* eine freie Entscheidung aller SPD-Mitglieder in Berlin und der SBZ gefordert.[467]

Die innerparteiliche Auseinandersetzung eskalierte dann in einer am 1. März im Admiralspalast an der Friedrichstrasse stattfindenen Konferenz Berliner SPD-Funktionäre. Die durch die zunehmende politische und publizistische Solidarität neuen Mut schöpfende SPD-Opposition konnte nach einer turbulent verlaufenden Debatte[468] gegen den heftigsten Widerstand des Zentralausschusses, der diese Sitzung zusammen mit der KPD-Spitze vorbereitet hatte[469], mit 2/3 Mehrheit eine Resolution durchsetzen, in der eine Urabstimmung aller Berliner SPD-Mitglieder über das Ja oder Nein zur Vereinigung gefordert wurde.

Die diametral unterschiedliche Darstellung der stürmischen Ereignisse in den Berliner Zeitungen verdeutlichte, wie sehr inzwischen nicht nur die sowjetische Presse, sondern auch der *TS* zu einer parteilichen Berichterstattung übergegangen war.

Die *BZ* erwähnte in ihrer kurzen Nachricht über die Konferenz auf der ersten Seite am 2. März die verabschiedete Resolution überhaupt nicht. Dort konnte man nur lesen, daß sich in der Versammlung eine "Meinungsverschiedenheit der Funktionäre über die Wege und Methoden zur Erreichung der Einheit" ergeben

---

[464] Zitiert nach: "Streng geheim[e] Aktennotiz" von Oberst Tjulpanow vom 14.3.1946 "über die politische Lage in Berlin bis zum 13. März 1946", in: Hermann-Josef Rupieper (Hg.), Die Zwangsvereinigung von KPD und SPD: Einige ausgewählte Dokumente der SMAD 16.1.1946 - 7.6.1946, Halle 1997, 11-14. Hier: 11. Im weiteren: Tjulpanow, in: Rupieper (Hg.).

[465] Vgl. hierzu: Thomas, 197; Schulz, 128f.

[466] Vgl. Ein Probefall der Demokratie - Dr. Schumacher zu den politischen Tagesfragen, in: *TS* vom 26.2.1946

[467] Vgl. Schulz, 130.

[468] So wurde u.a. Grotewohls Rede von zahlreichen Schmährufen (u.a. " Spalter", "Keine Unterwerfung", "Dr. Goebbels") gestört, so daß er minutenlang nicht sprechen konnte. Vgl. hierzu die detaillierte, dramatische Schilderung der Ereignisse bei: Hurwitz, Widerstand, 1022-1030. Die Sicht der DDR-Geschichtsschreibung, in: Thomas, 200f.

[469] Vgl. Sattler, in Wilke (Hg), 197.

hätte. "Die[se] Aktivität, die von allen Versammlungsteilnehmern an den Tag gelegt wurde", bewies der *BZ* allerdings nur, "daß die Fusion beider Arbeiterparteien und die Schaffung einer sozialistischen Einheitspartei eine Frage von gewaltiger, lebenswichtiger Bedeutung für die gesamte Arbeiterklasse in Deutschland ist."[470] Dagegen bejubelte der *TS* am selben Tag enthusiastisch die Entscheidung zu einer Urabstimmung mit der großen Schlagzeile "Eindeutiger Kurs für wahre Demokratie" auf der Titelseite.[471] Wie sehr sich der *TS* im reinen Nachrichtenteil von seinem bisherigen Anspruch der seriösen Objektivität entfernt hatte, zeigte sich auch an der Berichterstattung über eine zwei Tage später stattfindende Konferenz der KPD. Dort lautete eine exemplarische Formulierung: "Nach den gewohnten Beschimpfungen all derer, die für Freiheit der Meinung und der Persönlichkeit eintreten, insbesondere Dr. Schumachers, erklärte Pieck (...)".[472]

Der Machtkampf in den Zeitungen um das 'Bewußtsein' der SPD-Mitglieder nahm von nun eine neue Qualität an und erreichte bis 31. März, dem Termin der Urabstimmung, einen vorläufigen Höhepunkt.

Diese im folgenden kurz zu skizzierende Entwicklung war nicht zu trennen von den Aktivitäten der jeweiligen Besatzungsmächte, die nun *ohne Ausnahme* zunehmend in den Konflikt eingriffen.

Die sowjetische Propagandaverwaltung versuchte mit allen Mitteln die Teilnahme der SPD-Mitglieder im sowjetischen Sektor an der Urabstimmung, insbesondere aber die von "Anhängern Schumachers"[473], zu unterbinden. Wilhelm Pieck bezeichnete diese in einer Besprechung vom 1. März 1946 als "Fraktionstreiber" und "Feinde der Demokratie"[474]. Gleichzeitig wurde die Propagierung der Einheit

---

[470] Zitiert nach: Versammlung der Berliner SPD-Funktionäre, in: *BZ* vom 2. März 1946
[471] Vgl. Eindeutiger Kurs für wahre Demokratie, in: *TS* vom 2.3.1946.
[472] Zitiert nach: Das kommunistische Wirtschaftsprogramm - Der zweite Tag der KPD-Konferenz, unsigniert, in: *TS* vom 5.3.1946.
[473] Zitiert nach: Tjulpanow, in: Rupieper (Hg.), 14. Zur Verhinderung der Teilnahme von sozialdemokratischen Oppositionellen schreckte man auch nicht vor Inhaftierung und Deportationen der betreffenden Personen durch die SMAD zurück. Vgl. Loth/Badstübner (Hg.), 71. Offiziell wurden diese Maßnahmen folgendermaßen umschrieben: "In den ersten Märztagen wurde eine große Gruppe der Abteilung Propaganda in die Bezirke Berlins geschickt, wo durch Kommmunisten und Sozialdemokraten (Anhängern der Einheit) eine solche Untergrundarbeit geleistet wurde, die erreichte, daß sozialdemokratische Organisationen, Kreis- und Bezirksorganisationen die Entscheidung über ihre Nichtteilnahme am Referendum trafen." Zitiert nach: Handschriftliche Notiz von Oberstleutnant Zdorov vom 2. April 1946 "[ü]ber die Durchführung des Referendums in den sozialdemokratischen Organisationen Berlins am 31.3.1946", in: Rupieper (Hg.), 15-23. Hier: 15.
[474] Zitiert nach: Besprechung bei Bokow am 1.3.1946, in: Badstübner /Loth (Hg.), 70f. Hier: 70.

durch Flugblätter, Plakate etc. nochmals verstärkt.[475] Ebenso erhielten die Zeitungen zusätzliches Papier bewilligt.[476] Aber auch die amerikanischen und britischen Besatzungsbehörden leisteten der sozialdemokratischen Opposition mehr als nur ideelle Hilfe, vielmehr erhielt auch sie "vom Westen starke Unterstützung"[477], wie der ehemalige Leiter der britischen Nachrichtenkontrolle beim Alliierten Kontrollrat, Michael Balfour, in seiner Studie offen zugestand. So erklärte Clay auf einer Pressekonferenz am 23. März, daß die amerikanische Besatzungsmacht eine sozialistische Einheitspartei nur anerkennen würde, wenn die sozialdemokratischen Mitglieder in der Urabstimmung mehrheitlich für eine solche votierten.[478] Bereits Ende Februar waren zwölf kommunistische Funktionäre, die eine gemeinsame Kundgebung mit Sozialdemokraten in Schöneberg planten, wegen einer angeblichen kommunistischen "Verschwörung"[479] inhaftiert worden, um dann just nach der Abstimmung Anfang April wieder auf freien Fuß gesetzt zu werden.[480] Auch dem *TS* wurde trotz der offiziellen amerikanischen Abneigung gegen parteinahe Berichterstattung massive materielle Unterstützung gewährt. Nach kontroversen internen Diskussionen[481] wurde die Auflage des *TS* im März 1946 kontinuierlich auf offiziell 450.000 Exemplare erhöht[482], inoffiziell war von bis zu 550.000 Exemplaren die Rede.[483]

Es war also durchaus im Sinne der Amerikaner, daß der *TS* im März auch offiziell zu einem Propagandaorgan der sozialdemokratischen Fusionsgegner wurde. Klaus-Peter Schulz arbeitete auf Vorschlag Germers, der von den Amerikanern direkt nach der Konferenz vom 1. März zum *TS* chauffiert wurde[484], bereits ab 2. März als fester Mitarbeiter für die Zeitung, als er in einem Eilverfahren Mitte März von Reger im Einverständnis der Berliner Informationskontrolle zum Leiter des innenpolitischen Ressorts beim *TS* ernannt wurde.[485] Reger sicherte Schulz

---

[475] Vgl. Leonhard, 489f. Nach Darstellung Hurwitzs wurde den sozialdemokratischen Fusionsanhängern Papier für den Druck von zwei Millionen Plakaten und einer halben Million Flugblättern bewilligt. Vgl. Hurwitz, Stunde Null, 343.

[476] Vgl. Anm. 474.

[477] Zitiert nach: Balfour, 312.

[478] Vgl. u.a. Hurwitz, Stunde Null, 345.

[479] Vgl. *TS* vom 10.3.1946.

[480] Vgl. Thomas, 217f.

[481] Vgl. ausführlichst: Hurwitz, Eintracht, 107-124.

[482] Vgl. Anm.478.

[483] So Klaus-Peter Schulz in seinen Erinnerungen: Vgl. Schulz, 198.

[484] Vgl. Jans, 157 (Anm. 106).

[485] So hieß es in dem Antrag Regers vom 4.3.1946 an die Berliner Informationskontrolle: "Wir beabsichtigen Herrn Dr. Klaus Schulz (...) als innenpolitischen Redakteur einzustellen. Herr Dr. Schulz ist ein Funktionär der SPD Berlin und hat uns bisher die Berichte über die Parteivorgänge geliefert. Er ist ein Gegner der Verschmelzung unter den gegenwärtigen Bedingun-

für die konkrete Gestaltung der Innenseiten des *TS* "völlige Freiheit"[486] zu. In seinem ersten Leitartikel vom 15. März unter der Parole "Kampf um Freiheit", die von da an bis 31. März fast täglich die Seiten des *TS* schmücken sollte, kündigte Schulz die neue Stufe der Parteinahme des *TS* für die Opposition an und verwies hierbei nochmals auf die grundsätzliche Bedeutung der Ereignisse für die zukünftige demokratische Entwicklung Deutschlands. Mit hohem Pathos schrieb er hierbei:

> "Die Problematik des augenblicklich in einem Teile Deutschlands betriebenen Verschmelzungsprozesses der beiden Arbeiterparteien geht weit über solche [parteipolitische -CM] Maßstäbe hinaus. Es wird hierdurch vielmehr eine Entscheidung darüber herbeigeführt, ob in Deutschland lediglich ein neues System an die Stelle des alten treten soll, oder ob uns sechs Jahre Krieg und zwölf Jahre Hitlerdiktatur als einzigen Gewinn neben unendlichen Trümmern und Opfern wirklich eine neue Gesinnung beschert haben. (...). Diese Vergewaltigung der Demokratie [durch den Zentralausschuß -CM], wir deuteten es bereits an, ist keine interne Parteifrage mehr, sondern Sache der Öffentlichkeit. (...)Wir fühlen uns daher als unabhängiges Organ verpflichtet, den um die demokratischen Lebensrechte der Partei schwer ringenden Berliner Sozialdemokraten dadurch eine Entlastung zu verschaffen, daß wir uns dieser Auseinandersetzung noch mehr als bisher annehmen. Wir werden den Funktionären und Mitgliedern der SPD Gelegenheit geben, durch uns zur Öffentlichkeit zu sprechen, eine Gelegenheit, die Ihnen von ihrem eigenen Organ vorenthalten wird. Wir haben uns zu diesem Schritt bewußt und nach sorgsamer Erwägung entschlossen, nicht etwa, um von unserer grundsätzlichen Linie abzuweichen, sondern um ihr weiterhin verpflichtet zu bleiben. Wir dienen damit nicht einer großen Partei, sondern der großen Sache der Demokratie, von deren Verwirklichung es allein abhängt, ob aus unserer trostlosen Gegenwart noch einmal eine hellere Zukunft wird."[487]

Auf diese eindeutige und klare Stellungnahme des *TS* schienen die sowjetisch kontrollierten Zeitungen nur gewartet zu haben. So setzte sich bereits einen Tag später der Chefredakteur der *BZ*, Rudolf Herrnstadt, in einem rhetorisch und stilistisch brillanten Leitartikel erstmals offen mit dem *TS* auseinander und bezog

---

gen. (...). Ich wäre dankbar, wenn die Prüfung vor seiner Einstellung erfolgte und möglichst rasch." Zitiert nach: Memorandum Bert Fieldens an den Leiter der Berliner Informationskontrolle vom 4.3.1946, in: OMGBS 4/17-1/10. Bereits zehn Tage später war Schulz Leiter des innenpolitischen Ressorts. Vgl. Schulz, 189.

[486] Zitiert nach: Schulz, 189.

[487] Zitiert nach: Kampf um Freiheit, von "-lz" (Kürzel von Schulz), in: *TS* vom 15.3.1946.

sich hierbei direkt auf den zitierten Artikel. Mit unverhohlener Schadenfreude und sophistischem Wortwitz kommmentierte er die Wandlung des *TS* zu einem Parteiorgan:

> "Die naiven Leser des 'Tagesspiegel' dürften sich heute morgen erstaunt die Augen gerieben haben. (...) Er, das 'parteiungebundene' Organ, das nicht genug über die 'parteigebundenen' Blätter höhnen konnte, stellt sich ihnen ... hier stockt die Feder - als Parteiorgan kann man nicht sagen, als Parteiersatzorgan, als Ersatzorgan einer Ersatzpartei, als Ersatzparteiersatzorgan vor. Er teilt seinen Lesern mit, daß er zum Organ der oppositionellen 'Sozialdemokraten' geworden sei."[488]

Der Einschätzung des *TS*, daß es sich bei den Auseinandersetzungen um eine grundsätzliche Entscheidung für die demokratische Zukunft handelte, stimmte Herrnstadt im weiteren ausdrücklich zu und zitierte zu diesem Zweck sogar einen Satz aus dem besagten *TS*-Artikel. Diesen deutete er allerdings im Sinne des Demokratieverständnisses der sozialdemokratischen und kommunistischen Fusionsanhänger um.

> "Es geht darum, daß die kommende Einheitspartei der Werktätigen, die 'SEPD', m i t d e m T a g e i h r e s E n t s t e h e n s d e r i n n e n p o l i t i s c h e n E n t w i c k l u n g i n D e u t s c h l a n d d a s G e s e t z g e b e n w i r d , daß sie die Interessen der arbeitenden Menschen zum Siege führen wird, daß ihr gegenüber alle reaktionären Tendenzen zu Niederlage und Untergang verurteilt sein werden. Diese Tatsache, die Tatsache des unbezweifelbaren Sieges der geeinten Arbeiterpartei, stellt der 'Tagesspiegel' fest. 'Es wird hierdurch, so schreibt er händeringend über den Verschmelzungsprozeß der beiden Arbeiterparteien, 'eine Entscheidung darüber herbeigeführt, ob in Deutschland lediglich ein neues System an die Stelle des alten treten soll, oder ob uns sechs Jahre Krieg und zwölf Jahre Hitler-Diktatur als einzigen Gewinn neben unendlichen Trümmern und Opfern eine neue Gesinnung beschert haben.' Lassen wir die von Grund auf falsche und verlogene Gegenüberstellung in diesem Satz außer acht. Uebersehen wir auch die im 'Tagesspiegel' übliche dunkle und geschwollene Sprache. Was bleibt? Es bleibt die Anerkennung der Tatsache, daß durch die Verschmelzung der beiden Arbeiterparteien nicht eine gewöhnliche Partei entsteht, sondern die beherrschende politische Kraft in Deutschland. Jawohl, so ist es. Die Verschmelzung der beiden Arbeiterparteien, das haben wir stets erklärt, gibt den arbeitenden Massen in Deutschland und damit dem Fortschritt n i c

---

[488] Zitiert nach: Hochzeit, von Rudolf Herrnstadt, in: *BZ* vom 16.3.1946. Hervorhebung im Original. Hieraus alle folgenden Zitate.

ht nur eine Partei, sondern den Sieg. Wie nehmen mit
Genugtuung an, daß auch der 'Tagesspiegel' dies feststellen muß. Der
Sieg des Fortschritts aber - das ist die Niederlage der Hintermänner des
'Tagesspiegel', (...) jenen mit den Berliner Wellen ringenden Resten des
Monopolkapitals in Deutschland. Und die Perspektive der eigenen Nie-
derlage, die der 'Tagesspiegel' eingesteht, ist die tiefere Erklärung dafür,
daß er sich dem Häuflein oppositioneller Funktionäre der Sozialdemo-
kratischen Partei zur Verfügung steht."

Für Herrnstadt zeigte die Liasion von Teilen der Sozialdemokatie mit "jenen Her-
ren mit eingebeulten Zylindern", die der *TS* repräsentiere, nicht nur deren reaktionäre Beweggründe, sondern führe auch zu

> "eine[r] äußerst erfreuliche[n] Klärung auf dem Kampffeld zwischen
> Fortschritt und Reaktion. Den fortschrittlichen Massen, die im Begriff
> sind, sich in der 'Sozialistischen Einheitspartei' ihren stärksten Sam-
> melpunkt zu schaffen, stellt sich eine andere 'Konzentration' gegenüber:
> Die Reaktionäre des 'Tagesspiegel' fusionieren sich mit den von Bord
> gehenden Reaktionären der sozialdemokatischen Opposition."

Abstrahiert man die konkrete inhaltliche Aussage, entsprach die von Herrnstadt
konstatierte ideologische Frontstellung zweifellos der tatsächlichen Berichterstattung der Berliner Presse in den nächsten zwei Wochen. Der ausführlich dar-
gestellte erste offene, eher grundsätzliche 'Schlagabtausch' in der sich nun formierenden Presselandschaft war in der Tat nur die Ouvertüre zu einem bis dahin
beispiellosen publizistisch-propagandistischen Trommelwirbel. Beide Seiten
kämpften jetzt mit offenem Visier gegeneinander.

Der *TS* stellte sich ab 15. März ganz in den Dienst der sozialdemokratischen Re-
bellen. So baute Schulz sein Redaktionsbüro zu einer "kleinen SPD-
Informationszentrale"[489] aus. Mindestens eine Seite war nun täglich dem "Kampf
um die Freiheit" - so das Motto einer von Klaus-Peter Schulz eingeführten eigenen Rubrik - vorbehalten. Dort kommentierte Schulz, der als einer von drei Sozialdemokraten am 21. März vom SPD-Vorstand aus der Partei ausgeschlossen
wurde[490], die tagespolitischen Entwicklungen in der Frage der Vereinigung und
warf vor allem dem sozialdemokratischen Zentralausschuß regelmäßig Verrat an

---

[489] So Klaus-Peter Schulz im Gespräch mit Jans. Zitiert nach: Jans, 162.
[490] Vgl. Parteispalter werden aus der SPD ausgeschlossen, in: *BZ* am 22. März 1946.

sozialdemokratischen Idealen vor. Sie betreibe die "Vernichtung der Sozialdemokratie, indem sie "nichts Eiligeres zu tun hat, als eine überlebte und katastrophal gestrandete Ideologie mit veränderten Vorzeichen wiederauferstehen zu lassen."[491] In jenen Tagen ließ Schulz keinen Artikel oder andere grundsätzlich wichtige Verlautbarungen, die in den Zeitungen des sowjetischen Sektors erschienen, ohne Antwort.[492] Als Beispiel läßt sich hier die Diskussion um die Legalität einer Urabstimmung anführen. Dem von der *BZ* vertretenen Hauptargument, daß eine Urabstimmung der Tradition sozialdemokratischer Entscheidungsfindung fremd sei und von den Gegnern nur als Mittel erfunden worden sei, um die Einheit zu verhindern[493], hielt Schulz entgegen, daß der Beschluß zur Selbstauflösung selbst ein Novum in der Parteigeschichte sei und darüberhinaus in einer solchen existentiellen Frage der Mehrheitswille der Mitglieder von der Parteiführung bewußt mißachtet werde.[494] Neben Schulz kamen auch andere namhafte oppositionelle Sozialdemokraten zu Wort. Gustav Klingenhöfer brandmarkte am 29. März die geplante Verschmelzung als "Einheit der Furcht"[495]. Am selben Tag richtete Karl Germer zusammen mit Schulz unter der Losung: "Für Freiheit, Demokratie und Sozialismus!" einen direkten Wahlaufruf an die Berliner Sozialdemokraten.[496] Zwei Tage vorher durfte Kurt Schumacher sogar den Tageskommentar stellen.[497] Der Abdruck eines fiktiven Interviews eines *TS*- Mitarbeiters mit Schulz und Germer machte deutlich, mit welch auch fragwürdigen propagandistischen Methoden der *TS* inzwischen arbeitete.[498]

Neben dem Abdruck von Solidaritätserklärungen von Sozialdemokraten aus den Westzonen und dem Ausland dienten aber auch historische Berichte mit direkten Anleihen an die nationalsozialistische Zeit der publizistischen Strategie. So druckte der *TS* am 23. März 1946 Auszüge der Rede von Otto Wels am 23. März 1933 nach, also der berühmten letzten Rede eines Sozialdemokraten im Reichstag, in der Wels anläßlich der Verabschiedung des sogenannten Ermächtigungsgesetzes dem ungenierten Machtstreben der Nationalsozialisten noch einmal ein

---

[491] Zitiert nach: Spiel mit dem Feuer - Zu den Maßnahmen des Zentralausschusses, von Klaus-Peter Schulz, in: *TS* vom 26.3.1946.

[492] Vgl. Schulz, 197.

[493] Vgl. Wer ist eigentlich darauf gekommen? - Zur Frage der Urabstimmung, in: *BZ* vom 29.3.1946.

[494] Vgl. Eine geschichtliche Richtigstellung, von Klaus-Peter Schulz, in: *TS* vom 16.3.1946; Anm. 491.

[495] Vgl. Einheit der Furcht?, von Gustav Klingenhöfer, in: *TS* vom 29.3.1946.

[496] Vgl. An die Sozialdemokraten Berlins, in: *TS* vom 29.3.1946.

[497] Vgl. Das politische Prinzip, von Kurt Schumacher, in: *TS* vom 27.3.1946.

[498] Vgl. Gespräche mit K.J. Germer und Dr. Schulz, - Gedanken zur Einheitsfrage und zur Urabstimmung, in: Ebda.

flammendes Bekenntnis zu den "ewig[en]" und "unzerstörbar[en] Grundsätzen der Menschlichkeit und der Gerechtigkeit, der Freiheit und des Sozialismus" entgegengehalten hatte. Der abschließende Kommentar des Artikels bezog die Rede nun auf die gegenwärtige Situation. So hieß es dort wörtlich: "Auch heute dürften diese Worte der Klarheit noch aktuell sein. Am aufmerksamsten sollte vielleicht der Zentralausschuß der heutigen Sozialdemokratie die Rede des Parteivorsitzenden von 1933 noch einmal lesen."[499] Durch einen solchen polemischen, historisch mehr als fragwürdigen Analogieschluss, der sowohl die eigenen antikommunistischen Ressentiments reflektierte als auch emotional auf solche in der Leserschaft zielte, setzte man die von den Parteileitungen beabsichtigte Verschmelzung unverblümt mit dem diktatorischen Machtwillen der Nationalsozialisten gleich. Schulz selbst sprach am selben Tag von der Gefahr einer "neuen Diktatur".[500]

Diese starke publizistische Gegenoffensive der sozialdemokratischen Fusionsgegner blieb natürlich nicht ohne Wirkung auf die Berichterstattung der sowjetisch lizenzierten Presse. Neben den zahllosen Berichten über die vermeintlichen einmütigen Beschlüsse der Parteiorganisationen über den Zusammenschluß versuchte man jetzt auch direkt auf die Argumente der Einheitsgegner einzugehen. In einem, von der *BZ* veröffentlichten ganzseitigen offenen Brief von Max Fechner, Mitglied des sozialdemokratischen Zentralausschusses, an Kurt Schumacher warf er diesem die bewußte Spaltung der Sozialdemokratie vor.[501] In weiteren Berichten wollte man die Leser von der "Legitimität des Zentralausschusses der SPD" überzeugen.[502] Fusionswillige sozialdemokratische Parteiorganisationen richteten durch die *BZ* direkte Appelle an die Berliner Genossen.[503] In der *TR* waren mehrere Stellungnahmen von Berliner SPD-Kreisverbänden zu lesen, die den freien Willen zur Einheit betonten.[504]

---

[499] Zitiert nach: Worte der Klarheit, in: *TS* vom 23.3.1946. Dort auch die Zitate aus der Rede von Otto Wels.
[500] Vgl. Neue Diktatur, von Karl-Heinz Schulz, in: Ebda.
[501] Vgl. Offener Brief von Max Fechner an Kurt Schumacher, in: *BZ* vom 22.3.1946.
[502] Vgl. Die Legitimität des Zentralausschusses der SPD, in: *BZ* vom 28.3.1946.
[503] Vgl. z.B. Worauf warten wir noch? - Aufruf der sächsischen Sozialdemokraten an ihre Berliner Genossen, in: *BZ* vom 27.3.1946; Einheit - eine historische Notwenigkeit, in: *BZ* vom 26.3.1946.
[504] Vgl. z.B. Aus freiem Entschluß, von Willi Schwarz, Kreisleiter der SPD Berlin-Friedrichshain, in: *TR* vom 26.3.1946. Darin: "Niemand hat die, welche so entschieden haben, hierzu gezwungen. Alle ließen sich nur davon leiten, das Beste für die sozialistische Bewegung, die Arbeiterschaft und das deutsche Volk zu erzielen."

Zweifellos auch als Reaktion auf die harschen Angriffe des *TS*, wurden aber gleichzeitig die Angriffe der sowjetisch lizenzierten Zeitungen gegen die Fusionsgegner immer aggressiver und martialischer. Man warf nun ihrerseits den Fusionsgegner diktatorische Methoden vor. So glaubte Günter Kertzscher in der *BZ* vom 26. März 1946 überall gewaltsame " Gegenangriff[e] der Reaktion" zu erkennen. "In beträchtlichen (sic!) größerem Umfange stößt sie [die Reaktion -CM] in den anderen Zonen vor, wobei sie sich organisierter Störtrupps, Malkolonnen und verschiedener Methoden des offenen Terrors bedient."[505] In einem Bericht vom 16. März über eine sozialdemokratische Betriebsgruppenversammlung sprach auch die *TR* orakelhaft von Sabotageversuchen der Reaktionäre.[506] Solche, selten konkret werdende Attacken belegten deutlich, wie sehr die Berichterstattung über die Vereinigung inzwischen von der eigenen ideologischen Wahrnehmung der Wirklichkeit geprägt war. Die Fusionsgegner wurden immer klarer als 'kapitalistische Feinde' und getarnte Faschisten gezeichnet. So hieß es in einer Meldung der *BZ* vom 26. März über die Werbungspraktiken sozialdemokratischer Fusionsgegner in Sachsen lapidar: "Es steht zweifellos fest, daß die rechtsstehenden Sozialdemokraten mit Geld unterhaltene Agenten in die sowjetische Besatzungszone Deutschlands entsenden, um den Zusammenschluß der beiden Arbeiterparteien zu hintertreiben."[507] Die *TR* versuchte ihrerseits in einem Leitar-

---

[505] Zitiert nach: Die Taktik des Gegenangriffs, von Günter Kertzscher, in: *BZ* am 26.3.1946.

[506] So hieß es in dem Artikel, nachdem vorher die Begeisterung aller Teilnehmer über den einträchtigen Beschluß für die Einheit hervorgehoben worden war: "Von reaktionärer Seite war bis zum letzten Augenblick alles versucht worden, um die Konferenz zu sabotieren. Im reaktionären Lager kannte man die wahre Stimmung nur allzu gut. Man wußte ganz genau, daß das Bild einer starken Opposition gegen die Vereinigung der beiden Parteien, das man der Außenwelt entworfen hatte, grotesk verstellt war. Doch die Wahrheit kam ans Licht. Daran änderten auch die dunklen Machenschaften der letzten 24 Stunden nichts mehr." Zitiert nach: Ein schwerer Schlag für die Reaktion - SPD-Betriebsgruppen-Funktionäre für die Vereinigung, in: *TR* vom 16. 3. 1946.

[507] Zitiert nach: Agenten der Einheitsfeinde, in: *BZ* vom 23.3. 1946.

[508] In dem Leitartikel berief man sich auf einen Tagebucheintrag eines Häftlings, der zusammen mit Schumacher im KZ Dachau inhaftiert war. Danach hätte Schumacher aus tiefem Hass einige ihm bekannte Kommunisten bei den Nazis denunziert. Er sei deswegen im September 1944, "wohl in Anbetracht der Verdienste, von der Gestapo aus dem KZ Dachau" entlassen worden. "Das war zu jener Zeit, als im Gefolge des 20. Juli 1944 im ganzen Reiche alle Funktionäre der SPD und KPD verhaftet und als sogenannte Aktionshäftlinge ins Lager eingeliefert wurden." Daraus zog die *TR* den Schluß, daß der Widerstand Schumachers gegen die Vereinigung einer 'faschistischen' Grundhaltung entspringe. Denn "wenn wir uns aufmerksam der früheren Tätigkeit dieses 'Kämpfers gegen den Faschismus' widmen, so wird uns auch seine gegenwärtige Position verständlich. Uns wird auch das verständlich, warum er gegenüber der Sowjetunion in Goebbelscher Sprache spricht." Zitiert nach: Antlitz des "Verteidigers der Demokratie", in: *TR* vom 31.3.1946.

tikel vom 31. März 1946 den antifaschistischen Nimbus Kurt Schumachers, der ohne Zweifel seine Überzeugungskraft wesentlich mitbestimmte, zu untergraben, indem sie ihn der antikommunistischen Kollaboration mit den Nationalsozialisten bezichtigten.[508] In demselben Artikel wurde auch der 'faschistische Charakter' des *TS* erstmals deutlich hervorgehoben.[509]

Gemäß der jeweiligen weltanschaulichen Überzeugung arbeiteten also beide Seiten bei ihrem Kampf um die Meinungsbildung der Berliner Sozialdemokraten auch direkt oder indirekt mit bewußten Anspielungen an die vergangene nationalsozialistische Terrorzeit.

Der Ausgang der Auseinandersetzungen ist bekannt. Die SMAD verbot die Urabstimmung in ihren Sektoren - der Zentralausschuß hatte am 29. April offiziell den Boykott verkündet[510] - und in den Westsektoren wurde eine sofortige Verschmelzung mit überwältigender Mehrheit abgelehnt. Wobei anzumerken ist, was gerne unterschlagen wird, daß die zweite Frage, ob ein enges Bündnis der Arbeiterparteien erwünscht sei, das einen "Bruderkampf" ausschließe, immerhin von 61,6 % der Westsozialdemokraten bejaht wurde.[511] Unbeirrt von dem Ergebnis, beschloß ein Bezirksparteitag der SPD im Ostsektor am 13. April die Vereinigung[512], die dann eine Woche später feierlich vollzogen wurde. Damit war gleichzeitig auch die erste *Spaltung* in der Stadt vollzogen - nämlich die Spaltung der SPD.

Doch waren die Konflikte nicht nur in politischer Hinsicht[513], sondern gerade auch im publizistischen Bereich ein entscheidender Wendepunkt hin zu einer offenen Konfrontation zwischen dem westlichen und östlichen Lager. Und dies

---

[509] So hieß es dort: "In Berlin gibt es eine Zeitung, die den genannten Herrn Schumacher noch höher hebt und ihn nicht anders als 'Redner und Führer' bezeichnet. Doch auch dieser Zeitung darf man nicht glauben, denn in ihrer Redaktion wurden erst vor kurzem ehemalige Nazisten entfernt, und daher ist das Beiwort Führer in bezug auf Schumacher offensichtlich eine eingewurzelte Gewohnheit der Menschen, die sich einen neuen 'Führer' gesucht haben, nachdem ihr 'früherer Führer' so kläglich gescheitert ist. Es ist selbstverständlich, daß diese Menschen jetzt mit den Worten der Demokratie jonglieren. Dies ist eine Forderung der Zeit, und ohne diese Worte kann man nicht auf Popularität und Unterstützung von seiten der Massen rechnen. Doch nichtsdestoweniger, die durchblickende Sehnsucht nach dem 'Führer' enthüllt genügend das Wesen dieser Menschen." Zitiert nach: Ebda.

[510] Vgl. An die Sozialdemokratie, in: *TR* vom 29.3.1946.

[511] Vgl. Berlin, Kampf, 404.

[512] Vgl. Ebda, 416.

[513] Die Parteiarbeit der SED wurde in den amerikanischen Sektoren ab Ende 1946 systematisch verhindert. Demonstrationen wurden nicht genehmigt und Werbeplakate abgerissen. Vgl. hierzu: Bericht aus dem Kreis Kreuzberg und Schöneberg über Behinderung der Parteiarbeit von seiten der amerikanischen Besatzungsmacht, unsigniert und undatiert, in: LAB C Rep. 901/ Nr. 410.

nicht nur, weil von nun an die westlichen Alliierten die Gegner der SED durch zusätzliche Publikationsmöglichkeiten aktiv unterstützten. Vielmehr trat hier zum erstenmal der vermeintlich 'unabhängige' und 'überparteiliche' *TS* offen als antikommunistischer 'Lautsprecher' auf. Indem er sich für zwei Monate den rebellierenden Sozialdemokraten zur Verfügung stellte, war aus dem bisherigen 'Propagandisten' und 'Agitator' quasi auch ein 'Organisator' des westlichen Demokratie- und Freiheitsverständnisses geworden. Die große Bedeutung, die der *TS* für den Erfolg der westlich orientierten Sozialdemokraten hatte, ist von den Beteiligten immer wieder hervorgehoben worden.[514]

Spätestens seit diesen Tagen im März 1946 war die Berichterstattung in der Berliner Presselandschaft von Polemik und gegensätzlichen Feindbildern bestimmt. Je mehr der *TS* im Laufe des Kalten Kriegs zum inoffiziellen 'Zentralorgan' für westliche Positionen mutierte, desto mehr wurde der *TS* auch in der östlich orientierten Presse zum Inbegriff der 'faschistischen Restauration' und damit zum hauptsächlichen Angriffsobjekt. Die sich gegenseitig aufschaukelnde Polarisierung des Meinungsklimas in Berlin nahm bis 1948, dem Jahr der lokalen und nationalen Spaltung, teilweise bizarre Züge an. So sprach Erik Reger, inzwischen offen von den Amerikanern unterstützt[515], im November 1948 sogar von der Notwendigkeit eines Dritten Weltkriegs gegen das Joch des Kommunismus.[516]

Dies war vielleicht der extremste Ausdruck der elementaren ideologischen Feindschaft innerhalb der Berliner Presselandschaft, deren Grundlagen allerdings bereits 1945 von den jeweiligen Besatzungsmächten geschaffen worden waren.

---

[514] So schrieb Schulz in seinen Erinnerungen: "Ohne die bereitwillige Unterstützung durch ein unabhängiges Presseorgan hätte der Freiheitskampf der Berliner SPD nicht die unerwartete Breiten- und Tiefenwirkung gehabt, die wahrscheinlich die wesentliche Voraussetzung des schließlich errungenen Sieges war." Zitiert nach: Schulz, 198.

[515] Erik Reger durfte am 15.3.1948 als einer der ersten deutschen Journalisten in die USA reisen. In einer Mitteilung von Fielden an den Chef der Berliner Informationskontrolle vom 21.2.1947 hieß es wörtlich: " For the prestige of not only DER TAGESSPIEGEL as leading German newspaper, but also especially for the prestige of Mr. Erik Reger who, as you know, has been subject to very strong attacks in the various papers, it is considered of extreme importance that he be included in the first group of German newspapermen to visit the USA." Zitiert nach: OMGBS 4/17-1/8.

[516] So hieß es in seinem Leitartikel "Sensationen der Kriegsschauplätze" vom 7.11.1948 wörtlich: "Was anderes könnte die Aufgabe des amerikanischen Präsidenten sein als die, (...) den dritten Weltkrieg so energisch, furchtlos und neuartig zu führen, daß er mit einem die freiheitlichen Völker vom Alpdruck erlösenden Frieden beendet werden kann." Zitiert nach: Köpf, 42.

Schlußbemerkungen: Reflexionen und Ausblicke

Von dem jugoslawischen Kommunisten Milovan Djilas ist eine Aussage Stalins vom April 1945 überliefert, die folgendermaßen lautet:

> "Dieser Krieg ist nicht wie in der Vergangenheit; wer immer ein Gebiet besetzt, erlegt ihm auch sein gesellschaftliches System auf. Jeder führt sein eigenes System ein, soweit seine Armee vordringen kann. Es kann gar nicht anders sein."[517]

Die vorliegende Untersuchung hat gezeigt, daß diese Überzeugung Stalins nicht nur die spätere gesamtdeutsche Teilung geistig antizipierte, sondern auch die besondere Nachkriegsentwicklung der Berliner Presselandschaft richtig kennzeichnet. Dabei hatte die trügerische Kriegsallianz der zukünftigen beiden Weltmächte USA und Sowjetunion bei vielen Beobachtern idealistischen Träumen, die auf eine einträchtliche, dauerhafte globale Friedensordnung hinausliefen, Nahrung gegeben. Durch die Gründung der UNO am 26. Juni 1945 in San Franscisco schien diese Hoffnung sogar greifbare Wirklichkeit zu werden. Tatsächlich aber war auch diese, wie u.a. auch die kommunistische Theorie, 'zu schön, um wirklich wahr zu werden.' Angesichts der grundsätzlichen diametral entgegengesetzten Vorstellungen der ehemaligen Kriegsverbündeten über die 'richtige' Friedensordnung mußte die Kantsche Idee des 'ewigen Friedens' auch diesmal eine Utopie bleiben. So war es das missionarische, durch elementares Eigeninteresse gestützte Ziel der Amerikaner, zum zweitenmal und diesmal konsequenter als 1918 die europäische Welt mit ihren Vorstellungen von Individualismus, politisch und ökonomisch mit parlamentarischer Demokratie und freier Marktwirtschaft gleichgesetzt, zu beglücken. Dem stand der totale, weil durch die Geschichte legitimierte Anspruch der Sowjetunion entgegen, die Menschheit von dem vermeintlichen Kreuz der bürgerlichen Herrschaftsformen in all ihren Spielarten zu befreien. Diese ideologischen Kreuzzüge, untrennbar mit dem jeweils eigenen Machtkalkül verbunden, prallten in Berlin nun direkt aufeinander und wurden zum politischen Schicksal dieser Stadt für die nächsten 45 Jahre.

Die Genese dieses grundsätzlichen Konflikts wurde in der vorliegenden Arbeit am Beispiel der Entwicklung der Berliner Presselandschaft in den Jahren 1945/6 nachgezeichnet. Die Presse als das zu dieser Zeit einzige schriftliche Medium

---

[517] Zitiert nach: Milovan Djilas, Gespräche mit Stalin, Gütersloh 1962, 146.

wurde unmittelbar nach Kriegsende in Berlin gleichzeitig zum Mittel im interalliierten ideologischen Machtkampf. Hierbei wurden in den ersten drei Monaten der sowjetischen Alleinherrschaft über die Stadt die entscheidenden Weichen für die weitere Entwicklung gestellt. Die gezielte Pressepolitik der Sowjets in jener kurzen Zeit mit der schnellen Herausgabe von zwei unterschiedlich akzentuierten offiziösen Zeitungen, der *TR* und der *BZ*, zusammen mit den vier Parteiblättern brachte die Amerikaner von Anfang an in die publizistische Defensive und damit in Zugzwang. Der der offiziellen *AZ* nachfolgende, Traditionen verpflichtete *TS* war als amerikanischer Gegenpol bei der Bevölkerung zwar beliebt, aber angesichts der quantitativen Aufrüstung der sowjetischen Presse auf Dauer nicht konkurrenzfähig. Es folgten vor allem aufgrund der zunehmenden Aktivitäten der englischen 'Gesinnungsgenossen' bis Ende 1946 zahlreiche weitere betont antikommunistisch orientierte Presseprodukte, so daß, gemessen an der Auflagenhöhe, bis Ende 1946 wenigstens annähernd ideologische Parität auf dem Berliner Pressemarkt erreicht war. Durch diese Wettbewerbssituation entstand als erwünschter Nebeneffekt das einzigartige Privileg für die Berliner Bevölkerung, an den Kiosken zwischen bis zu 16 Zeitungen und zahlreichen- nicht nur, aber auch politischen - Zeitschriften wählen zu können. Zu dieser Zeit war auch die inhaltlich-ideologische Auseinandersetzung in den Zeitungen nicht mehr zu verkennen. Gemäß des anfänglichen oberflächlichen Bestrebens der Alliierten, Einheit gegenüber den besiegten Deutschen zu demonstrieren, waren vor allem die Amerikaner aufgrund ihrer insgesamt schwachen Position in Berlin bemüht, die inneralliierten Widersprüche öffentlich zu tabuisieren. Dies änderte sich in den ersten Monaten des Jahres 1946, als der politische Glaubensstreit der Sozialdemokraten um die Vereinigung mit den Kommunisten offen in der jeweiligen Publizistik ausgetragen wurde. Das offenkundige Machtstreben der SMAD hatte nun auch bei den Amerikanern zu einer aktiven Unterstützung der westlich orientierten Sozialdemokraten durch den *TS* geführt. Hierdurch war der Schein der alliierten Eintracht in aller Öffentlichkeit erstmals zerstört. Die parteipolitische Spaltung der Stadt leitete die Entwicklung zur späteren physischen Teilung der Stadt ein. Die folgenden, auch auf höchster Ebene nicht mehr 'wegzudiskutierenden' Spannungen[518] begleiteten die jeweiligen Zeitungen nun unverblümt mit parteilichem Engagement. Aus allen vermeintlichen 'unabhängigen' Presseorganen waren angesichts der zunehmenden politischen Hysterie mit ihren vermeintlichen und realen Bedrohungsszenarien treue, der jeweiligen Ideologie verpflichtete 'kollektive Propagandisten, Agitatoren und Organisatoren' geworden.

---

[518] Vgl. u.a. Ribbe, 1043ff.

Nach der faktischen Teilung Berlins 1948 zementierte sich auch die ideologische Teilung auf dem Berliner Pressemarkt. Während Ostberlin sich zum Zentrum der typischen 'DDR- Pressevielfalt in kommunistischer Einfalt' entwickelte[519], verdorrte auch in Westberlin aufgrund seiner 'Insellage' die politische Meinungsvielfalt in den Zeitungen. Grund hierfür war der Siegeszug des konservativen Springer-Konzerns in den fünfziger Jahren, der spätestens seit der Übernahme des Ullstein-Konzerns Anfang der sechziger Jahre den Westberliner Zeitungsmarkt so gut wie monopolartig beherrschte. Aber auch der vermeintlich weltoffene und liberale TS blieb bis weit in die sechziger Jahre hinein ein Blatt im "kompromißlosen Kampf gegen den Kommunismus und das Ulbricht-Regime" und wurde damit zur eher intellektuellen Zuflucht aller politischen, in der Regel rechtsgerichteten Kräfte, "die überzeugt waren, daß der von Hitler verschuldete Einbruch des Kommunismus in die westliche Welt nicht mit der deutschen Kapitulation von 1945 beendet war", wie die *Frankfurter Allgemeine Zeitung* im Jahre 1967 in einem Kurzportrait formulierte.[520] Erst mit der Gründung der *tageszeitung* 1979 konnte sich eine links-alternative Stimme am Berliner Pressemarkt durchsetzen.[521]

Eine andere sich langsam im gesamten Arbeitsprozess herausbildende Erkenntnis gilt dem 'Geist der Zeit', der sich immer auch unmittelbar und unreflektiert in den Zeitungen aufspüren läßt. Dieser Geist von 1945/6 war gleichermaßen politisch und idealistisch. Die materiellen Trümmer und die ideelle Bankrotterklärung des Nationalsozialismus unmittelbar vor den Augen, war allgemein das Bewußtsein vorherrschend, politisch völlig neu beginnen zu müssen, um ein Wiederholen jener Fehler, die zu der Machtübernahme von 1933 geführt hatten, für immer auszuschließen. Die gerade in Berlin, aber nicht nur dort, boomende Kulturszene mit seinen überfüllten Theatern, Konzerten etc., die der Sehnsucht der Bevölkerung nach Sinn und Idealismus entsprach, wie es "heute nicht mehr vorstellbar ist"[522], wie Friedrich Luft später bemerken sollte, korrespondierte mit dem hehren Pathos, mit dem Beschwören des 'Großen und Ganzen', mit dem "Ringen ums Wesentliche"[523] der Publizistik in der politischen Auseinandersetzung. So waren Erik

---

[519] Vgl.u.a. Gunter Holzweißig, Massenmedien in der DDR, Berlin 1989, 73ff.
[520] Beide Zitate nach: Nikolas Benckiser (Hg.), Zeitungen in Deutschland - 56 Portraits von deutschen Tageszeitungen, dargeboten durch die *Frankfurter Allgemeine Zeitung*, Frankfurt 1967.
[521] Vgl. insgesamt zu den Ausführungen: Presse- und Informationsamt des Landes Berlin (Hg.), Berlin Handbuch. Das Lexikon der Hauptstadt, Berlin 1992, 949ff.
[522] Zitiert nach: Hermann Glaser, Deutsche Kultur 1945-2000, Berlin 1999, 146.
[523] Zitiert nach: Ebda, 111.

Reger und Rudolf Herrnstadt als die überragenden Journalisten der ersten Berliner Nachkriegsjahre nie nur reine Vermittler der politischen Weltanschauung einer fremden Besatzungsmacht, sondern sie waren beide fast 'triebhafte', bis zur Selbstzerstörung arbeitende 'Überzeugungstäter'. Gerade dieser absolute Glaube an eine Idee, gepaart mit dem realen oder vermeintlichen Machtstreben der anderen Seite, konnte zu jener politischen Sprengkraft führen, die das Berlin der unmittelbaren Nachkriegszeit so kennzeichnet. Reger und Herrnstadt waren somit nicht nur die führenden Berliner 'Kalten Krieger' im Kampf mit dem Wort, vielmehr standen beide als intellektuelle Idealisten einander durchaus nah. Eine jeweils bemerkenswerte Symbiose von Geist und Macht. Es erscheint aussichtsreich, diese Konstellation, vielleicht in einer Art Doppelbiographie bis 1954, dem Jahr des plötzlichen Tods Regers und dem fast gleichzeitigen politischen Absturz Herrnstadts im Vorfeld der 53-er Unruhen, weiter zu untersuchen.

ANHANG

Abkürzungs- und Sigelverzeichnis

ABSIE	American Broadcasting Station in Europe
ApuZ	Aus der Politik und Zeitgeschichte
AZ	Allgemeine Zeitung
BBC	British Broadcasting Cooperation
BDU	Bund deutscher Offiziere
Bl.	Blatt
BT	Berliner Tageblatt
BZ	Berliner Zeitung
CCS	Combined Chiefs of Staff
DDR	Deutsche Demokratische Republik
EAC	European Advisory Commission
Etc.	Et cetera
FB	Fachbereich
FD	Freies Deutschland
FDGB	Freier Deutscher Gewerkschaftsbund
FU	Freie Universität
GWU	Geschichte in Wissenschaft und Unterricht
H.	Heft
JCS	Joint Chiefs of Staff
Jg.	Jahrgang
Kominform	Kommunistisches Informationsbüro
Komintern	Kommunistische Internationale
KPD	Kommunistische Partei Deutschland
KpdSU	Kommunistische Partei der Sowjetunion
LAB	Landesarchiv Berlin Kalckreuther Strasse
LAB (STA)	Landesarchiv Berlin (ehemaliges Stadtarchiv) Breite Strasse
LDPD	Liberaldemokratische Partei Deutschlands
MOI	Ministry of Information
NE	Nachtexpress
NKFD	Nationalkomitee Freies Deutschland
NPL	Neue Politische Literatur
o.J.	ohne Jahr
o.O.	ohne Ort

OMGBS	Office of Military Government for Berlin Sector
OMGUS	Office of Military Government of the United States in Germany
OSS	Office of Strategic Studies
OWI	Office of War Information
P& PW Det.	Publicity and Psychological Warfare Detachments
PWE	Political Warfare Executive
PWD	Psychological Warfare Division
RIAS	Radio im amerikanischen Sektor
RKP	Russische Kommunistische Partei
RM	Reichsmark
SAPMO-BArch	Stiftung Archiv Parteien und Massenorganisationen der DDR im Bundesarchiv
SBZ	Sowjetische Besatzungszone
SED	Sozialistische Einheitspartei
SHAEF	Supreme Headquarters Allied Expeditionary Force
SKK	Sowjetische Kontrollkommission
Sowjetunion	Union der Sozialistischen Sowjetrepubliken
SPD	Sozialdemokratische Partei Deutschlands
taz	Die tageszeitung
TR	Tägliche Rundschau
TS	Der Tagesspiegel
u.a.	unter anderem/ und andere
UNO	United Nations Organization
VfZ	Vierteljahreshefte für Zeitgeschichte
ZfG	Zeitschrift für Geschichtswissenschaft
ZV +ZV	Zeitungs-Verlag und Zeitschriften-Verlag

Quellen

a) Periodika

Allgemeine Zeitung, vom 8.8.1945, Berlin.
Berliner Zeitung, Jahrgang 1945f., Berlin.
Der Tagesspiegel, Berlin.
Die Zeit, vom 11.3.1999, Hamburg
Neue Berliner Illustrierte, Jahrgang 1945, Berlin.
Tägliche Rundschau, Jahrgang 1945f, Berlin.

Telegraf, Jahrgang 1946, Berlin.
Süddeutsche Zeitung, vom 29.5.1999, München.

b) Ungedruckte Quellen

Landesarchiv Berlin (ehemaliges Stadtarchiv) Breite Strasse: LAB (STA)

1) B Rep. 101/ Nr. 43, 202, 1211. ("Durchführung der Anordnungen der Alliierten Kommandatur Berlin Juli 1945-August 1946; "Beteiligung des Magistrats an Verlags GmbH; " Presseabteilung des Magistrats -Berlin Verlags Gmbh")
2) B Rep. 120/ Nr. 29, 526, 795. ("Befehle und Anordnungen der Alliierten Kommandatur Sept.1945-Nov.1946"; "Arbeitsanordnung der Verlage und Druckereien"; "Berliner Zeitung mbH").

Landesarchiv Berlin Kalckreuther Strasse: LAB

1) C Rep. 901/ Nr. 323, 410. ("SED-Landesleitung Berlin: Stimmungslage der Bevölkerung zur gegenwärtigen Lage"; "Dito: Material über die Tätigkeit der westlichen Besatzungsmacht")
2) OMGBS-Akten   4/1 - 1/1.   ("Press Realeases; May-October 1945")
                        4/11 - 2/1.   ("Der Tagesspiegel")
                        4/17 - 1/8.   ("Miscellaneous")
                        4/17 - 1/10.   ("Public Safety")
                        4/18 - 2/18.   ("Youth Education, Briefe an den Tagesspiegel")

Stiftung Archiv der Parteien und Massenorganisationen der DDR im Bundesarchiv: SAPMO-BArch

1) DY 30/ IV 2/ 9.02/ 2, 64. ("Akten der Agitationsabteilung beim ZK der SED"; "Abteilung Agitation beim ZK der SED").
2) DY 30/ IV 2/ 9. 13/1. ("Agitationsabteilung beim ZK der SED. Betreff: Dietz-Verlag")
3) DY 63/ 2018. ("Zentrag der SAPMO")
4) DDC 9/ Lizenzakte 177. ("Lizenzakte: Berliner Zeitung")
5) EA Sg Y 30/ 1828. ("Bernt von Küngelgen, Jahrgang 1945 - Die 'Berliner Zeitung' - ein Instrument der Bündnispolitik der Arbeiterklasse")

6) NY 4036/ 672. (Nachlaß Wilhelm Pieck; "Agitation und Propaganda - Parteiverlag 'Neuer Weg GmbH, dann 'Dietz-Verlag'")

c) Gedruckte Quellen

Badstübner, Rolf / Loth, Wilfried (Hg.), Wilhelm Pieck - Aufzeichnungen zur Deutschlandpolitik 1945-1953, Berlin 1994.

Berlin. Kampf um Freiheit und Selbstverwaltung, hg. im Auftrage des Senats von Berlin, Berlin 1961.

Berlin. Quellen und Dokumente, hg. im Auftrag des Senats von Berlin, 1. Halbband, Berlin 1964.

Bonwetsch, Bernd / Bordjugov, Gennadij / Naimmark, Norman (Hg.), Sowjetische Politik in der SBZ 1945-1949 - Dokumente zur Tätigkeit der Propagandaabteilung der SMAD unter Sergej Tjulpanow, Bonn 1998.

Chamberlain, Brewster S., Kultur auf Trümmern - Berliner Berichte der amerikanischen Information Control Section Juli-Dezember 1945, Stuttgart 1979.

Der erste Monat. Berlin im Mai 1945, aus der Materialsammlung für Geschichte der Stadt Berlin unter der Viermächtebesatzung im Auftrag des Senats für Volksbildung und des Presseverbandes Berlin, hg. von der Forschungsgruppe für Berliner Nachkriegsgeschichte, Berlin o.J.

Erler, Peter / Laude, Horst/ Wilke, Manfred (Hg.), "Nach Hitler kommen wir" - Dokumente zur Programmatik der Moskauer KPD-Führung für Nachkriegsdeutschland, Berlin 1994.

Erklärung der Vereinten Nationen - Anerkennung der Prinzipien der Atlantik-Charta am 1. 1. 1942, in: Europa-Archiv 1 (1946/7), 343.

Keiderling, Gerhard (Hg.), "Gruppe Ulbricht" in Berlin April bis Juni 1945. Von den Vorbereitungen im Sommer 1944 bis zur Wiedergründung der KPD im Juni 1945. Eine Dokumentation, Berlin 1993.

Krause, Helmut / Reif, Karlheinz (Hg.), Geschichte in Quellen - Die Welt von 1945, München 1980.

Lautemann, Wolfgang / Schlenke, Manfred (Hg.), Geschichte in Quellen - Weltkriege und Revolutionen 1914-1945, München 1989.

Rürup, Reinhard, Berlin 1945 - Eine Dokumentation, Berlin 1995.

Rupieper, Hermann-Josef, Die Zwangsvereinigung von KPD und SPD - Einige ausgewählte Dokumente der SMAD 16.1.1946 - 7.6.1946, Halle 1997.

Schäfer, Hans- Dieter, Berlin im II. Weltkrieg - Der Untergang der Reichshauptstadt in Augenzeugenberichten, München 1985.

Scheel, Klaus, Die Befreiung Berlins 1945, Berlin 1985.

Stulz-Herrnstadt, Nadja (Hg.), Das Herrnstadt- Dokument - Das Politbüro der SED und die Geschichte der 17. Juni 1953, Hamburg 1990.

Um ein antifaschistisch- demokratisches Deutschland - Dokumente 1945-1949, Berlin 1968.

Von Siegler, Hans (Hg.), Dokumentation zur Deutschlandfrage - Von der Atlantik-Charta 1941 bis zur Berlin-Sperre 1961, Bd.1, Bonn 1961.

Widder, Helmut / Bergmann, Marcus / Schambeck, Herbert, Dokumente zur Geschichte der Vereinigten Staaten von Amerika, Berlin 1993.

Wetzel, Jürgen (Hg.), Die Sitzungsprotokolle des Magistrats der Stadt Berlin 1945/6, bearbeitet und eingeleitet von Dieter Hanauske, Berlin 1995.

d) Memoiren

Bahr, Egon, Als rasender Reporter im zerstörten Berlin, in: Gustav Rampe, Die Stunde Null - Erinnerungen an Kriegsende und Neuanfang, München 1989, 293-301.

Boveri, Magaret, Tage des Überlebens, München 1968.

Dies., Berliner Sommer 1945 - Die ersten Zeitungen, in: Neue deutsche Hefte 15 (1968), H.2, 4-14.

Borgelt, Hans, Das war der Frühling von Berlin - Eine Berlin-Chronik, München 1980.

Djillas, Milovan, Gespräche mit Stalin, Gütersloh 1962.

Dyschmitz, Alexander, Ein unvergeßlicher Frühling - Literarische Portraits und Erinnerungen, Berlin 1970.

Gerigk, Alfred, Zwei Jahre nachher. Ein pressegeschichtlicher Versuch, in: Neue deutsche Presse (1947), Jg.1, H.1, 3-8.

Habe, Hans, Im Jahre Null, München 1966.

Harich, Wolfgang, Ahnenpass - Versuch einer Autobiographie, Berlin 1999.

Höcker, Karla, Beschreibung eines Jahres. Berliner Notizen 1945, Berlin 1984.

Holmsten, Georg, Als keiner wußte, ob er überlebt - Zwischen den Sommern 1944/5, Düsseldorf 1985.

Institut für Marxismus-Leninismus beim ZK der SED und Kulturbund der DDR (Hg.), ... einer neuen Zeit Beginn - Erinnerungen an die Anfänge einer Kulturrevolution, Berlin/Weimar 1980.

Kegel, Gerhard, In den Stürmen unseres Jahrhunderts, Berlin 1985.

Kindler, Helmut, Zum Abschied ein Fest, München 1991.

Kirsanow, W., Die ersten Schritte der deutschen demokratischen Presse, in: Neue deutsche Presse (1960), 5-7.

Leithäuser, Joachim, Journalisten zwischen zwei Welten - Die Nachkriegszeit der Berliner Presse, Berlin 1960.

Leonhard, Wolfgang, Die Revolution entläßt ihre Kinder, Bd.2, Leipzig 1990.

Redslob, Erwin, Von Weimar nach Europa, Jena o.J.

Reinhardt, Rudolf, Zeitungen und Zeiten, Köln 1988.

Schulz, Klaus-Peter, Auftakt zum Kalten Krieg. Der Freiheitskampf der SPD in Berlin 1945/6, Berlin 1965.

Schulze- Walden, Werner, Die "Tägliche Rundschau" - Deutsch-sowjetische Freundschaft in Aktion, in: Tag der Befreiung, hg. vom Institut für Gesellschaftswissenschaften beim ZK der SED, Berlin 1960, 94-104.

Tjulpanow, Sergei I., Die Rolle der SMAD bei der Demokratisierung Deutschlands, in: ZfG 15 (1967), 240-252.

Ders., Zeit des Neubeginns, in: Neue deutsche Literatur 9 (1979), 41-62.

Ders., Erinnerungen an deutsche Freunde und Genossen, Berlin 1984.

Ders., Deutschland nach dem Kriege (1945-1949), Berlin 1987.

Literatur

a) Lexika/Handbücher

Asendorf, Michael u.a., Geschichte - Lexikon wissenschaftlicher Grundbegriffe, Hamburg 1994.

Baumgartner, Gabriele / Hebig, Dieter, Biographisches Handbuch der SBZ/DDR 1945- 1990, Bd.1, München u.a. 1996.

Brockhaus - Die Bibliothek, Die Weltgeschichte, Bd. 5f., Leipzig 1999.

Brunner, Otto / Conze, Werner / Koselleck, Reinhardt (Hg.), Geschichtliche Grundbegriffe - Historisches Lexikon zur politisch-sozialen Sprache in Deutschland, Bd. 4, Stuttgart 1978.

Der große Plötz. Die Daten-Enzyklopädie der Weltgeschichte, Freiburg 1998.

Ferker, Christian, Hundert Jahre Ullstein - Ein Bilderbuch mit Randbemerkungen, Berlin 1977.

International Biographical Dictionary of Central European Emigrees 1933-1945, Volume II, The Art, Sciences and Literature, Part 1f, München u.a. 1983.

Kessler, Wolfgang, Rußland-Plötz - Russische und sowjetische Geschichte zum Nachschlagen, Freiburg 1991.

Killy, Walther, Literaturlexikon - Autoren und Werke deutscher Sprache, Bd. 9, München 1982.

Kindler, Hermann / Hilgemann, Werner, dtv-Atlas zur Weltgeschichte, Bd. II, München 1996.

Munziger Archiv, Internationales Biographisches Archiv 47 /92.

Neumann, Franz, Handbuch Politische Theorien und Ideologien I, Opladen 1995.

Presse- und Informationsamt des Landes Berlin (Hg.), Berlin Handbuch - Das Lexikon der Hauptstadt, Berlin 1992.

Schramm, Gottfried, Handbuch der Geschichte Russlands, Bd. 3 (1. Halbband), Stuttgart 1993.

Weisz, Christoph (Hg.), OMGUS-Handbuch - Die amerikanische Militärregierung in Deutschland 1945- 1949, München 1994.

Wersich, Rüdiger B. (Hg.), USA-Lexikon, Berlin 1995.

b) Monographien, Aufsätze, Gesamtdarstellungen, Untersuchungen

Altrichter, Helmut, Kleine Geschichte der Sowjetunion, München 1993.

Autorenkollektiv unter Leitung von Hans Kaufmann (Hg.), Geschichte der deutschen Literatur 1917-1945, Bd. 10, Berlin 1973.

Baerns, Barbara, Ost und West - Eine Zeitschrift zwischen den Fronten, Münster 1968.

Dies., Deutsch-deutsche Gedächtnislücken: Zur Medienforschung der Besatzungszeit, in: Rolf Gerserick/ Arnulf Kutsch (Hg.), Publizistik und Journalismus in der DDR, München u.a. 1988, 61-114.

Balfour, Michael, Vier-Mächte-Kontrolle in Deutschland, Düsseldorf 1959.

Becker, Marie-Luise, Die Außenpolitik des Dritten Reiches, München 1990.

Benckiser, Nikolas (Hg.), Zeitungen in Deutschland - 56 Portraits von deutschen Tageszeitungen, dargeboten durch die *Frankfurter Allgemeine Zeitung*, Frankfurt 1967.

Bentele, Günter/ Jansen, Otfried (Hg.), Medienstadt Berlin, Berlin 1988.

Benz, Wolfgang, Potsdam 1945, München 1986.

Benz, Wolfgang, Die Gründung der Bundesrepublik Deutschland, München 1989.

Berg, Jan u.a. (Hg.), Sozialgeschichte der deutschen Literatur von 1918 bis zur Gegenwart, Frankfurt 1981.

Bungert, Heike, Das Nationalkomitee und der Westen - Die Reaktion der Westalliierten auf das NKFD und die Neuen Freien Deutschen Bewegungen 1943-1948, Stuttgart 1997.

Craig, Gordon, Deutsche Geschichte 1933-1945, München 1989.

Creuzberger, Stefan, Die sowjetische Besatzungsmacht und das politische System der SBZ, Weimar u.a. 1996.

De Mendelssohn, Peter, Zeitungsstadt Berlin, Frankfurt/Berlin 1982.

Demps, Laurenz, Berlin -Wilhelmstrasse - Eine Topographie preußisch-deutscher Macht, Berlin 1994.

Dietrich, Gerd, Politik und Kultur in der SBZ 1945-1949, Bern 1993.

Ders., ... wie eine kleine Oktoberrevolution.... - Kulturpolitik 1945-1949, in: Gabriele Clemens (Hg.), Kulturpolitik im besetzten Deutschland 1945-1949, Stuttgart 1994, 219-237.

Foitzik, Jan, Sowjetische Militäradministration in Deutschland (SMAD), in: Martin Broszat/ Hermann Weber (Hg.), SBZ-Handbuch, München 1993.

Ders., Sowjetische Militäradministration (SMAD) 1945-1949 - Struktur und Funktion, Berlin 1999.

Fischer, Alexander, Sowjetische Deutschlandpolitik im Zweiten Weltkrieg 1941-1945, Stuttgart 1975.

Fischer, Hans-Dietrich, Reeducation- und Pressepolitik unter britischem Besatzungsstatus, Düsseldorf 1978.

Frei, Norbert, Medienpolitik der Alliierten nach dem Zweiten Weltkrieg - Die Situation in den Besatzungszonen und in Berlin, in: Studienkreis Rundfunk und Geschichte - Mitteilungen, 11.Jg./ H.1 (1985), 28-41.

Ders., Amerikanische Lizenzierungspolitik und deutsche Pressetradition - die Geschichte der Nachkriegszeitung Südwest-Kurier, München 1986.

Ders., Die Presse, in: Wolfgang Benz (Hg.), Die Geschichte der Bundesrepublik Deutschland, Bd.4, Frankfurt 1989, 370-416.

Ders., Der Führerstaat - Nationalsozialistische Herrschaft 1933-1945, München 1989.

Füssl, Karl-Heinz, Restauration und Neubeginn - Gesellschaftliche, kulturelle und reformpädagogische Ziele der "Reeducation"-politik nach 1945, in: APuZ 6 (1997), 3-14.

Frohner, Gesine, Die "Allgemeine Zeitung". Portrait einer Zeitung für die Berliner Bevölkerung, unveröffentlichte Magisterarbeit an der Philosophischen Fakultät der FU Berlin 1966.

Furet, Francois, Das Ende der Illusion - Der Kommunismus im 20. Jahrhundert, Paris 1995.

Gimbel, John, Amerikanische Besatzungspolitik in Deutschland, Frankfurt 1971.

Glaser, Hermann u.a. (Hg.), Soviel Anfang war nie - Deutsche Städte 1945-1949, Berlin 1989.

Ders., 1945 - Ein Lesebuch, Frankfurt 1995.

Ders., Deutsche Kultur 1945-2000, Berlin 1999.

Goldstein, Werner, "Tägliche Rundschau" - erste deutsche Nachkriegszeitung, in: Neue deutsche Presse 14 (1970), 13f.

Grosser, Alfred, Geschichte Deutschlands seit 1945 - Eine Bilanz, München 1978.

Guggisberg, Hans R., Die Geschichte der USA, Stuttgart 1988.

Heideking, Jürgen, Geschichte der USA, Tübingen 1996.

Heider, Magdalena, Politik - Kultur - Kulturbund. Zur Gründungs- und Frühgeschichte des Kulturbundes zur demokratischen Erneuerung Deutschlands 1945-1954 in der SBZ/DDR, Köln 1993.

Henke, Klaus-Dietmar, Die amerikanische Besetzung Deutschlands, München 1995.

Hillgruber, Andreas, Europa in der Weltpolitik der Nachkriegszeit 1945-1963, München 1993.

Holzweißig, Gunter, Massenmedien in der DDR, Berlin 1989.

Hurwitz, Harold, Die Stunde Null der deutschen Presse, Köln 1972.

Ders., Antikommunismus und amerikanische Demokratisierungsvorhaben im Nachkriegsdeutschland, in: APuZ 29 (1978), 29-46.

Ders., Die Eintracht der Siegermächte und die Orientierungsnot der Deutschen 1945-1946, Köln 1984.

Ders., Die Anfänge des Widerstandes, Teil 1 und 2, Köln 1990.

Jans, Klaus, Die Anfänge des Tagesspiegel, unveröffentlichte Magisterarbeit am FB Kommunikationswissenschaften der FU Berlin 1986.

Jäger, Michael, Kultur und Politik in der DDR, München 1995.

Junker, Detlef, Der unteilbare Weltmarkt. Das ökonomische Interesse in der Außenpolitik der USA 1933-1941, Stuttgart 1975.

Ders., Roosevelt und die nationalsozialistische Bedrohung der USA, in: Frank Trommler (Hg.), Amerika und die Deutschen, Opladen 1986.

Ders., Kampf um die Weltmacht - Die USA und das Dritte Reich 1933-1945, Düsseldorf 1988.

Keiderling, Gerhard, Berlin 1945-1986 - Geschichte der Hauptstadt der DDR, Berlin 1987.

Ders., Wir sind eine Staatspartei - Die KPD-Bezirksorganisation Groß-Berlin April 1945-April 1946, Berlin 1997.

Kershaw, Ian, Der NS-Staat - Geschichtsinterpretationen und Kontroversen im Überblick, Hamburg 1994.

Köpf, Peter, Schreiben nach jeder Richtung - Goebbels Propagandisten in der westdeutschen Nachkriegspresse, Berlin 1995.

Kleßmann, Christoph, Die doppelte Staatsgründung - Deutsche Geschichte 1945-1955, Bonn 1991.

Koszyk, Kurt, Kontinuität oder Neubeginn - Massenkommunikation in Deutschland 1945-1949, Siegen 1981.

Ders., Pressepolitik für Deutsche 1945-1949, Berlin 1986.

Kotowski, Georg u.a., Hauptstadt im Nachkriegsdeutschland und Land Berlin 1945-1948, hg. von der "Arbeitsgruppe Berliner Demokratie" am FB Geschichtswissenschaft der FU Berlin, Berlin 1987.

Kowalski, Hans-Günter, Die "European advisory Commission" als Instrument alliierter Deutschlandplanung 1943-1945, in: VfZ 19 (1971), H.3, 261-293.

Kuby, Erich, Die Russen in Berlin, München 1986.

Kuhn, Axel, Das nationalsozialistische Deutschland und die Sowjetunion, in: Manfred Funke (Hg.), Hitler, Deutschland und die Mächte - Materialien zur Außenpolitik des Dritten Reiches, Düsseldorf 1976, 639-653.

Laschitzka, Horst, Kämpferische Demokratie gegen Faschismus - Die programmatische Vorbereitung auf die antifaschistisch-demokratische Umwälzung in Deutschland durch die Parteiführung der KPD, Berlin 1969.

Laurien, Ingrid, Politisch-kulturelle Zeitschriften in den Westzonen 1945-1949 - Ein Beitrag zur politischen Kultur der Nachkriegszeit, Frankfurt 1991.

Lerner, Daniel, Skyewar - Psychological Warfare against Germany, Cambridge 1971.

Lieber, Hans-Joachim, Politische Theorien von der Antike bis zur Gegenwart, Bonn 1993, 507-577.

Link, Werner, Das nationalsozialistische Deutschland und die USA 1933-1941, in: NPL 18 (1973), 225-233.

Loth, Wilfried, Die Teilung der Welt. Geschichte des Kalten Krieges 1941-1955, München 1985.

Ders., Stalins ungeliebtes Kind - Warum Moskau die DDR nicht wollte, Berlin 1994.

Matz, Elisabeth, Die Zeitungen der US-Armee für die deutsche Bevölkerung (1944-1946), Münster 1969.

Medebach, Friedrich, Stellung und Aufgabe der Berliner Presse seit 1945, in: ZV+ZV (Jg.56/1959), H.10, 354-362.

Meier, Ernst, Die Lizenzpresse in der amerikanischen Besatzungszone 1945-1949, in: Monomentum Bambergense, Festschrift für Benedikt Kraft, München 1955.

Mettler, Barbara, Demokratisierung und Kalter Krieg - Zur amerikanischen Informations- und Rundfunkpolitik 1945-1949, Berlin 1975.

Moltmann, Günter, Amerikas Deutschlandpolitik im Zweiten Weltkrieg - Kriegs- und Friedensziele 1941-1945, Heidelberg 1958.

Ders., Die amerikanische-sowjetische Partnerschaft im Zweiten Weltkrieg, in: GWU 3 (1964), 164-179.

Mosberg, Helmuth, Reeducation - Umerziehung und Lizenzpresse im Nachkriegsdeutschland, München 1991.

Müller-Engbergs, Helmut, Der Fall Rudolf Herrnstadt - Tauwetterpolitik vor dem 17. Juni, Berlin 1991.

Oschilewski, Walther G., Zeitungen in Berlin - Im Spiegel der Jahrhunderte, Berlin 1975.

Petrick, Birgit, "Freies Deutschland" - die Zeitung des Nationalkomitees "Freies Deutschland" (1943-1945), München 1979.

Pingel, Falk, Die Russen am Rhein? - Zur Wende der britischen Besatzungspolitik im Frühjahr 1946, in: VfZ 30 (1982), H.1, 98-116.

Raue, Günter, Im Dienste der Wahrheit - Ein Beitrag zur sowjetischen Pressepolitik der sowjetischen Besatzungsmacht 1945-1949, Leipzig 1966.

Ders., Die "Tägliche Rundschau" - Geburtshelfer des DDR-Journalismus, in: Beiträge zur Geschichte der Arbeiterbewegung 27 (1985), 174-181.

Ders., Geschichte des Journalismus in der DDR, Leipzig 1986.

Ribbe, Wolfgang, Berlin zwischen Ost und West, in: Ders. (Hg.), Geschichte Berlins, II. Bd, München 1988, 1028-1084.

Richert, Ernst, Agitation und Propaganda - Das System der publizistischen Massenführung in der Sowjetzone, Berlin 1958.

Riess, Curt, Restitution und Neubeginn, in: Joachim Freyburg, Hundert Jahre Ullstein, Bd. III, Berlin 1977, 385-415.

Saage, Richard, Faschismustheorien, München 1981.

Scheurig, Bodo, Verräter oder Patrioten - Das Nationalkomitee "Freies Deutschland" und der Bund Deutscher Offiziere in der Sowjetunion 1943-1945, Frankfurt 1993.

Schivelbusch, Wolfgang, Vor dem Vorhang - Das geistige Berlin 1945-1948, Frankfurt 1997.

Schütz, Erhard, "... der Wille zur Empfänglichkeit..." - Erik Reger. Leben und Werk, in: Ders. (Hg.), Erik Reger - Kleine Schriften, Bd. 2, Berlin 1993, 317-349.

Schumacher, Karl-Heinz, Auf dem Wege zu einer neuen Kultur, Berlin 1977.

Schwendemann, Heinrich, Die wirtschaftliche Zusammenarbeit zwischen dem Deutschen Reich und der Sowjetunion 1939-1941, Berlin 1993.

Selesnjow, K.L., Zur Geschichte der Zeitung "Das freie Wort", in: Beiträge zur Geschichte der deutschen Arbeiterbewegung 13 (1971), 951-966.

Steinhage, Axel u.a., Berlin 1945-1989 - Vom Kriegsende bis zur Wende, Berlin 1995.

Strunk, Peter, Pressekontrolle und Propagandapolitik der Sowjetischen Militäradministration (SMAD) - Der politische Kontrollappparat der SMAD und das Pressewesen im sowjetischen Besatzungsgebiet Deutschlands (1945-1947), Diss. Berlin 1989.

Ders., Zensur und Zensoren - Medienkontrolle und Propagandapolitik unter sowjetischer Besatzungsherrschaft in Deutschland, Berlin 1996.

Tauschke, Christian, Vivisektion der Zeit - Studien zur Darstellung und Kritik der Zeitgeschichte in Publizistik und Romanwerk Erik Regers (1924-1932), Hamburg 1997.

Thomas, Siegfried, Entscheidung in Berlin - Zur Entstehungsgeschichte der SED in der deutschen Hauptstadt 1945/6, Berlin 1967.

Ueberschär, Gerd R. (Hg.), Das Nationalkomitee "Freies Deutschland" und der Bund Deutscher Offiziere, Frankfurt 1995.

Van Roon, Ger, Widerstand im Dritten Reich, München 1981.

Von Rauch, Georg, Geschichte der Sowjetunion, Stuttgart 1990.

Vorfelder, Jochen, Der Neuaufbau der Berliner Tagespresse zwischen April und Dezember 1945 durch die Alliierten Siegermächte, unveröffentlichte Magisterarbeit am FB Kommunikationswissenschaften der FU Berlin 1985.

Weinert, Erich, Das Nationalkomitee "Freies Deutschland" 1943-1945, Berlin 1957.

Wendt, Bernd-Jürgen, Großdeutschland - Außenpolitik und Kriegvorbereitung des Hitler-Regimes, München 1987.

Wetting, Gerhard, Neue Aufschlüsse über Moskauer Planungen für die politisch-gesellschaftliche Ordnung in Deutschland nach dem zweiten Weltkrieg, in: Jahrbuch für historische Kommunismusforschung 1995, Berlin 1995, 151-172.

Wetzel, Jürgen, Das OMGUS-Projekt - Die Verfilmung der Akten der US-Militärregierung, in: Hans Reichardt (Hg.), Berlin in Geschichte und Gegenwart. Jahrbuch des Landesarchiv Berlin, Berlin/Wien 1982, 121-130.

Wilke, Manfred, Die Anatomie der Parteizentrale - Die KPD auf dem Weg zur Macht, Berlin 1998.

Wetzlaugk, Udo, Die Alliierten in Berlin, Berlin 1988.

Zeittafel

14.8.1941	Unterzeichnung der Atlantik-Charta durch Roosevelt und Churchill
14.- 26.1.1943	Konferenz von Casablanca: Forderung nach bedingungsloser Kapitulation" Deutschlands
14.11.1944	EAC verabschiedet die "Londoner Protokolle": Beschluß der Aufteilung Deutschlands und Berlins in drei Zonen bzw. Sektoren
24.11.1944	Gesetz der SHAEF über das Verbot aller deutschen Publikationen in den befreiten Gebieten

1945

24.01.	Die erste deutsche Nachkriegszeitung *Aachener Nachrichten* erscheint unter der Leitung Hans Habes.
4.02.- 11.02.	Konferenz von Jalta: Ratifizierung der "Londoner Protokolle"; Anerkennung Frankreichs als vierte Siegesmacht und Zuteilung einer eigenen Zone.
09.03.	Reichsverteidigungskommissar Goebbels befiehlt die Verteidigungs Groß-Berlins "bis zur letzten Patrone".
16.04.	Beginn der 'Schlacht um Berlin' mit dem Vorstoß der 1. Belorussischen Front der Roten Armee.
24.04.	Der *Völkische Beobachter* stellt als letzte Berliner Tageszeitung sein Erscheinen ein.
29.04.	Der Panzerbär, das "Kampfblatt für die Verteidiger Groß-Berlins", erscheint letztmalig.
30.04.	Selbstmord Hitlers
02.05.	"Gruppe Ulbricht" kommt aus Moskau in Berlin an, um eine neue Verwaltung aufzubauen.
09.05.	Bedingungslose Kapitulation der deutschen Wehrmacht in Berlin-Karlshorst
15.05.	Die *Tägliche Rundschau* erscheint erstmals. Ab 06.06. offizielles Publikationsorgan der SMAD.
19.05.	Der erste Nachkriegsmagistrat mit dem parteilosen Arthur Werner an der Spitze nimmt seine Arbeit auf.
21.05.	Die *Berliner Zeitung* erscheint als Organ der Roten

	Armee für die Berliner Bevölkerung. Ab 20.6. offizielles Publikationsorgan des Berliner Magistrats.
05.06.	Konstituierung der SMAD in Berlin-Karlshorst
09.06.	Proklamation der Besatzungsmächte zur Übernahme der Regierungsgewalt
10.06.	Befehl Nr.2 der SMAD: Zulassung von Parteien und Gewerkschaften in der sowjetisch besetzten Zone.
11.06.	Gründung der KPD
13.06.	Das KPD-Zentralorgan *Deutsche Volkszeitung* erscheint erstmalig.
15.06.	Gründung der SPD
26.06.	Gründung der CDU
01.- 04.07.	Amerikanische, britische und französische Truppen besetzen die vereinbarten Sektoren im Westteil Berlins.
04.07.	SMAD genehmigt den "Kulturbund zur demokratischen Erneuerung Deutschlands".
05.07.	Gründung der LDPD
07.07.	Das sowjetisch kontrollierte SPD-Zentralorgan *Das Volk* erscheint erstmalig.
09.07.	Bildung des Sowjetischen Nachrichtenbüros durch die SMAD
11.07.	Die Alliierte Kommundatur nimmt ihre Arbeit auf.
17.07.- 02.08.	Potsdamer Konferenz der Besatzungsmächte
22.07.	Das sowjetisch kontrollierte Zentralorgan der CDU *Neue Zeit* erscheint erstmalig.
30.07.	Gründung des KPD-Verlages *Neuer Weg*: Veröffentlichung von klassischen Werken des Marxismus-Leninismus und aktuellem Propagandamaterial.
02.08.	Das britische Nachrichtenblatt *Der Berliner* erscheint erstmalig.
03.08.	Das sowjetisch kontrollierte LDPD-Organ *Der Morgen* erscheint erstmalig.
08.08.	Das offizielle amerikanische Publikationsorgan *Allgemeine Zeitung* erscheint erstmalig.
30.08.	Beginn der Tätigkeit des Alliierten Kontrollrats
27.09.	Der amerikanisch kontrollierte *Der Tagesspiegel* erscheint erstmalig.
09.10.	Das sowjetisch kontrollierte Verlautbarungsorgan *Freie*

	Gewerkschaft erscheint erstmalig.
19.10.	Die sowjetisch kontrollierte Wochenzeitschrift *Neue Berliner Illustrierte* erscheint erstmalig.
01.11.	Die sowjetisch kontrollierte Wochenzeitung *Der freie Bauer* erscheint erstmalig.
11.11.	Die *Allgemeine Zeitung* wird eingestellt.
12.11.	Der französisch kontrollierte *Der Kurier* erscheint erstmalig.
Dezember	Die amerikanische kontrollierte Frauenzeitung *Sie* erscheint erstmalig.
	Die amerikanisch kontrollierte Juggendzeitung *Horizont* erscheint erstmalig.
07.12.	Der sowjetisch kontrollierte *Nachtexpress* erscheint erstmalig.
20.-22.12.	60-er Konferenz von SPD und KPD: Beschluß zur Vorbereitung der Vereinigung beider Parteien.

1946

24.01.	Gründung des *Berliner Verlag(s)*. Geschäftsführer: Rudolf Herrnstadt
09.02.	*Einheit*, ein gemeinsames theoretisches Organ von KPD und SPD zur Vorbereitung der Fusion, erscheint erstmalig.
01.03.	Konferenz der Berliner SPD beschließt eine Zustimmung zu einer Vereinigung von dem Ergebnis einer Urabstimmung aller Parteimitglieder abhängig zu machen.
05.03.	Churchill spricht in Fulton vom 'Eisernen Vorhang' in in Europa.
	Die Engländer lizenzieren das *Spandauer Volksblatt* .
22.03.	Der englisch kontrollierte *Telegraf* erscheint erstmalig.
31.03.	In den Westsektoren sprechen sich 82% der SPD-Mitglieder gegen den sofortigen Zusammenschluß ; gleichzeitig votierten 61,6 % gegen einen "Bruderkampf".
09.03.	Zur Vorbereitung der Fusion gibt der Organisationsausschuß Groß-Berlin der SPD und KPD

	erstmals den *Vorwärts* heraus. Später Montagsausgabe des *Neuen Deutschland*.
13.04.	Ein Bezirksparteitag der SPD im Ostsektor beschließt die Vereinigung.
21.04.	Vereinigungsparteitag von Ost-SPD und KPD; der SED.
28.04.	Das SPD-Blatt *Das Volk* und die kommunistische *Deutsche Volkszeitung* gehen im SED-Parteiorgan *Neues Deutschland* auf.
30.04.	Der *Berliner* wird eingestellt.
03.06.	Der von den Engländern lizenzierte *Der Sozialdemokrat* erscheint als Parteiorgan der West-SPD.
08.06.	Die Jugendzeitschrift *START* erscheint erstmals im *Berliner Verlag*.
10.10.	Der amerikanisch lizenzierte *Der Abend* erscheint erstmalig.
20.10.	Aus den Stadtverordnetenwahlen geht die SPD mit 48,7% der Stimmen vor der CDU (22,2%) als Sieger hervor. Die SED erhält lediglich 19,8%.

1947

03.02.	Die sowjetische Boulevardzeitung *Berlin am Mittag* erscheint erstmalig.
15.03.	Eine eigene Berliner Ausgabe der offiziösen amerikanischen *Neue[n] Zeitung* erscheint erstmalig.
26.08.	Die englisch lizenzierte *Die Welt* gibt erstmals eine eine eigene Berliner Ausgabe heraus.
28.08.	General Lucius D.Clay kündigt auf einer Pressekonferenz die antikommunistische Kampagne "Operation talk back" an.

Personenregister

Ackermann, Anton 46, 47, 115, 129
Aust, Hans-Werner 66

Bahr, Egon 72, 74, 75, 87, 157
Balfour, Michael 28, 127, 140, 159
Bauer, Rudolf 100, 112
Becher, Johannes R. 46, 58, 69, 84, 118
Becker, Gerhard 19, 74, 159
Bekessy, Imre 36
Bergsträsser, Arnold 105
Bersarin, Nikolai 58, 59, 69, 76
Blum, Leon 41
Boenisch, Peter 87
Bokow, Fjodor 63, 134, 139
Bolz, Lothar 43
Borgelt, Hans 68, 74, 101, 104, 157
Bourdin, Paul 112
Boveri, Magaret 58, 68, 91, 157
Brecht, Bertolt 37, 89
Bürger, Kurt 135

Chamberlain, Houston 19, 58, 80, 156
Churchill, Winston 27, 28, 29, 55, 90, 123
Clay, Lucius D. 128, 140

Dannenberger, Heinrich = Erik Reger 93
Dawidowitsch, David 63
De Mendelssohn, Peter 17, 36, 64, 66, 80,
81, 82, 83, 84, 85, 86, 91, 92, 95, 96, 98,
113, 124
Delp, Alfred 99
Destutt de Tracy, Antoine Louis Claude 10
Dimitroff, Georgij 45, 49, 71
Djilas, Milovan 149
Doernberg, Stefan 65
Dovifat, Emil 78, 111
Drechsler, Susanne 104
Dyschmitz, Alexander 69, 157

Eisenhower, Dwight D. 33, 35, 55, 56,
101, 103, 104
Engels, Friedrich 24, 77, 115
Ernst, Hans 34, 49, 69, 74, 86
Erpenbeck, Fritz 59, 71, 72, 78
Fechner, Max 145
Feldmann, I.E. 71, 72, 113, 114

Fielden, Bernt 97, 98, 126, 136, 141, 148
Filippow, Iwan 63
Florin, Wilhelm 46, 47

Gäbler, Fritz 68
Galadshijew, Gen-Oberst 59
Gerigk, Alfred 111, 114, 157
Glinka, Michael 70
Gniffke, Erich Walter 115
Goerdeler, Carl F. 99
Grindel, Gerhard 71, 72, 75, 100, 104, 122
Grotewohl, Otto 128, 129, 136, 138
Gundelach, Gustav 59
Gyptner, Richard 59, 60

Habe, Hans 35, 36, 37, 39, 85, 86, 157
Hale, William 89, 90
Handkusch, Olga 77
Harich, Wolfgang 94, 113, 124, 157
Hauptmann, Gerhart 62, 69, 70
Heine, Heinrich 62, 70, 77
Held, Ernst 43
Helfrich, Carl 112
Hermann, Joachim 74
Hermes, Andreas 111
Herrnstadt, Rudolf 15, 43, 44, 45, 46, 49,
71, 72, 73, 74, 75, 116, 117, 141, 142, 143,
152, 157, 163
Heym, Stefan 35
Hitler, Adolf 13, 14, 19, 20, 21, 23, 25, 26,
27, 29, 32, 38, 39, 40, 41, 42, 44, 45, 47,
52, 54, 56, 89, 90, 96, 102, 123, 142, 151,
156, 162, 164
Holmsten, Georg 74, 157
Hom, Joseph 74, 77
Hugenberg, Alfred 12, 38

Jung, Ilse 70

Karsch, Walther 95, 96, 97
Kästner, Erich 37
Kegel, Gerhard 71, 73, 74, 82, 107, 117,
118, 157
Keitel, Wilhelm 57
Kellermann, Bernhard 69
Kerr, Alfred 37, 86

169

Dieser Titel wurde uns vermittelt durch die
B&P Verlagsagentur Berlin
www.zauberspace.de
info@zauberspace.de